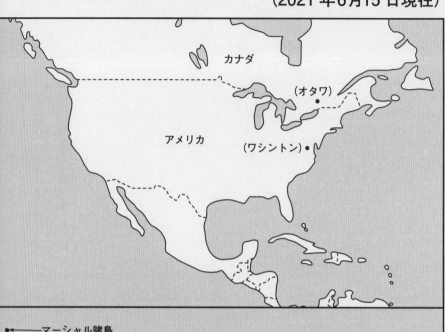

マーシャル諸島
（マジュロ）

フル

/諸島

キリバス
（タラワ）

サモア
（アピア）

フィジー諸島

クック諸島
（アバルア）

（スバ）

トンガ
（ヌクアロファ）

ツバル
（フナフティ）

ランド）

（ウェリントン）

カナダ

（オタワ）

アメリカ

（ワシントン）

ASIAN SECURITY 2021-2022　Research Institute for Peace and Security

先鋭化する米中対立 進む西側の結束

年報［アジアの安全保障2020-2021］

西原正 監修

平和・安全保障研究所 編

朝雲新聞社

PHOTO TOPICS

コロナ拡大後、外国の首脳として初めて来日したモリソン豪首相（左）と肘タッチであいさつを交わす菅首相（2020年11月17日、首相官邸で）＝官邸ホームページから

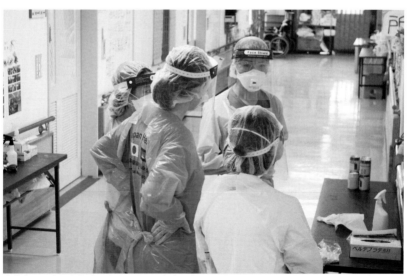

宮古島市の高齢者施設で介護・看護の業務を確認する災害派遣隊医療支援隊の隊員たち（2021年2月6日）＝陸自15旅団提供

日米２プラス２の協議を前に記念撮影に臨む（右から）岸防衛相、茂木外相、ブリンケン米国務長官、オースティン米国防長官（2021年3月16日、東京都港区の外務省飯倉公館で）＝防衛省提供

日インドネシア「２プラス２」の協議後、「防衛装備品・技術移転協定」に署名した茂木外相（中央右）とインドネシアのプラボウォ国防相（同左）。右端は岸防衛相、左端はルトノ外相（2021年3月30日、東京都港区の外務省飯倉公館で）＝防衛省提供

コロナ禍ではテレビや電話等のオンライン会議が多く行われた。写真は日独初の「2プラス2」にオンラインで臨む岸防衛相（右手前）、茂木外相（同奥）、ドイツのクランプ＝カレンバウアー国防相（画面右上）、マース外相（同左上）（2021年4月13日、外務省で）＝防衛省提供

初の対面による日米首脳会談を終え、共同記者会見に臨む菅首相（左）とバイデン大統領（2021年4月16日、米ワシントンのホワイトハウスで）＝官邸HPから

目　次

Photo Topics

第1部 展望と焦点

第2部 アジアの安全保障環境（2020年4月〜2021年3月）

日米新体制下で深化し続ける日米同盟／イージス・アショア配備断念とその代替案／施行してから5年を迎えた安全保障関連法／日米間における作戦の相互運用性の高まり／1年間延長合意された在日米軍駐留費／尖閣諸島における対処能力強化の動き／離島防衛強化のために展開される最新鋭の装備／結束が問われている日米韓関係／FOIPに向けて強化されるミニラテラリズムの枠組み／協力強化が続くASEANとの安全保障協力／協力の枠が広がる日欧関係／拡大する安定への貢献‑中東、アフリカ、中南米／依然先行き不透明な日韓関係／今後の見通しは明るくない日露関係

急務となっている先端技術の流出防止策／規制の強化が必要な研究費／問題となっている土地利用／益々重要となるレアメタルの権益防護

新型コロナウイルスの感染拡大と国防態勢への影響／米国内における民主主義をめぐる混乱／国家安全保障戦略の暫定的指針と中間層のための外交／激化する米中対立と高まる台湾の重要性／米露の核軍備管理交渉／安全保障化する気候変動問題／サプライチェーンの安全をめぐる取り組み

香港民主派勢力の抑え込みに成果／中華民族共同体意識の確立を指示／習近平の指導力の誇示と一党支配の長期安定の措置

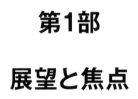

第1部

展望と焦点

コロナ感染の世界的拡大と
伸長する専制主義

西原正

一般財団法人　平和・安全保障研究所副会長

民主主義体制と専制主義体制：先鋭化する対立

　2020年4月からのほぼ1年間を振り返って、新型コロナウイルスの世界的感染拡大により、国際関係が大きく変貌し、不安定な国際秩序になりつつあることが分かる。新型コロナウイルスの感染拡大は多くの国の経済活動を停滞させ、マイナス成長に陥らせるなど各国を苦しめた。

　この中にあって、感染者数をいち早く抑制した中国は経済成長をプラスに転じさせ、その勢いで国の内外で専制主義的、威圧的行動に出てきた。中国はいまや米国と対等ないし上位にあるとの認識で、対等の報復を実行しだした。中国は20年末からは「マスク外交」に代わる「ワクチン外交」によって約35カ国の発展途上国にワクチンを供与することで影響力を伸ばしている。

　他方で、バイデン政権は、日本を含む西側の再結束を促し、2.2兆ドルの公共投資を注入して「中国に勝つ」と強い決意を表明している。はたして民主主義体制が専制主義体制に対して優位を維持できるのか注目される。

　トランプ政権は17年1月の発足とともに、中国に対して軍事や先端技術の分野で厳しい姿勢をとったが、コロナ禍で失速してしまった。しかしこれに続いたバイデン米政権はトランプ政権以上に強硬に中国の姿勢を批判し始めた。バイデン大統領は大統領選での勝利後3日目の20年11月10日、早くもカナダ、英、仏、独、アイルランドの一連の首脳と電話会談を行い、米欧関係の再構築への意思を伝え、共通した対中政策の重要性を強調した。これに続き、11月12日にバイデン大

統領は菅首相にも電話をし、対中政策における日米同盟重視の姿勢を見せた。

これらの同盟国間の協議があった後、3月18、19日にアンカレッジで行われたブリンケン国務長官とサリバン大統領補佐官、中国の楊潔篪共産党局員と王毅外相の4人による米中外相会談では、人権と制裁をめぐって米中が真っ向から対立することとなった。これは、それ以前の2月11日にバイデン大統領と習近平国家主席の電話会談に続くものであったが、外相会談はそれより厳しいやり取りとなった。

さらにこれに加えて、3月17日に行われた米系のテレビインタビューで、プーチン大統領を「人殺しだと思うか」と問われて、バイデン大統領は「そう思う」と応えた。プーチン大統領は駐米ロシア大使を召還し、米露関係は一挙に悪化した。3月22日には、王毅外相が中国の広西チワン族自治区桂林市で急遽パブロフ外相と会談し、中露連帯を確認することで米国を牽制した。さらに王毅外相はイランを訪問し、中、露、イランが米欧による包囲網に抗して共闘することで合意した。

こうして短期間に米日欧対中露を基礎にした民主主義陣営（米欧日韓豪印など）と専制主義陣営（中露朝・イラン・ミャンマーなど）の対立図式が形成された。もっとも韓国の立ち位置が米中間で揺れており、日韓関係や中韓関係がどう揺れるかで、この図式はさらに変化しそうだ。

香港民主派とウイグル族に対する人権弾圧

中国は外政、内政のいずれにおいても威圧政策を強くとるようになった。これは中国の指導者が持つ自国の国力や発展に対する自信の表れであろう。対内的威圧政策は、香港や新疆ウイグル自治区の人たちに対して明白に現れた。中国はこれらの人たちの人権問題は内政問題だとして米欧の干渉に反駁しているが、米欧は、人権問題は国境を超えた人類普遍の問題だとして、香港の民主派勢力やウイグル族を弾圧から守ろうとしている。

しかし中国は20年7月1日に国家安全治安維持法を導入して、民主派活動家を拘束し、香港の「中国化」に乗り出した。21年2月には、行政長官や立法会議員を「愛国者であるかどうか」の基準で選ぶこととし、民主派勢力の排除を進めた。こうして中国は、1997年に50年間継続する約束で英国に返還させた香港の自治

を、23年間で反故にしてしまった。米国などは中国および香港政府の要人に対し制裁を科して圧力を加えたが、かつての雨傘運動のリーダーたちの多くは拘束されたり、英国への亡命を余儀なくされ、民主化運動はほとんど姿をひそめてしまった。「一国二制度」はこうして事実上崩壊した。

　他方で、米欧諸国はウイグル族（自治区の人口は1,280万人）に対する中国政府の「ジェノサイド（大量殺戮）」に抗議して、抑圧の責任者らに経済制裁および米欧諸国への入国禁止などの制裁を科した。新疆では、イスラム教徒のウイグル人が豚肉を食べることや、漢語を学習することを強制したり、女性が強制不妊手術や性的虐待を受けたりしていると伝えられている。国連の報告でも、「再教育」のための「矯正施設」に入れられたウイグル人はこれまでに100万人にのぼるとされている。

　米国とEUは共闘することで、中国との対立を一層大きくしている。数年前までEUは中国との経済的、技術的協力を重視していたが、今では対立関係にある。しかし、米国やEU諸国がこの問題を国連人権委員会に持ち込んでも、47理事国のうち少数派の米欧諸国は中国を抑え込むことが出来ないでいる。

　21年2月22日、中国の王毅外相は、国連人権高等弁務官の調査団をウイグル自治区に受け入れると言明した。しかし実施されていない。3月18、19日にアンカレッジで開かれた米中外相会談では、楊潔篪共産党政治局員は、同調査団が内政干渉にあたるとして拒否した。ウイグル族の将来に楽観的な見通しはない。中国がウイグル族に対する統治（引き締め）を緩めれば、内モンゴルやチベットなどの自治区も同様にレベルを緩める必要があるだろうから、国全体の統治が困難になる事態を避けようとするであろう。中国の威圧政策は変わりそうにない。

台湾、尖閣諸島への威圧

　中国が対外的に威圧政策をとっているのが台湾や尖閣諸島である。中国はこれらの地域の統合を「核心的利益」であると主張している。20年11月9日、世界保健機関（WHO）の総会で取り上げられた台湾のWHOオブザーバー参加の案件は、中国の反対により認められなかった。台湾および尖閣諸島への軍事的圧

力は、20年には従来よりもさらに強力なものとなった。台湾に関しては、中国が国家成立100周年にあたる49年までの台湾統合を目論んで軍事的圧力をかけているが、台湾や米国はこれに対抗措置をとった。

トランプ政権は18年2月に台湾旅行法を制定して以来、高官の相互交流を進めてきた。20年には、アザー厚生長官、クラック国務次官、ステュードマン米インド太平洋軍情報司令官の訪台があった。国務次官は森喜朗元首相とともに李登輝元総統の告別式に参列した。加えて、ジーナ・スペルCIA長官の極秘訪問の噂もあった。21年4月にはアーミテージやスタインバーグ元国務副長官など両党派の非公式代表団による台湾訪問もあった。また同月、米国は台湾の在米政府庁舎を交流促進に利用することも決めた。

米国の台湾への兵器供与も進んだ他方、中国の海空軍は台湾海峡の中台ラインを頻繁に超えて、米中の緊張を高めた。中国は米国の要人の訪台にあわせて、多数の戦闘機や爆撃機を台湾海峡の中台ラインを越えて台湾に接近させた。米国もこれに対抗して空母を派遣し海上訓練を行った。21年4月の日米首脳会談は、共同声明の中で「台湾海峡の平和と安定」を強調し、中国を牽制した。

尖閣諸島へも、中国は頻繁に海警船を派遣している。20年には、2隻ないし4隻の海警船がチームになって接続水域ないし領海に侵入停泊する日数が増大し100日を超え、侵入停泊が常態化しだした。21年2月1日には、中国の領海を侵す外国船に対して武力行使を認める海警法を施行した。これによって中国の尖閣諸島占拠の可能性が高くなった。米国は尖閣諸島海域で各種の海上訓練を行ってこれに対抗した。

オバマ大統領は14年4月の訪日時に、尖閣諸島の防衛には日米安保条約を適用すると明言し、その後トランプ大統領も再確認した。さらに21年4月の日米首脳会談では、バイデン大統領が改めて米国の防衛公約を確認して、中国をここでも牽制した。尖閣諸島と台湾との距離が短いこともあり、両方の緊張が同時に高まる可能性があることを考えれば、東アジアの緊張は深刻である。21年3月、米インド太平洋軍のデービッドソン司令官は、「6年以内に中国が台湾を侵攻する可能性がある」と述べた。

オーストラリアとWHO

　豪中関係は過去10年間に急激な変化を遂げた。習近平主席がオーストラリア議会で演説をした14年11月は豪中関係の蜜月時代であったが、その後、野党議員に関する中国が絡んだスキャンダルなどで対中感情が悪化した。それに加えてモリソン政権が経済分野、人権、報道の自由、安全保障の面などで中国を批判し、20年4月には新型コロナウイルスの発生源を武漢と想定し独自の調査委員会の設置を提案するなど、豪中関係はさらに悪化した。中国はオーストラリア産ワインなどの輸入関税を大幅に引き上げるなどして、オーストラリアに対し威圧的に報復している。

　新型コロナウイルスの発生源に関し3月29日にWHOが公表した調査報告に対し、オーストラリアをはじめとする14カ国が懸念を表明し、「透明性のある独立した分析、評価が必要だ」との共同声明を出した。新型コロナウイルスの発生源に関する議論は今後も続けられ、うやむやに終わるかあるいは中国側に不利な結論が出てくるか、未だ決着がつかない。後者であれば、中国は報復の中止を迫られるだろう。

朝鮮半島をめぐる大国間の利害

　1953年に二つの国家に分断された朝鮮半島は68年間経過した今も、基本的な構図は変わっていない。トランプ大統領は、金正恩朝鮮労働党委員長との直接交渉を通して半島の安定を目論んだが、北朝鮮の非核化は進まず、逆に短距離弾道ミサイルの保有を許し、核保有の可能性を高めてしまった。バイデン政権が誕生すると、北朝鮮は21年3月25日に、新政権を挑発するかのように、日本海へ向けて短距離弾道ミサイル2発を発射した。

　米国は日韓との協調によって北朝鮮の弾道ミサイル封じおよび核封じを狙うが、韓国の文在寅大統領は北朝鮮との独自の道を探ろうとして、米日とは距離を置こうとしつつ、北朝鮮との関係改善のため中国との友好促進を目指している。併せて中国は、米日同盟、米韓同盟を弱めようとしている。米日韓は強固な関係にあるとは言えない。

　他方で、中国は国連が禁ずる北朝鮮の密輸（石油などの瀬取りなど）を助けている。また中露関係の接近は朝鮮半島でも見られる。2020年12月、中露の戦略爆撃機6機が日本海でパトロール訓練をし、うち2機が竹島付近の日韓それぞれの防空識別圏に進入し、両軍はそれぞれ緊急発進（スクランブル）で牽制した。中露は朝鮮半島に関しては利害が合わないといわれることもあるが、当面の中露の協同的役割は大きくなりそうである。

ミャンマーの国軍クーデターとロシアの思惑

　21年2月1日に突如始まったミャンマーにおける軍部のクーデターは、多くの国民の強い抵抗にあっている。軍はロシアの支援を得て周到な準備をしたようであり、国民に対する弾圧が継続されている。市民による「不服従運動（CDM）」の犠牲者は3月末で500名を超えた。

　米国を始め西側諸国はミャンマーへの経済制裁と軍指導部への在米資産凍結を科している。最大支援国の日本も支援中止を決めた。中国は、ミャンマー人の反中感情に留意し、国内の中国人や中国系ミャンマー人の安全を考慮して内政不干渉の方針を貫いている。ミャンマー国民は、中国がミャンマー国軍に対し抑制の圧力をかけないことに不満を覚え、中国人街の焼き討ちなどを起こしている。

　しかし、ロシアはクーデターを明確に支持している。1月末にショイグ国防相がミャンマーを訪問し、無人偵察機やミサイルの供給契約を結んだとされる。3月26日の国軍記念日の式典にはフォミン国防次官が参列した。3月31日に国連安保理がミャンマーに関する緊急会合を開いたが、中露のミャンマー軍部支援表明で、事態収拾の決議は出来なかった。ロシアは過去数年間に約7,000人のミャンマー軍兵士を自国内で訓練したと言われる。フォミン国防次官は「ミャンマーは東南アジアとアジア太平洋地域におけるロシアの戦略的パートナーである」と述べている。今後ミャンマー軍事政権とロシアの繋がりは一層強くなり、東南アジアの勢力図に影響を与えそうだ。

バイデン政権の誕生とクアッド体制の進展

　バイデン大統領は「中国は21世紀最大の地政学的試練だ」といっており、それが民主主義の価値観を共有する米日豪印（クアッド）によって対中バランスを維持しようとする基盤になっている。すでに20年10月、21年2月に外相レベルの会合をオンライン方式で行ったが、3月12日にはバイデンの呼びかけで初の首脳レベルでの会合をテレビ会議方式で開催した。

　中国への刺激を避けるため、この会合では新型コロナウイルス対策や気候変動対応の協調を話し合ったが、早晩中国問題を扱うことになる。クアッド参加国には中国が推進している「一帯一路」構想を牽制する目的もあるからだ。今後「自由で開かれたインド太平洋構想」と「一帯一路」構想の対立が表面化しそうである。さらに英国やフランス、ドイツもインド太平洋構想に戦略的関心を示しており、艦艇を派遣している。クアッドで始まった構想は今後拡大しそうであるが、もっともインドは中国やロシアとの友好を維持する必要から、クアッドへの参加には控えめになりそうである。韓国も同様に慎重な態度をとりそうである。この点でクワッド体制が今後どこまで進展するかは疑わしい。

米国の対中戦略と日米同盟

　21年3月にバイデン大統領は中国を牽制するためクアッドの会合を行ったが、バイデンは日米同盟を対中牽制戦略の中核においている。大統領選挙勝利の直後の20年11月12日に菅首相と電話をして、尖閣諸島防衛に対する日米安保条約第5条の適用、インド太平洋地域の平和と安定、拉致問題の解決、新型コロナウイルス対応や気候変動などへの協力に関して協議した。次いで21年3月16日に東京で日米安全保障協議委員会が開かれ、そして4月16日にはワシントンで対面による日米首脳会談が行われた。その間、3月29日には日中の防衛当局間の年次会合も開かれた。バイデン政権はいずれの会合でも、中国の脅威に対して日米共同の対応の必要性を強調し、日本の防衛力強化を期待した。そして日米首脳会談後の共同声明では、「台湾海峡の平和と安定」を強調して中国を牽制した。

　日米同盟の重要性が高まることに対して、当然中国は警戒した。中国は日米同

盟が台湾問題や尖閣問題に介入することに「強烈な不満と深刻な懸念」を表明
し、4月16日の日米共同声明における日本の役割に対しては「大国間の対立に巻
き込まれないように忠告する」と警告した。

　台湾、尖閣諸島の緊張の高まりと香港、ウイグル問題などの影響で、習近平国
家主席の訪日招待の案件は消えてしまった。

　ポストコロナの時代にあって、これまでとは異なる世界秩序が生まれつつあ
る。この要因は、コロナ時代を首尾よく乗り越えて自国中心の国際秩序を形成し
ようとする中国の専制的覇権主義と、それに対抗し自由と民主主義を基礎にし
た世界を維持し強化しようとするバイデン米政権との対立にある。その上、米露
関係の急速な悪化は国際関係を一層不安定にしている。今後は米国主導の西側
結束が首尾よくこれらの覇権主義に対抗できるかどうかにかかっている。

クアッドと英仏独

神谷万丈

防衛大学校教授／日本国際フォーラム副理事長

平和・安全保障研究所研究委員

はじめに

　長らく休眠状態にあった日米豪印の安全保障協力の枠組「クアッド」が急速に活性化しつつある。クアッドは、インド太平洋地域におけるリベラルでルールを基盤とする秩序を中国の挑戦を前に維持していくために、「自由で開かれたインド太平洋」の実現などを目指そうとする取り組みである。2019年9月26日にニューヨークで初の閣僚級会合（外相会合）が行われた後、20年10月6日にはコロナ禍にもかかわらず東京で第2回外相会合が開かれ、同会合の定例化などが合意された。その後、電話外相会談も行われ、21年3月12日にはオンラインで初の首脳会談も実現した。

　こうした動きの中で、クアッドでの協力を自由や法の支配といった基本的価値を4カ国と共有する国にも拡大しようとする「クアッド・プラス」の発想が現実味を帯びてきている。すでに、外相会談や首脳会談の場で、4カ国は、「自由で開かれたインド太平洋」の実現のためにはより多くのパートナーと協力していく必要があるとの認識で一致している。

　クアッド・プラスのメンバーになり得る国として目が向けられるようになったのが、欧州諸国である。欧州の側でも、近年、中国が欧州にとって「代替的な統治モデルを推進しつつある体制上のライバル [1]」になっているとの警戒的な認識が示されるようになった。コロナ禍のもとでの中国の「戦狼外交」や「マスク外交」は、欧州諸国の対中認識をさらに悪化させた。そうした中で、インド太平洋地域とそこでの国際秩序の将来への関心がにわかに高まりをみせている。20年

9月に出された北大西洋条約機構（NATO）の報告書は、中国を「あらゆる領域における体制上のライバル[(2)]」と位置づけた。

　だが、欧州諸国の対中認識は複雑である。「体制上のライバル」として警戒心を強めつつも、20年末に包括的投資協定を妥結させるなど、経済面では協力的な関係を維持したいとの願望は依然として強い。また、欧州諸国の対中姿勢は一様ではなく、中国が欧州に突きつけている「体制上の挑戦」をどれほど深刻とみるのかにもばらつきがある。こうした中で、欧州諸国はクアッド・プラスとどのように向き合おうとしているのであろうか。本稿では、欧州で中心的な存在である英仏独に焦点を当て、この問題を探りたい。

欧州諸国のインド太平洋地域への関心の高まり

　最近コロナ禍のもとで欧州諸国にはインド太平洋地域へのコミットメントを強化しようとする動きが目立つが、それを象徴していたのが、21年4月19日に欧州連合（EU）理事会が「インド太平洋地域における協力のためのEU戦略に関する理事会の結論」（以下「結論」）と題された文書を採択したことである[(3)]。「結論」は、EUのインド太平洋地域に対する関与を強めるため、「インド太平洋地域における協力のためのEU戦略」の案を9月までにとりまとめる方針を示した。わずか1年ほど以前には、同理事会は「EUのインド太平洋戦略」という発想に強く反対していた[(4)]。インド太平洋という語が中国を刺激することを懸念する国が少なくなかったからである。この事実を想起すれば、EUの姿勢の変化の大きさがわかる。

　その背景にあるのは、インド太平洋地域が今や「世界の経済的かつ戦略的な重心」になっており、EUもこの地域にますます大きな利害関係を有するようになっているとの認識と、中国の動向がEUのこの地域での利益に重大な負の影響を及ぼしかねなくなってきているとの警戒感である。「結論」の主旨については欧州対外行動局の広報文書がわかりやすい[(5)]。そこで強調されているのは、EUがインド太平洋の「地域アーキテクチャが今後も開かれた、ルールを基盤とするものであることに大いに関心を持っている」こと、にもかかわらず、「インド太平洋地域における現在のダイナミクス」が「激しい地政学的競争」を引き起こし、

「貿易やサプライチェーンへの圧力」や「技術・政治・安全保障分野での緊張」を高め、「人権の普遍性」も挑戦を受けていること、南シナ海などのインド太平洋地域の航路が「自由で開かれて」いるべきことなどである。そして、こうした考慮こそが、理事会が「インド太平洋地域でのEUの戦略的焦点、プレゼンス、および行動を強化」することを決めた理由であるとした上で、「EUのアプローチと関与」は「民主主義、法の支配、人権および国際法の促進に基づいたもの」でなければならないことなどが述べられている。

　こうした文言が、いずれも中国を念頭に置いたものであるとともに、インド太平洋の地域秩序が将来も民主的価値と国際的なルールを基盤としたものでなければならないという問題意識に基づいたものであることは明白である。「結論」には、「EUは、安全保障と防衛において、志を同じくするパートナーや関連する機構との間で、パートナーシップをさらに発展させ相乗効果を強化する」との一文があるが、これも中国を意識した記述であろう。

　ただし、EUの対中姿勢の変化には限界も認められ、それがEU全体としてのクアッド・プラスへの前向きな態度に繋がるとは言えない。「結論」には、中国への名指しの言及が、包括的投資協定に関する一カ所を除いて一度もない。中国を刺激することを避けようとしたものとみられるが、その背景には、欧州諸国の対中観に依然として国による違いが小さくないという現実がある。ハンガリーやギリシャのように欧州の価値を守ることよりも対中経済関係を優先する国もあり、EUの結束した中国への対応には今も困難があるということである。

フランス

　フランスは、そのような欧州諸国のなかでインド太平洋への関与に最も積極的な姿勢を示してきた国である。それは同国が、この地域に、ニューカレドニアや仏領ポリネシアなど150万人の国民が住む領土と、世界で米国に次ぎ2番目に広い排他的経済水域（約1,100万㎢）のうち約900万㎢を有し、それらを守るために約7,000人の軍事的プレゼンスを維持しているからである。

　フランスのインド太平洋戦略の嚆矢は、18年5月2日にマクロン大統領がシド

ニーでの演説で、パリ、デリー、キャンベラを結ぶ「インド太平洋枢軸」により、地域におけるルールを基盤とする国際秩序を維持していく構想を打ち出したことである。演説で大統領は中国の台頭を歓迎するとし、構想が反中ではないことを強調してはいたが、中国がこの地域におけるフランスの利益にもたらしつつあるリスクが念頭にあったことは明らかであった。21年4月に仏欧州・外務省が刊行した文書は、この演説によって始まったフランスのインド太平洋戦略が、今や同国の「国際的行動の優先事項の一つ」となったと述べている[6]。フランスは、18年6月に文書「フランスおよびインド太平洋における安全保障」を発表して（19年5月に更新）欧州諸国として初めてインド太平洋戦略を打ち出し、19年5月には「インド太平洋におけるフランスの防衛戦略」と題する文書も出した[7]。

　そうした中で目立つのが、クアッド諸国との安全保障協調の進展である。仏印は1998年に、仏豪は2012年に、すでに「戦略的パートナーシップ」関係を結んでいたが、20年9月に初の仏豪印3者間対話が行われ、21年2月には2回目が実施された。日本との安全保障協力も進展がめざましい。14年から外務・防衛閣僚会合（2プラス2）が始まり、防衛装備品・技術移転協定や物品役務相互提供協定（ACSA）などが結ばれている。日仏共同軍事訓練・演習も進んでおり、近年では米国、オーストラリア、英国なども加わった多国間演習も増えている。

　にもかかわらず、フランスは従来クアッドと公式な結びつきを持つことは避けてきた。あるフランスの研究者は、その理由として、フランスのインド太平洋戦略は中国の台頭によって動機づけられているのではあるが、フランスは同時に中国と敵対して反感を買うことも避けるというぎりぎりの外交を行おうとしていること、また、米中対立の中で自らの戦略的自律性を保つために、他の欧州諸国との連携を重視していることを挙げている[8]。

　しかし21年に入り、フランスの姿勢には変化が起こり始めているようにもみえる。フランスが21年4月にベンガル湾で日米豪印の海軍との「ラ・ペルーズ」共同訓練を主催したことは、国際的な注目を集めた。同訓練は19年5月にスマトラ島西方で実施されたのに続き2回目であったが、インドの参加は今回が初めてであった。フランスが「クアッド4カ国プラスフランス」という枠組での軍事訓練を主

催したことの意味は大きい。今後のフランスのクアッド・プラスとの向き合い方を注意深く観察していく必要があろう。

ドイツ

　EU加盟国の中で、フランスに次いでインド太平洋に対する戦略を明らかにしたのはドイツである。同国が20年9月に「インド太平洋地域に関する政策指針」（以下「指針」）を閣議決定したことは[9]、世界の耳目を集めた。ドイツは従来、中国を刺激したくないために「インド太平洋」という用語を使用することさえ避けてきた。そのドイツがインド太平洋についての戦略指針の発表に踏み切ったことは、中国を中心に展開されてきた同国のアジア外交の方向性が、転換しつつあることを示すものではないかと受けとめられたからである。これに引き続いて、ドイツは、フランスおよび、20年11月にEU加盟国の中で3番目にインド太平洋に関する戦略方針を打ち出したオランダとともに[10]、EUとしてのインド太平洋についての議論を主導するためのノン・ペーパー（未公開）を出してもいる。

　ドイツの「指針」には、中国に対する慎重な姿勢が目立つことは確かである。例えば「指針」は、ドイツのインド太平洋政策が拠って立つべき原則の一つとして「包括性」を挙げ、同国が「包括的な地域協力イニシアティヴ」を支持し、封じ込めやデカップリングがよい結果に繋がるとはみていないことを強調する。中国の市場がドイツや欧州の企業に機会を提供し続けていることにも言及がある。そのため、ドイツの今回の文書はその内容よりも存在に意義があるといった見方もある[11]。だが、こうした文言は、ドイツの場合に限らず、仏蘭や日本のインド太平洋文書にも含まれているものであることを忘れるべきではない。現在の中国は、世界に対して各種のリスクを突きつけると同時に経済などで機会も提供しており、これら両側面への対応に苦慮しているのは、多くの国に共通しているからである[12]。

　また、「指針」はインド太平洋に向き合う際にEU諸国の連携が重要であることを強調し、「指針」自体が将来のEUのインド太平洋戦略への貢献となることを狙いとして作られたものであると述べている。しかし、これもドイツに特有の態度

ではない。フランスもオランダも、EU諸国の協力を重視しつつインド太平洋戦略を構想している点では共通しているからである。だからこそ、これら3カ国は他のEU諸国に先んじて個別のインド太平洋戦略を打ち出しただけではなく、EU全体としてのインド太平洋についての議論を主導するために連携して行動し、21年4月の「結論」の発表にこぎつけたのである。

　将来の国際秩序のあり方が他のどこよりもインド太平洋で決定されるであろうとの認識と、ルールを基盤とする国際秩序を掲げるドイツはその傍観者であってはならないとの決意の表明。ドイツは「一方的な依存」を回避するべくインド太平洋との関係の多様化を「地理的にも内容上も」図り続けるが、「覇権」も「2極構造の固定化」もそうしたアプローチを危うくするとの分析。ドイツとインド太平洋との関係を、経済面を中心にしたものから拡張して安全保障を含めた政治的側面を強化していくべきであるとの意思表明。インド太平洋の開かれた航路が妨害されることへの懸念。「指針」のこうした記述は、いずれも名指しはせずとも中国を念頭に置いたものであることは明らかである。

　ドイツのインド太平洋への関与の強化は、行動によっても裏づけられている。21年4月13日、ドイツは日本と初の2プラス2を実施し、「自由で開かれたインド太平洋」の実現に向けた緊密な連携で一致した。両国は、国際社会での力による現状変更の試みについて深刻な懸念を共有し、法の支配に基づく自由で開かれた国際秩序の維持・強化が重要であるとの点で一致をみた。また、ドイツは21年夏にインド太平洋諸国との連帯を示すためのフリゲート派遣を計画しており、日独2プラス2では、その際に海上自衛隊との共同訓練を調整することでも一致した。これらも、中国の動向を念頭に置いた動きであることは疑いない。

　ドイツが近い将来にクアッド・プラスに参加する見通しがあるわけではない。しかし、「指針」にはドイツがインド太平洋諸国との安全保障を含めた政治面での協力を強化するために、域内の民主主義諸国や価値を共有するパートナーとの結束を固めることが重要であるとの記述があり、クアッドのメンバーたる日豪印との協力を重視する意思が読みとれる。上でみた日本との安全保障協力の進展は、そのひとつの表れと言えるであろう。

英国

　今やEUの外の国となった英国も、対中姿勢をより厳しい方向に転換させてきている点では仏独と共通している。2010年代の英中関係は概して良好であった。特にキャメロン政権（10-16年）は、中国のもたらすリスクに目をつぶった経済優先の対中接近策をとり、英中関係は「黄金時代」とまで言われた。だが、香港での民主主義弾圧は英国民の間に中国が相容れない価値観を持つ国であるとの認識を強め、コロナ禍のもとでの中国のふるまいは対中不信を招いた。そのような国に経済面で大きく依存していることへの不安も高まった。

　そうした中で英国政府は、21年3月16日に発表したEU離脱後の外交・安全保障政策の指針文書『競争的な時代におけるグローバル・ブリテン：安全保障、防衛、開発、外交政策の統合レビュー』（以下『レビュー』）で、「インド太平洋への傾斜」を正式に打ち出した [13]。同文書は、「この10年英国の政策は…『ルールを基盤とする国際システム』を保つことに焦点が当てられてきた」と述べ、英国が今後も民主的な価値に基づく開かれた国際システムを形作るためにとり組む意思を表明している。そして、世界全体の国々との連携によりEU離脱後の英国の国際的影響力拡大を図る「グローバル・ブリテン」構想の中で、英国外交をインド太平洋に特に「傾斜」させ、関与を深める方針を示しているのである。

　『レビュー』は、中国を「体制上の競争者」と位置づけ、「中国の増大しつつある力と国際的な自己主張が、2020年代の最も重大な地政学的要因となりそうである」と述べる。中国との経済関係の重要性を認めつつも、「中国がわれわれとは異なる価値を掲げる権威主義的な国であるという事実が英国とその盟友に対して挑戦を突きつけている」とし、中国が英国の経済安全保障に対する「最大の国家ベースの脅威」になっているともしている。そして、引き続き対中経済協力を追求する意向も示しながら、香港や新疆ウイグルの問題に対する自らのこれまでの対応にも触れつつ、「われわれは、われわれの価値や利益が脅かされた場合には、あるいは中国が既存の合意に違反して行動する時には、われわれの価値や利益のために立ち上がることに躊躇しない」との決意を示している。

　英国のインド太平洋への傾斜は、最近の行動によって裏づけられつつある。

21年5月22日にはクイーン・エリザベス空母打撃群が処女航海に出発したが、インド洋、南シナ海などを航行して日本も訪問し、自衛隊との合同訓練も行う見通しである。また、同打撃群の航行には米国の駆逐艦やオランダのフリゲートも加わることになっている。英国政府は、この航海が、インド太平洋の安定と繁栄に英国がいかに貢献できるかを示すものであるとしており、自己主張を強める中国を牽制する狙いもあるとみられている。また英国は、『レビュー』の発表に先立つ21年2月には、環太平洋パートナーシップに関する包括的および先進的な協定（CPTPP）への参加を申請している。

　英国は、クアッド諸国との安全保障協力にも熱心である。『レビュー』は、15年から2プラス2を重ねてきている日本を「安全保障を含めて最も緊密な戦略的パートナーの一つ」と位置づける。米国との関係は、NATOやファイブ・アイズのような主要な同盟やグループにとって不可欠な「最も重要な二国間関係」であり続けているとされ、オーストラリア、インドとの関係強化もうたわれている。『レビュー』にはクアッドへの言及はないが、与党保守党に影響力を持つとされるシンクタンク「ポリシー・エクスチェンジ」が20年11月に発表した英国のインド太平洋戦略に関する報告書では、クアッドへの参加が提言されていた[14]。また、21年1月には、『タイムズ』や『デーリー・テレグラフ』などの英国メディアが、ジョンソン首相がクアッドへの参加を考慮している可能性があるとの報道を行なっている。

　ただし、英国のクアッドへの接近には限界もみてとれる。まずそもそも、政府の唱えるインド太平洋への傾斜は、世論の支持を得るに至っていない。シンクタンク「英国外交政策グループ」が21年1月に実施した世論調査では、英国外交政策におけるインド太平洋への傾斜についてどう思うかとの質問に対し、37％の回答者はわからない、15％は反対と答えた[15]。多くの英国国民にとって、自国がインド太平洋に傾斜するという発想は「晴天の霹靂」と受けとめられているのである[16]。また、英国内には中国との対立に繋がるであろうクアッド参加への反対も依然として根強い。

　EU離脱で欧州諸国とのパートナーシップが揺らいだ英国には、世界の中で重要性を増すインド太平洋地域で基本的価値を共有するクアッド諸国との連携を

強める誘因があろう。だが、英国がクアッド・プラスの一員となるための国内的条件の整備はまだこれからと言えそうである。

むすびにかえて

　以上みてきたように、英仏独はいずれも、ただちにクアッドに参加する見通しは薄い。しかし、3国はいずれもインド太平洋地域に対する関心を急速に強めつつあり、クアッド諸国との安全保障協力に対して積極性をみせつつある。インド太平洋への関心の強まりは、欧州全体を通じてみられる傾向である。

　その背景にあるのは、今やインド太平洋が「世界の経済的かつ戦略的な重心」になっているとの認識と、近年の中国の行動がそこでの民主的価値に基づくルールを基盤とした秩序を揺るがしているとの警戒感である。英仏独をはじめとする欧州諸国には中国との経済的関係をできるだけ良好に維持したいという希望があるため、中国の嫌うクアッドへの正式な参加は避けようとし続けるかもしれない。だが、中国の行動に、こうした警戒感を本質的に和らげるような変化が見られない限り、クアッド諸国との安全保障協力には注意深くではあってもますます前向きになっていくことが予想されよう。

⑴ "EU-China Strategic Outlook: Commission and HR/VP contribution to the European Council (21-22 March 2019)," 12 March 2019, p. 1.

⑵ "NATO 2030: United for a New Era," Analysis and Recommendations of the Reflection Group Appointed by the NATO Secretary General, 25 September 2020, p. 27.

⑶ "Council conclusion on an EU Strategy for cooperation in the Indo-Pacific," Council of the European Union （https://data.consilium.europa.eu/doc/document/ST-7914-2021-INIT/en/pdf）; "Indo-Pacific: Council adopts conclusions on EU strategy for cooperation," Council of the EU, Press Release, 19 April 2021 （https://www.consilium.europa.eu/en/press/press-releases/2021/04/19/indo-pacific-council-adopts-conclusions-on-eu-strategy-for-cooperation/）; "EU Strategy for Cooperation in the Indo-Pacific," EU External Action Service homepage, 19 April 2021 （https://eeas.europa.eu/headquarters/headquarters-homepage/96741/eu-strategy-cooperation-indo-pacific_en）（以上2021年5月1日アクセス）。

⑷ Frédéric Grare, "The EU's Indo-Pacific strategy: A chance for a clear message to China and Europe's allies," European Council on Foreign Relations, 22 April 2021 （https://ecfr.eu/article/the-eus-indo-pacific-strategy-a-chance-for-a-clear-message-to-china-and-europes-

allies/）, accessed on May 1, 2021.

(5) "EU Strategy for Cooperation in the Indo-Pacific."

(6) "France's Partnerships in the Indo-Pacific," Ministry for Europe and Foreign Affairs of the French Republic, April 2021, p. 5.

(7) "France and Security in the Indo-Pacific," Ministère des Armées, June 2018; "France and Security in the Indo-Pacific," Ministère des Armées, May 2019; "France's Defence Strategy in the Indo-Pacific," Ministère des Armées, 29 May 2019.

(8) Céline Pajon, "France's Indo-Pacific Strategy and the Quad Plus," *The Journal of Indo-Pacific Affairs*, Vol. 3, No. 5, pp. 172-174.

(9) "Policy guidelines for the Indo-Pacific region. Germany—Europe—Asia: shaping the 21st century together," Federal Foreign Office, September 2020. なお、本「指針」の概要版の日本語仮訳が出されている。「インド太平洋ガイドライン　ドイツ―欧州―アジア：21世紀を共に創る　概要版（仮訳）」（https://japan.diplo.de/blob/2438992/70ef66958d1b62e3814538c9d35a3f37/indo-pazifik-leitlinien-japanisch-data.pdf）2021年5月5日アクセス。

(10) "Indo-Pacific: Guidelines for strengthening Dutch and EU cooperation with partners in Asia," 13 November 2020.

(11) Frédéric Grare, "Germany's New Approach to the Indo-Pacific," *Internationale Plitik Quarterly*, October 16, 2020　（https://ip-quarterly.com/en/germanys-new-approach-indo-pacific）, accessed on May 6, 2021.

(12) たとえば現在、こうした問題意識から筆者がリーダーとなって、「『自由で開かれたインド太平洋』時代のチャイナ・リスクとチャイナ・オポチュニティ」に関する日米共同研究プロジェクトが進行中である。プロジェクトのサイト（https://www.jfir.or.jp/j/info-research/2020/usa.html）を参照。

(13) Global Britain in a Competitive age: The Integrated Review of Security, Defence, Development and Foreign Policy," Presented to Parliament by the Prime Minister by Command of Her Majesty, March 2021.

(14) "A Very British Tilt: Towards a new UK strategy in the Indo-Pacific Region," an interim report by Policy Exchange's Indo-Pacific Commission, *Policy Exchange*, November 2020. なおこの報告書には、日本の安倍前首相が序文を寄せている。

(15) Sophia Gaston and Evie Aspinall, "UK Public Opinion on Foreign Policy and Global Affairs: Annual Survey – 2021," British Foreign Policy Group, February 2021, pp. 55-56.

(16) Patrick Wintour, "Why Britain is tilting to the Indo-Pacific region," *The Guardian*, 15 March 2021.

東シナ海の島嶼領土－政治的・政策的観点からの尖閣諸島問題

髙井晉
日本安全保障戦略研究所理事長

はじめに

　東シナ海上の南西諸島西端に位置する尖閣諸島は、日本の沖縄県の役人や民間の探検家が尖閣諸島の各島に上陸して調査活動を行い、民間の開拓者が海産物やアホウドリの羽毛の採取等の事業を行っていた。日本政府がこれらの活動を直接取り締まるため、そして同諸島が外国の領土ではない無主地であることを確認の上、1895年1月14日に魚釣島と久場島に標杭を設置する閣議決定を行うとともに、日本領土に編入された。現在、この尖閣諸島が中国の海洋侵出のターゲットとなっており、東シナ海の緊張が高まっている。

　日本の菅首相と米国のバイデン大統領は、2021年4月16日に初めて首脳会談を行い、東シナ海と台湾に対する中国の覇権主義的な現状変更の試みに懸念を表明し、日米同盟の強化を急ぐことを内容とした共同声明を発表した。同声明では、日米安全保障条約第5条が尖閣諸島に適用されることを米国が再確認するとともに、日米両国が尖閣諸島に対する日本の姿勢を損なおうとする如何なる一方的な行動にも反対することを宣明している[1]。

　これに先立って中国は、21年1月22日に中国海警法を策定し、2月1日に施行した。同法は、中国海警局船舶に対し、中国の「管轄海域」における中国法の適用、強制連行、武器使用を認めることをその内容としている。さらに中国は、21年4月29日、海上権益確保に向けた法整備の一環として、1984年に施行された「中国海上交通安全法」の改正法を可決した。同法は、中国の領海の安全を脅かす虞のある外国船舶に対し退去や追跡の権限を海事当局に認めるとともに、このような外国船舶や原子力船に対し、領海へ入る前に海事当局に報告する義

務を課している。

　尖閣諸島周辺海域で法執行を行う海上保安庁の巡視船は、外国の軍艦や政府船舶に対して武器使用が認められていない。中国海警局船舶は、尖閣諸島を奪取する目的でこれまで以上に大胆な行動をとり、時間をかけて同諸島の領海から日本の法執行船舶を排除し、同諸島の領有を世界に喧伝することが予想される。本小論は、このような東シナ海の安全保障環境が急速に変化している中、尖閣諸島の防衛問題について政治的および政策的な観点から検討するものである。

東シナ海における中国の挑戦

　中国共産党は、1949年10月1日、中国国家の成立を宣言し、建国以来「中国の夢」の実現を国家目標としてきた。中国共産党一党独裁の中国は、建国当初から指導者をめぐって権力闘争に明け暮れ、経済的な発展は遅々として進展しなかったが、1972年にはニクソン米大統領が、北京で周恩来首相と会談して中国を唯一の政府として認め、米中が和解して国交正常化へ向かった。中国国内では、鄧小平が1978年頃に市場経済体制への移行を進め、国力が増大するとともに国際関係も安定していった。中国は、長年の念願だった「中国の夢」の実現を目指し、09年に台湾、チベット、新疆ウイグル、南シナ海を核心的利益と表明したと言われている。

　しかし米中関係は、10年10月の中国漁船と海上保安庁巡視船との衝突事件をきっかけに悪化していった。胡錦濤国家主席は、12年11月12日、第18回党大会報告の中で、海洋資源の開発能力を高め、海洋経済を発展させ、海洋生態環境を保護し、断固として海洋権益を守り、海洋強国を建設することを提起した [2]。13年3月17日に習近平は、「中国の夢」が「中華民族の偉大な復興」の実現であることを明らかにした [3]。その後中国は、13年4月に尖閣諸島が核心的利益であることを表明している [4]。

　中国の東シナ海進出の狙いは日米の離反の画策であり、米軍を東アジア地域から追放する戦略として、中国は09年以来、東アジアにおける「接近阻止・領域拒否」（A2/AD）を実施してきた。中国による東シナ海から太平洋に至る自由な

通航路の確保、そして中国の太平洋へのアクセスルート上にある尖閣諸島の奪取は、「中国の夢」を達成するための必須な行動なのである。

日本の島嶼領土としての尖閣諸島

　中国が奪取を目論んでいる尖閣諸島は、1885年頃から沖縄県庁職員や民間人探検家が調査を行っていたが、日本は、外国の支配が及んでいないことを確認の上、1895年1月14日に領土へ編入した。日本のこの措置は、国際法上の領域取得の根拠となる無主地先占であった。沖縄の住民古賀辰四郎は、尖閣諸島を政府から借り受け、1910年頃には女子供を含む約240人と一緒に居住していた。古賀村の住民は、魚釣島でアホウドリのダウン採集、夜光貝の細工、鰹節製造などの産業を営んでいたが、第二次世界大戦が始まるとともに住民は沖縄へ引き揚げた。この間、日本政府は各種税金の徴収などを行い、尖閣諸島に対する実効的支配を行っていた。

　その後日本は、ポツダム宣言（1945年）を受諾して第二次世界大戦に敗北し、対日平和条約（1951年）は、尖閣諸島を含む琉球諸島等を米国の琉球民政府の統治下においた。同政府は尖閣諸島に対する実効的支配を継続し、日米両国は尖閣諸島の大正島と久場島を在沖縄米海軍の射爆場に指定した。その後米国は、1971年5月に沖縄返還協定（1970年）に基づいて尖閣諸島を含む琉球諸島の施政権を日本に返還したのであった[5]。

　このような尖閣諸島に対し、中国は、軍事力を行使しても確保する核心的利益である尖閣諸島の領有主張を繰り返している。中国の領有主張が始まったのは、1971年12月以降であり、1969年にECAFEが東シナ海海底にペルシャ湾に匹敵する石油埋蔵の可能性を報告したことと無関係ではない。中国の領有主張によると、尖閣諸島は無主地ではなく歴史資料から発見、命名、利用してきた中国固有の領土であること、日本は日清戦争の下関条約（1895年）によって台湾の付属諸島の尖閣諸島を掠め取ったこと、日本はカイロ宣言（1943年）やポツダム宣言を受諾したので、尖閣諸島を中国に返還すべきであることなどを根拠としている[6]。このような中国の領有権主張の最大の弱点は、日本が尖閣諸島を領有

して以来、76年間も領有主張を行ってこなかったことである。

　しかし中国は、1992年に「領海および接続水域法」を制定し尖閣諸島を中国領土の一部と規定し[7]、法律戦、心理戦、宣伝戦を駆使して尖閣諸島奪取の行動を実践してきた。早くも中国は、04年頃から春暁（白樺）、断橋（楠）、天外天（樫）、平湖の油ガス田を開発したが、21年前までに中間線の中国側で計16基の構造物が確認されている[8]。さらに海上保安庁によると、中国の政府公船は、日本が12年9月に民有地だった尖閣諸島の3島を購入して国有地にして以来、尖閣諸島周辺の領海や接続水域への侵入を活発化させている。2013年11月には「東シナ海防空識別区」を設定し、当該空域を飛行する外国の民間航空機は中国国防部の定める規則に従わなくてはならない旨を発表した[9]。

　このような東シナ海における中国の活動や領有主張に対して、日本政府は、①尖閣諸島が日本固有の領土であることは歴史的にも国際法上も明らかであり、現にわが国はこれを有効に支配していること、②したがって、尖閣諸島をめぐって解決しなければならない領有権の問題はそもそも存在しないこと、③日本は領土を保全するために毅然としてかつ冷静に対応していくこと、④日本は国際法の遵守を通じた地域の平和と安定の確立を求めていることを基本的な立場としているのである[10]。

中国海警局の設立と立法措置

　胡錦濤元国家主席が12年に「中国の夢」を実現させるために海洋強国の建設を主張したことは前述した。中国は、翌年の7月に中国海監・辺防海警・中国漁政・海関を中国海警局に纏め、新たな海洋における法執行機関とした[11]。中国の人民武装警察部隊は、18年1月、中国共産党中央委員会と中央軍事委員会集中統一指導に入り、18年7月に中国海警局を指揮下に入れた。さらに中国は、20年6月に人民武装警察法を改正し、中国海警局が有事の際に東部戦区の指揮下に入ることになった[12]。中国は、中国海警局船舶に任務を与えていたものの、法律上の活動根拠がなかったため、21年1月に中国海警法を制定し2月1日に施行したのであった。

新たに策定された中国海警法は、中国海警局に対し、①中国当局の承認なしに島嶼に設置された建造物や構築物を強制撤去できること（第20条）、②中国の「管轄海域」で中国法に違反した船舶を強制駆除や強制連行できる（第21条）こと、③国家主権に関わる不法侵入や不法侵害などの危機においては武器使用を含む一切の必要な措置を執って侵害を制止できるとともに危機を排除することができる（第22条）こと、④「海上臨時警戒区」を設定し、船舶・人員の通航・停留の制限・禁止をできる（第25条）ことを規定した[13]。さらに中国海警局の船舶は、国防法、人民武装警察法等の関係法規、中央軍事委員会の命令に基づき、防衛作戦等の任務を遂行できる（第83条）ことになり、有事の際には第2の海軍として位置付けられたのであった。

　中国海警法第21条に規定する「管轄海域」の範囲は明確にされていないが、尖閣諸島周辺の海域を含むことは容易に予測できる。中国が如何なる国内法を策定しても問題はないが、日本の領域である尖閣諸島周辺海域で同法を執行する活動は、日本の主権を犯す国際法違反の行為であることは言を俟たない。

　中国は、21年4月29日、海上の交通管理や海難救助などにあたる海事当局の権限強化を目的として、1984年施行の「中国海上交通安全法」を改定した[14]。同法は、中国の海事当局に対して、中国領海の安全を脅かす恐れのある外国船舶に領海からの退去を命じることができるとともに、法に違反した外国船を追跡できる権限を認めた（第9条、10条）。尖閣諸島周辺海域における海洋権益を確保するために、中国海警局の船舶に加えて、これまで主に内海や港湾で活動してきた海事当局の船舶は、その活動範囲を東シナ海の中国管轄海域まで拡大したことにより、尖閣諸島周辺海域への侵入を繰り返すのみならず、海上保安庁巡視船に対して中国法の遵守を要求して退去を要請することになろう。

東シナ海における法執行機関船舶の対峙

　中国の法執行機関は武器使用を認められたが、日本の海上保安庁巡視船の行動を規定する海上保安庁法によると、武器使用は警察官職務執行法第7条の規定を準用する（第20条1）ことになっており、他に手段がないと信ずるに足りる

正誤表

本書に下記の通り誤りがありました。
お詫びして訂正いたします。

本扉（1ページ）

（誤）アジアの安全保障 2020-2021
（正）アジアの安全保障 2021-2022

相当な理由があるときには、その事態に応じ合理的に必要と判断される限度において武器使用が可能（第20条2）である。しかしこの場合、軍艦および各国政府船舶であって非商業的目的のみに使用される外国船舶を除く（第20条2の1）ため、海上保安庁巡視船は、中国海警局や海事局の船舶に対して武器使用ができない。

　中国海警法が施行されたことに鑑み、中国海警局船舶が海上保安庁巡視船や日本漁船を連行した場合「人の生命や身体に危険が及ぶ場合」（第18条）に当たるので、その行為を制止するために「危害射撃」を可能にすべきとの議論がある[15]。しかし、巡視船は装甲が薄く、大型化された中国海警局船舶の砲撃に堪えることは困難であろう。海上保安庁巡視船による法執行活動が困難になった場合、海上自衛隊がこれに代わって海洋警備行動をとる（自衛隊法82条、93条）ことがある。

　日本は、15年5月、海上警備行動の発令手続きの迅速化の閣議決定を行った。すなわち、①わが国の領海および内水で国際法上の無害通航に該当しない航行を行う外国軍艦への対処、②離島などに対する武装集団による不法上陸などへの対処、および③公海上でわが国の民間船舶に対し侵害行為を行う外国船舶を自衛隊の船舶などが認知した場合における対処の場合である。

　国連海洋法条約によれば、外国船舶は、沿岸国の平和・秩序・安全を害しない限り無害通航とされる（第19条）し、沿岸国の規則を遵守しない軍艦に対して領海から退去を要求できる（第30条）と規定するが、退去要請の具体的な行動は規定されていない。尖閣諸島周辺海域で中国海警局船舶が法執行活動を行えば、これは日本の秩序違反の行動になる。これとは逆に、中国の法執行船舶が、中国法の秩序違反であるとして、自国領海と主張する尖閣諸島周辺海域から海上保安庁巡視船を排除することが考えられる。この場合、南シナ海における法執行活動にみられるように、大量放水や体当たりを行う可能性がある。このような中国の法執行機関船舶の取り締まりに対して、法執行活動中の海上保安庁巡視船や海上警備行動中の護衛艦は、どのような対応措置がとれるのだろうか。

　中国が尖閣諸島を奪取する場合、日米安保条約第5条が適用され、米軍によ

る支援が期待できるとする議論がある。同条約第5条は、「日本の施政下にある
領域における、いずれか一方に対する武力攻撃が、自国の平和及び安全を危うく
するものであることを認め、自国の憲法上の規定及び手続に従って共通の危険
に対処するように行動すること」を宣言している。

　海上で法執行機関の船舶同士が対峙している場合、中国による尖閣諸島に対
する日本の施政権を損なう一方的な行動ではあるが、日米安保条約第5条が適
用される武力攻撃事態と判断できるのであろうか。少なくとも中国の法執行船舶
が武力を行使しない限り、武力攻撃事態とみなすことは困難であろう。したがっ
て、海上で法執行機関の船舶が対峙しているだけの事態では、日米安保条約第
5条は適用されず、日本が単独で対処しなくてはならない。

おわりに

　中国は、尖閣諸島周辺の領海に日本の巡視船が侵入できなくするための法律
戦と心理戦を開始した。中国共産党は、バイブルである孫子の兵法の「不戦而
屈人之兵、善之善者也」を実践して、武力衝突を避けて尖閣諸島の奪取を目論
んでいる。中国は、南シナ海の岩礁を奪取したが、その時期はインドシナから仏
軍が、フィリピンから米軍がそれぞれ撤退した直後であった。この事例は、中国
が米軍に対抗できる軍事力を確保するまでは、尖閣諸島の領有をめぐって米軍
との軍事衝突を回避することに全力を尽くし、慎重に日米安保条約第5条が適用
されない事態を維持することを予測させる。

　日本は、尖閣諸島をめぐる中国との武力衝突は、これを避けなければならな
い。しかし中国の法律戦や心理戦に直面して、尖閣諸島周辺領海で日本の法執
行活動を止めれば中国の思う壺であり、尖閣諸島は中国の手に落ちるし、そのよ
うな尖閣諸島は、世界はもとより米国も日本の施政下にあると判断しないであろ
う。海警局船舶を領海外へ退去させる目的で日本の法執行船舶が警告射撃を
行い、これに対し武力で反撃してきた場合に米軍に介入を要請することも考えら
れるが、これは日中両国にとって不幸なことである。

　このような事態を回避するためには、日本は、東シナ海における中国の恣意的

な行動を国際社会へ発信し、かつ世界各国が尖閣諸島を日本領として認識できるような情報を透明化するための発信が必要である。例えば、海上警備行動を発令する際に、日本は、自国領の尖閣諸島を決して諦めないこと、警告射撃以外の武器使用はしないこと、これは領土保全の行動（国連憲章第2条4項）であること等の発信である。また日本は、Blue HullまたはOcean−Peace Keepingの様な、東シナ海における「法と秩序の維持」を目的とする非国連統括型の国際連携平和安全活動を、価値観を共有する諸国に呼びかけるべきであろう。

(1) 2021年月18日付読売新聞。

(2) 竹田純一「中国の海洋政策−"海洋強国"目標への規則と今後−」、『島嶼研究ジャーナル』第2巻2号（2020年）、2頁。

(3) 「習近平主席が「中国の夢」を語る」、『北京週報』（http://japanese.beijingreview.com.cn/zt/txt/2013−07/08/content_554394.htm）（2021年5月3日）。

(4) 中国外務省の華春瑩副報道局長は26日の記者会見で、沖縄県の尖閣諸島について「釣魚島（尖閣諸島の中国名）は中国の領土主権に関する問題であり、当然、中国の核心的利益に属する」と述べた（2013年4月26日付日経新聞）（https://www.nikkei.com/article/DGXNASFS2603U_W3A420C1PP8000/）（2021年5月1日）。

(5) 内閣官房主権・領土企画調整室「尖閣諸島の有効な支配」を参照。（https://www.cas.go.jp/jp/ryodo/taiou/senkaku/senkaku01−05.html）（2021年4月29日）。

(6) 「中国人民共和国外交部声明」1971年12月30日、『人民中国』2012年増刊号、30頁、及び内閣官房主権・領土企画調整室「中国の主張を見てみよう」を参照。（https://www.cas.go.jp/jp/ryodo/taiou/senkaku/senkaku01−05.html）（2021年4月29日）。

(7) 「中華人民共和国政府の魚釣島およびその付属書島の領海基線に関する声明」2010年9月10日、『人民日報』2012年増刊号、29−30頁。

(8) 外務省HP「中国による東シナ海の一方的資源開発の現状」。（https://www.mofa.go.jp/mofaj/area/china/higashi_shina/tachiba.html）（2021年5月2日）。

(9) 外務省HP「中国国防部による「東シナ海防空識別区」について」（外務大臣談話）（https://www.mofa.go.jp/mofaj/press/page4_000293.html）（2021年5月2日）。

(10) 外務省HP尖閣諸島（https://www.mofa.go.jp/mofaj/area/senkaku/index.html）（2021年5月2日）。

(11) 森・濱田松本法律事務所「中国最新法令<<速報>>」（No.333）（2020年8月7日号）、2頁（http://www.mhmjapan.com/content/files/00042793/20200807−122201.pdf）（2021年4月30日）

(12) 中国人民武装警察法については、「中华人民共和国人民武装警察法（（2009年8月27日第十一届全国人民代表大会常务委员会第十次会议通过　2020年6月20日第十三届全国人民代表大会常务委员会第十九次会议修订）（http://www.moj.gov.cn/Department/content/2020-06/22/592_3251131.html）（2021年5月2日）を参照。

(13) 中国海警法の条文は、「中华人民共和国海警法」（2021年1月22日第十三届全国人民代表大会常务委员会第二十五次会议通过）（http://www.npc.gov.cn/npc/c30834/202101/ec50f62e31a6434bb6682d435a906045.shtml）（2021年5月2日）を参照。

(14) 改正中国海洋交通安全法については、「1983年9月2日第六届全国人民代表大会常务委员会第二次会议通过　根据2016年11月7日第十二届全国人民代表大会常务委员会第二十四次会议《关于修改〈中华人民共和国对外贸易法〉等十二部法律的决定》修正　2021年4月29日第十三届全国人民代表大会常务委员会第二十八次会议修订」（http://www.npc.gov.cn/npc/c30834/202104/9dfede4d82aa4fc1ae8ca22e987e025b.shtml）（2021年5月1日）を参照。

(15) 2021年2月26日及び27日付読売新聞。

ミャンマー政変と地域秩序への余波

中西嘉宏

京都大学准教授

未明の拘束劇

　2021年2月1日深夜、ミャンマーの通信網が遮断された。当初は通信回線のトラブルかと思われていたが、そうではなかった。軍が首都ネピドーの通信施設を占拠し、電話とインターネットの一時的な遮断を命じていたのである。直後、同国の最高指導者であるアウンサンスーチー国家顧問や、大統領であるウィンミンら、政権幹部の自宅を軍の部隊が急襲し、その多くを拘束した。クーデターの発生である。

　軍がこの日に行動に出たのには理由があった。前年11月の総選挙で、アウンサンスーチーが議長を務める国民民主連盟（NLD）が、連邦議会（日本の国会にあたる）の全選挙区の8割以上で勝利をおさめていた[1]。この選挙で当選した議員の初招集がこの日だった。選挙直後から、選挙不正疑惑を主張し続けてきた軍としては、招集を許すわけにはいかなかった。直前まで、非公式に政権と軍との間でぎりぎりの交渉が続けられており、軍が求めたのは、主に票の再集計と議会招集の延期であった。アウンサンスーチー側はその要求を頑として受け付けなかった。結局、1月31日の午後、議会を当初の予定どおり翌日に招集すると発表した。軍の面子をつぶすには十分過ぎる行動であった。そして、軍内でクーデター作戦敢行のゴーサインが出た。

　政府幹部の拘束後、憲法417条にもとづく非常事態宣言が発令され、国家の全権がミンアウンフライン将軍に移譲された。同宣言には大統領による発令が必要である。そこを軍は、大統領を拘束して「職務不能」の状態におき、軍出身の副大統領を大統領代行に就任させる無理筋で突き通した。そして、一発の銃

弾も放つことなく政府の中枢をおさえたのである。

薄氷を踏むデモクラシーの崩壊

　このクーデターでミャンマーのひとつの時代が終わった。

　ミャンマーは1988年から軍事政権下にあり、憲法も議会もない状況が約23年間続いた。閉鎖的で特異な政治体制だった。それが、2011年の民政移管を機に大きな変化を経験する。軍政主導の民政移管ではあったが、軍事政権時代の首相であったテインセイン大統領は内外の予想に反して、矢継ぎ早に改革を進めていく。なかでも、軍事政権下で長く弾圧されてきたアウンサンスーチーとの和解は大きな出来事だった。12年に、アウンサンスーチーとその政党である国民民主連盟（NLD）が08年憲法を認め、補欠選挙に参加したことで、1988年から続いた軍と民主化勢力との政治対立に終止符が打たれた。

　この和解がテインセインの改革に勢いを与える。米国、日本、国際機関、多くが改革を後押ししたことで、長く停滞してきたミャンマーが動いた。経済成長率は14年には8％を記録し、検閲の廃止や、結社の自由の拡大など、長年制限されてきた市民の自由も急速に拡大した。そうした変化の結果として最も注目を集めたのが、15年の総選挙でのNLDの勝利だったといえる。15年総選挙は、1960年から約55年ぶりとなる自由で公正な選挙で、テインセイン政権の成果を問うというよりも、1988年から続くアウンサンスーチーと軍との関係を清算する選挙であった[2]。多くの国民から揺るぎない支持を誇るスーチーが勝ち、20年を超える闘争が実を結んだ。

　このNLDの地滑り的勝利と、翌年の平和的なスーチー政権の発足は、ミャンマーにおける民主化の大きな進展である。それは間違いない。だが、軍という掌の上での民主化の進展だったことも忘れてはならないだろう。2008年憲法には、実に多くの軍の特権が認められている。閣僚のうち、国防大臣、内務大臣、国境大臣は現役の軍人が務め、議会でも定数の4分の1は軍人が占める。軍の指揮権を持つのは軍最高司令官であって、大統領ではないし、大統領と副大統領2名のうち、1名は議会の軍代表議員が選出できる。

　そして何より重要なのは、この軍の特権を規定した憲法を改正するには、議会の4分の3を超える賛成によって国民投票にかける必要があることだ。つまり、憲法改正のためには、軍の代表議員が1人でも賛成しなければならず、それは軍最高司令官の決定にかかっている。どれだけ選挙で文民の政党が勝ったとしても、軍の承認がない限り憲法は変えられない。軍は自らに有利に設計されたこの政治体制を「規律と繁栄あるデモクラシー」と呼んだ[3]。

　この軍の「掌の上」で成り立っているのが、スーチー政権だった。スーチー政権は、むろん、そんなことは承知のうえで、政治制度の民主化と和平を進めようとした。軍出身者の政府幹部への「天下り」を止め、憲法改正を試み、地方行政担当の部局を文民政権の影響下に移管した。だが、こうした動きは、軍の考える国家像に挑戦する行為で、簡単に受け入れられるようなものではなかった。実際、20年には憲法改正法案をNLDが議会に提出しているが、軍代表議員によって否決されている。

　スーチー政権の実績にも軍は不満をためていた。例えば、スーチーが政権公約の柱にあげていた全土和平交渉は難航した。前政権での全国停戦協定への署名組織は八組織だったのに対して、スーチー政権下で合意に至ったのはわずか二組織である。西部のラカイン州では紛争が激化し、分離主義すら含むラカイン民族主義が広がっていた。他にも、新型コロナウイルス対策で政権の対応は後手に回った。感染による死亡者数は、21年1月末時点で約3,000人と、東南アジアではインドネシア、フィリピンに続く数であった[4]。

　長年の敵同士が共存する政権で、時が進むにつれて、両者の関係は悪化していった。そして、20年の総選挙の結果をめぐって対立は決定的となる。軍は今も、政権掌握はクーデターではなく、憲法に従った合法的なものだと主張している。しかし、納得するものは少ない。両勢力の政治闘争にタガをはめてきた2008年憲法は、もはや軍による統治の道具と認識されている。民主化勢力がこの憲法を再び受け入れる可能性は低く、11年にはじまったミャンマーでの民主主義は、今回のクーデターで実質的に崩壊したといってよい。

市民の抵抗と軍による弾圧

　クーデターで軍はいったい何をしたかったのか。一言でいえば、軍が望む「規律と繁栄あるデモクラシー」路線に戻そうとするクーデターだった。出口については、非常事態宣言を1年以内に解除して総選挙を実施するというものだ。その選挙で勝利した政党に国家権力を譲り渡す。ただし、総選挙にNLDが参加することは想定されておらず、かなり高い確率で、アウンサンスーチーらNLD幹部は公判で有罪となり、また、NLDも不正選挙により政党登録が抹消される。そして、総選挙では軍が望ましいと考える政党が勝利し、次の大統領にはミンアウンフライン軍最高司令官かあるいは軍に近い人物が選出される。

　しかし、この新政権樹立までの計画は目論見どおり進みそうにはない。軍の想定を越えて市民の抵抗が広がったからである。おそらく、軍はNLDによる抵抗は織り込んでいたはずだ。だが、実際の抵抗運動には、スーチー支持者を超えたより広い市民が参加した。手段も多岐にわたり、路上でのデモ行進はもちろんのこと、公務員や民間企業職員が職務を放棄する市民的不服従運動（CDM）も広がった。2月22日には全国で数百万人がデモとストライキに参加したという。11年から10年間、自由化と民主化を享受した社会が軍による統治を拒絶する反応だった。

　だが、想定を超える抵抗を受けたことで目標を変えるような軍ではなかった。軍は、強硬に抵抗を抑え込む方向に舵を切る。2月の末から、実弾の使用を含めた弾圧が強まり、それから2カ月ほどで700人を超える犠牲者が出た。目立つところでは、3月14日のヤンゴン郊外にあるフラインターヤー地区での弾圧、軍記念日の祝日であった3月27日の全国的な弾圧、4月9日の地方都市バゴーでの弾圧など、いずれも100人前後の犠牲者が出ている[5]。弾圧に際して、軍の部隊は迫撃砲や対戦車用のグレネード・ランチャーを使用するなどしたとされる。同時に、指導者の拘束や不服従運動の参加者の訴追が行われた。

　幹部を拘束されたNLDも静観していたわけではない。真っ向から対立する姿勢を示した。残された党員たちは、昨年の選挙で当選していた人々を中心に、クーデターから4日後には連邦議会代表委員会（CRPH）という対抗する組織を

結成する。4月16日には、正統な政権だと主張する国民統一政府（NUG）を樹立した。閣僚のリストのなかには、アウンサンスーチー国家顧問やウィンミン大統領の名前もある。さらに、軍をテロリスト団体に指定し、独自の軍隊の結成も宣言した。

　ただ、注意が必要なのは、国民統一政府がオンライン上の政権だということだ。次々と声明を発表し、国内外からと多額の寄付を集めて、いまや反軍のシンボル的な存在になっている一方で、幹部の所在はわからず、ミャンマーの一部さえも実効統治できているわけではない。軍は同組織を非合法組織に指定し、幹部を国家反逆罪で指名手配している。

歩調が合わない国際社会

　クーデターに対して国際社会はどう対応しているのか。軍の強引な憲法解釈と、政権幹部の拘束、市民の抵抗に対する弾圧などに対して、非難の声が世界中で上がった。今回の軍の動きを承認する国はクーデター発生から3カ月たった現在でも存在しない。軍側を擁護するのは、どの国であっても難しいということである。しかし、そうした状況下でも、ミャンマー軍に対して協調的で強い国際圧力は生まれなかった。そこが国際政治の難しさだろう。

　国連、米国、欧州連合（EU）は、クーデターを強く批判した。米国ではジョー・バイデン大統領自ら会見でミャンマー軍を非難し、軍幹部や軍系企業に制裁を科した。その後も、輸出入の制限や、一部国営企業に対する制裁も科している。だが、制裁外交に同調する動きは欧米という枠を越えなかった。壁があった。主に三つの壁が立ちはだかった。中国の壁、国連の壁、ASEANの壁である。

　第一に、中国の壁である。中国はかつての軍事政権との深い関係もあって、当初、クーデターの黒幕ではないかという推測が流れた。実際のところ、中国はスーチー政権とも関係を深めており、クーデターとその後の混乱をわざわざ引き起こさなければならない理由はない。だが、中国が軍の今回の行動を望まなかったとしても、内政不干渉という外交上の大原則を変更することはなく、欧米の制裁に対して批判的な態度を貫いている。国連安保理では、ミャンマーへの非難決議採択

に拒否権を使うなど、ロシアとともに協調的国際圧力を難しくした[6]。大国間の利害の衝突が国際協調の道を阻んでいるのである。

　第二に、国連の壁である。ミャンマー軍と国連との関係はかなり悪い。国連は、1990年代からミャンマーの政治問題や人権問題に有効に関与できずにいた。それに加えて、17年にロヒンギャ難民が大量に発生すると、直後から国軍のジェノサイド疑惑が持ち上がった[7]。ジェノサイドを追求する国連（特に人権理事会が設置した独立国際事実解明ミッション［IIFFM］）と、ジェノサイドを否定する軍との溝は、修復できないくらい深まった。そのため、現在、ミャンマー問題を担当する国連特使はいても、いまだミャンマー国内への入国ができないままである[8]。政治解決はおろか、国連による人道支援すら受け入れられない可能性もある。国連が国際的な圧力の調整役になることはできないのである。

　第三に、東南アジア諸国の壁である。かつて軍事政権を受け入れた東南アジア諸国連合（ASEAN）が、いま、軍への働きかけの役割を担うことが期待されている。だが、東南アジアの大陸部にあるタイ、カンボジア、ラオス、ベトナムは働きかけに消極的である。どの国も民主制ではなく、インドネシアやシンガポールのような島嶼部の国々とは国益が違う。隣国タイは約2,400キロメートルの国境を接し、ミャンマーから天然ガスを輸入している。ベトナムの軍企業がミャンマーの通信事業に投資している。働きかけに失敗してミャンマー軍との関係が悪化することを避けたいのが本音だろう。そうしたなかでも、4月24日にはインドネシア主導でASEAN指導者会議を開催し、ミンアウンフライン将軍を招いて対話をスタートさせることには成功した。だが、ASEAN諸国も一枚岩には程遠く、働きかけには限界がありそうだ。

　こうした足並みの揃わない国際社会の中で、日本の動きも曖昧なままである。日本政府は、当初からミャンマーでの事態に懸念を表明し、民間人への暴力の停止、拘束された人々の釈放、民主的体制の早期回復の三つを求めて、「日本独自の役割」を果たすことを目指してきた。だが、事態の改善に貢献できているとはいえない。欧米ほどの人権・民主主義のような価値を強く押し出した圧力外交もせず、ASEAN諸国の一部の国々のような柔軟に働きかける外交もできていな

い。世界でもその存在感は目立たないといってよい。

ミャンマーは脆弱国家になるか

　ミャンマーの混迷は出口の見えない状況である。国際社会は協調行動をとれず、また、各国やASEANのような地域機構の圧力や働きかけも、まだ効果が見られない。国家主権を越えた軍事介入のようなことは、ミャンマーが中国の隣国であることを考えても現実味はきわめて薄い。

　そうなれば、正統性がないまま、軍の実効統治がしだいに広がる可能性が高いといえるだろう。だが、市民の不満はくすぶったままで、周辺部では武装勢力との戦闘が増える。オンラインを主戦場とするNUGはますます国際社会から支持を集めるようになり、一方で軍による統治は内外から承認を得られないだろう。むろん、海外からの援助や投資は渋り、経済の成長も見込めない。結果として、ミャンマーは脆弱国家になる可能性が高い。脆弱国家とは、国家の統治能力が低く、行政サービスの質も量も低下して、経済、社会、紛争、自然災害、感染症などの危機に弱い国家のことである。

　ミャンマーが脆弱国家になることは、アジアの地域秩序にとって重大な問題をはらむ [9]。ここでは2点を指摘しよう。人道危機と中国の影響力についてである。

　まず、ミャンマーの脆弱国家化は、深刻な人道危機を引き起こす可能性がある。国連開発計画（UNDP）によると、このままの状況が続けば、最悪の場合、22年の初頭までに貧困率が2倍になり、人口の約半数が国際貧困ライン（低位中所得国基準で1日の収入が3.2ドル以下）よりも下の生活水準で暮らすことになる [10]。これは最悪の想定だが、そこまでいかなくとも経済が落ち込むことは間違いない。

　保健衛生にも注意が必要だろう。新型コロナウイルス関連では、医療関係者に不服従運動参加者が多く、検査も十分でない状況である。治療となるとさらに難しく、感染爆発が起きる可能性もある。さらに、国境地帯での紛争の激化は難民危機に繋がる。感染が封じ込められていない地域からの難民の発生に隣国はおおいに警戒するだろう。そうなると、もはや一国の問題ではなくなるわけであ

る。脆弱国家が引き起こす人道危機を、アジア全体の課題として捉える必要があるだろう。そこで我々が直面するジレンマは、人道危機への対応のために、政治問題を棚上げにしてでも軍と関係を築かなければならないことである。人道支援の中立性をめぐる古典的な問題が発生する[11]。

　第二に、中国の影響力拡大という文脈でミャンマーの脆弱国家化を捉えることも必要である。このまま軍による不安定な実効統治が続けば、遅かれ早かれ、ミャンマーでの中国の存在感が増す。正統性が乏しい軍と関係を持つことが、もはや自由主義圏の国々にとっては難しい一方で、中国政府や企業は、人権や民主主義といった価値が行動制約になりにくい。いま、中国が内政不干渉を理由に様子見をしていられるのも、長期的には自分たちの国益にとって有利になる条件がそこにあるからだろう。

　ミャンマーは中国がインド洋にアクセスするための要衝にあって、すでにベンガル湾からミャンマーを縦断して雲南省に繋がる天然ガスと原油のパイプラインが運営されている[12]。同じ経路で鉄道と道路の建設も予定されていたが、こちらは民政移管後、満足に進んでいない。したがって、軍が支配するミャンマーに接近するメリットは中国にとって大きい。ただし、ミャンマー軍は中国を常に警戒しており、かつての軍事政権時代にもロシアやインドと軍事関係を拡大することで、中国への依存度を下げようとしてきた。とはいえ、欧米と日本も含めた東アジアの国々との関係が希薄になれば、軍は中国に頼るしかなくなる。

　この中国とミャンマーの接近が、中国のシーレーンの防衛とその多角化に寄与することは言うまでもない。これは、現在の米中対立のひとつの焦点である台湾有事の可能性も含めた、インド・太平洋地域での秩序の将来的な変更にも繋がる重大な問題であり、日本にとっても望ましいものではない。中国のインド洋への影響力拡大を防ぐのであれば、ミャンマーを軍の統治下にある脆弱国家にすることには警戒すべきだ。

　民主主義、人道問題、地域安全保障、こうした複数の視角からミャンマーの政変とその余波について考える必要がある。一見、善悪がはっきりしている問題だが、そこにはいくつものジレンマがあり、慎重な検討が必要なのである。

⑴ 中西嘉宏「（2020年ミャンマー総選挙）アウンサンスーチー圧勝の理由と、それが暗示する不安の正体」IDEスクエア、2020、https://www.ide.go.jp/Japanese/IDEsquare/Eyes/2020/ISQ202020_040.html

⑵ 長田紀之・中西嘉宏・工藤年博『2015年総選挙―アウンサンスーチー新政権はいかに誕生したのか』（アジア経済研究所、2016年）

⑶ 工藤年博「2010年ミャンマー総選挙結果を読む」工藤年博（編）『ミャンマー政治の実像：軍政23年の功罪と新政権のゆくえ』（アジア経済研究所、2012年）、60-65頁。

⑷ CSIS "Southeast ASIA Covid-19 Tracker", https://www.csis.org/programs/southeast-asia-program/southeast-asia-covid-19-tracker-0

⑸ Assistance Association for Political Prisoners (BURMA), https://aappb.org/

⑹ BBC, "Myanmar coup: China blocks UN condemnation as protest grows," https://www.bbc.com/news/world-asia-55913947

⑺ 中西嘉宏『ロヒンギャ危機』（中公新書、2021年）、第5章。

⑻ 国連のミャンマーへの関与がずっと困難を極めてきたことについては以下を参照されたい。Thant Myint-U, *The Hidden History of Burma: A Crisis of Race and Capitalism*. London: Atlantic Books, 2020, Ch.4

⑼ 似た観点から検討された報告書として以下がある。International Crisis Croup, "The Cost of the Coup: Myanmar Edges Toward State Collapse", *Crisis Group Asia Briefing No.167*, 1 April 2021.

⑽ UNDP, "COVID-19, Coup D'etat And Poverty: Compounding Negative Shocks and Their Impact on Human Development in Myanmar", April 2021.

⑾ Hugo Slim, "Humanitarian resistance and military dictatorship" The Humanitarian Practice Network, https://odihpn.org/blog/humanitarian-resistance-and-military-dictatorship/

⑿ Yun Sun, "China's Stakes in the Myanmar Coup" Institut Montaigne, https://www.institutmontaigne.org/en/blog/chinas-stakes-myanmar-coup

朝鮮半島核問題の現在地と今後の見通し

一政祐行

防衛研究所主任研究官

はじめに

　北朝鮮が2005年に核兵器保有を宣言して、早15年が経つ。この間に核実験は通算6回実施され、北朝鮮は16年の第4回核実験以降、水爆実験の成功を誇示してきた。核実験と交互に繰り返すかたちで相次いだミサイル発射試験も、ロフテッド軌道やディプレスト軌道が観測され、技術水準の向上が指摘されて久しい。近年では潜水艦発射型弾道ミサイル（SLBM）導入に邁進するなど、北朝鮮が報復第二撃能力の確立を目指していることに疑問の余地は少なくなっている。

　こうしたなか、国際社会は北朝鮮の非核化を一貫して追求してきた。六者会合で関係国に認識された「完全な、検証可能な、かつ不可逆的な廃棄（CVID）」による朝鮮半島非核化の実現は、直近では21年4月16日の日米首脳会談でも確認されている。しかし、現実問題として北朝鮮の核兵器はすでに開発初期段階を過ぎ、戦略兵器として同国の抑止力に組み込まれている以上、非核化の追求のみならず、新たな抑止戦略の検討が必要なステージに入ったとの見方もある[1]。北朝鮮の非核化には今や時すでに遅しなのだろうか。それとも依然、国際社会には非核化を追求する筋道が残されているのだろうか。本稿はかかる問いをめぐり、昨今の朝鮮半島情勢も踏まえて以下に考察を試みたい。

北朝鮮の核問題と米朝関係の展開

　北朝鮮の核問題は、日本をはじめとする地域諸国、ひいては国際安全保障環境の重要課題であるものの、その帰趨は歴史的に米朝関係に大きく左右されてきた。特に今世紀に入って以降は、ブッシュ政権期終盤の六者会合の停滞の

中での核兵器保有宣言を皮切りに、オバマ政権期には戦略的忍耐政策を奇貨とし、北朝鮮は国連安保理決議や経済制裁にもかかわらず、核実験および弾道ミサイル発射試験を重ね、弾頭の小型化や戦略運搬手段の開発を進めてきた。その後、トランプ政権期に入ると各種の声明文やツイート、あるいは国連総会演説での双方の激しい言葉の応酬を経て米朝関係は険悪化し、第三次朝鮮半島核危機に陥った。こうしたなか、「戦略的圧力と関与」政策を取ったトランプ政権[2]は、機を捉えて電撃的な米朝首脳会談を実現した。しかし、北朝鮮側は豊渓里の核実験場での坑道爆破や寧辺の核関連施設の閉鎖、ミサイル発射場の放棄を打診した一方で、肝心の検証可能な非核化の行程表や核兵器計画を申告する姿勢は示さなかった。これに対して、米国側も段階的な非核化措置への見返りはもとより、経済制裁の緩和や体制の保証には与しなかった。

　その後、北朝鮮は20年11月3日の米国大統領選挙まで平静さを保ってきたが、21年1月の朝鮮労働党第8回党大会で、金正恩朝鮮労働党委員長はより強大な軍事力建設の努力とともに、さらなる核戦争抑止力の強化を誓う旨声明を発出し、直後の平壌での軍事パレードでは新型のSLBMを展示した[3]。1月29日の国連安保理月報は、かかる動きが米国バイデン政権の誕生を踏まえ、北朝鮮として外交交渉の可能性は否定しない姿勢を示す一方で、核能力への梃子入れで交渉のレバレッジを高める意図があると指摘した。

　21年3月25日、北朝鮮はバイデン政権による北朝鮮政策の見直しが報じられるなか、約1年ぶりに弾道ミサイル発射に踏み切った。海外の識者からは、ロシアのイスカンデル・ミサイルをモデルにした短距離弾道ミサイル（KN-23派生型）が使用された可能性と、その弾頭には2,500kgの重量物が搭載可能であろうこと、ミサイルは迎撃困難な低高度での滑空およびスキップ飛行を取ったこと、また北朝鮮側の意図として、核兵器開発継続の意思とともに米韓合同軍事演習への強い反発を示したと指摘[4]された。バイデン大統領はミサイル発射を安保理決議違反だと強く批判し、大陸間弾道ミサイル（ICBM）以外は問題視しなかったトランプ政権の対応との違いを鮮明にした。しかし、同月の安保理緊急会合で中国やロシアが制裁緩和を主張したため、安保理として足並みの揃った対応は取

られなかった。こうしたなか、21年4月11日には韓国メディアで北朝鮮が3発の
SLBMを搭載可能な3,000t級の新型潜水艦を建造完了したと報じられた（『日
本経済新聞』2021年4月11日）。

　20年時点で北朝鮮は核弾頭数50-100発を保有し、かつ27年までには長射程
弾道ミサイルとともに核弾頭数を200発規模まで増産し、その残存性向上と第2
撃能力の強化を追求するのではないかとの試算[5]も示される状況にある。もし
これが実現するとなれば、現在のインドやパキスタンの核戦力をも凌駕すること
になる。他方、国際社会は度重なる北朝鮮の安保理決議違反に対して経済制裁
を強化し、その行為を強く非難する一方で、具体的な非核化措置を講じることは
叶わぬまま今日に至っている。

北朝鮮の非核化アプローチ

　前述のとおり、朝鮮半島非核化はCVIDが大前提であるものの、初の米朝首
脳会談が模索された18年にはトランプ政権内でCVIDの使用を避けるよう指示
があった（『朝日新聞』2018年7月29日）とされ、「最終的に完全に検証された非
核化（FFVD）」が提唱された。しかし、その後も日米外相会合などでは依然とし
てCVIDの重要性が確認されている。他方、非核化の具体的アプローチについ
ては、トランプ政権のボルトン大統領補佐官が主張したリビアモデルが記憶に新
しい。これは03年のイラク戦争を背景に、核兵器の設計図や遠心分離機の入手
段階で自ら核開発を放棄したリビアに対して、非核化の見返りに体制保証を行っ
た事例に基づくものである。しかし、核兵器を保有した北朝鮮と、核兵器開発の
前段階に留まったリビアとでは非核化の開始点に大きな乖離があり、核抑止力
への依存を深める現在の北朝鮮にリビアモデルを受諾する動機は乏しいであろ
う。また、リビアのカダフィ大佐が後年、北大西洋条約機構（NATO）の支援を
受けた反政府勢力に政権を追われ殺害されたことも、同モデルの否定的印象を
強めてしまった。トランプ政権ですら追求し得なかったリビアモデルの北朝鮮へ
の適用は、非核化に対する強い政治的圧力として以外、今後も有効な手立てに
はなりがたいと考えられる。

　こうしたなか、近年CVIDとは異なる非核化の言説も様々に論じられてきた。08年、ロスアラモス国立研究所元所長のヘッカーは「三つのノー」提案として、北朝鮮の求める安全の保証、エネルギー欠乏および経済的困窮に応えるのと引き替えに、核兵器の増産、改良、水平拡散をいずれも行わないよう要求すべきと指摘した[6]。ヘッカーは2018年には核リスクの低減に重点を置き、北朝鮮に核実験、長距離ミサイル発射試験、プルトニウム生産を行わない「新たな三つのノー」を求めるよう提案している[7]。

　他方、中国外務省アドバイザーのシン・キアン復旦大学教授は、18年に「条件付きの相互主義に基づく漸進的な非核化（CRID）」を提案した[8]。これは、①北朝鮮による包括的核実験禁止条約（CTBT）批准と合意された検証・監視手続きのもとに、すべての核実験関連施設を閉鎖・破棄し、②核兵器を製造停止し、③国際原子力機関（IAEA）の監督下で全核兵器生産施設を機能停止・解体し、④ICBMを中心とする核関連の設計・研究活動を終了し、⑤兵器用核分裂性物質の生産と研究活動を終了し、関連施設の閉鎖から最終的な解体、そして核のストックパイルの制限と削減へ進むものとする。また、検証が不完全でも状況は改善されるとの発想に立ち、米国は北朝鮮と協調し、制裁の解除、朝鮮戦争の終了宣言、そして恒久的な平和条約へと至るべきだと論じた。いずれの言説もICBMの開発や核兵器の増産を凍結させることで戦略的安定を狙うものであり、日本の立場からすれば到底同意できる内容ではないが、こうした言説が登場する背景にも目を向ける必要はある。一例として、16年のメディアのインタビューにて、ペリー元米国国防長官は北朝鮮の非核化に向けて現実味のある戦略は存在せず、その核計画を逆戻りさせるにはすでに手遅れであるとし、できることは被害の局限化だけだと語っている（Hankyoreh, October 3, 2016.）。17年にはスウェインも、北朝鮮の非核化は長期的目標であって、短期的に追求すべき現実的課題は北朝鮮に対する抑止と封じ込め、そして広範な危機管理措置だと提唱している[9]。21年、アインホーンは米国には北朝鮮への圧力を強めることで、戦略的な選択としての核兵能力の完全な廃棄を迫るか、あるいは中長期に及ぶ段階的な非核化プロセスのもとに、米国が北朝鮮と対峙するかの両極端な

オプションがあるが、段階的な非核化プロセスのほうが、より短期間のうちに北朝鮮の核およびミサイル能力に制限をかけやすいと指摘する(10)。

北朝鮮の非核化に求められる要素とは何か

しかしながら、北朝鮮の核問題は一国・一地域の安全保障問題には留まらないことにも注意が必要である。前節で取り上げたように、北朝鮮の非核化はすでに現実味のあるゴールではなく、今や包括的な核リスク管理の次元に入ったとの見方は、ある種の現実主義に基づくものだと言ってよい。だが、核の拡散は長い時間軸で見れば「点と線」でつなぎ合わせたものだという事実も忘れてはならない。個別の拡散事案は「点」に過ぎないが、それらをつなぎ合わせると一本の「線」になる。北朝鮮への非核化要求の形骸化や、現状を固定する措置が拡散事案を注視する潜在的な拡散者に間違ったメッセージを送る結果になってはならず、また核不拡散にかかる国際規範や安保理決議を軽んじる風潮が生じることのないよう、幅広い目配りが必要である。

それでは北朝鮮の非核化に向けて、今日の文脈で具体的に何を追求せねばならないのだろうか。まず、一度手にした核兵器を放棄した事例は少なく、リビアモデルのような個別の状況に当てはめて、それら事例の教訓を北朝鮮に援用するのは難しいことを指摘せねばならない(11)。また、六者会合時の「共同声明の実施のための初期段階の措置」(07年)における再処理施設を含む寧辺核施設の放棄に向けた活動停止、封印、IAEAの監視・査察であるとか、その次の段階での核計画の完全な申告、あるいは、「検証に関する米朝暫定合意」(08年)で示された合意に基づく未申告施設へのアクセスと資料採取、鑑識活動なども、今や必要十分な非核化措置とは言えないであろう。北朝鮮での核の垂直拡散状況に鑑みれば、核弾頭とミサイル関連施設、核実験場、ミサイル発射試験場、核技術者など、非核化措置には広範な対象が含まれねばならない。

こうしたなか、ヘッカーは18年に段階的な北朝鮮の非核化とその検証にかかるタイムテーブルを発表し、核兵器、核実験、ミサイル発射試験、兵器用核分裂性物質、核不拡散など具体的な非核化対象や検証措置を詳らかにしたが、

注目すべきは非核化プロセスに最大で15年を要すると指摘した点（New York Times, May 28, 2018.）である。段階的な非核化を打ち出した20年の笹川平和財団の報告書でも、北朝鮮の保有する核物質の申告と生産停止および検証、核弾頭、核関連施設、ミサイル関連施設の申告およびその解体・廃棄と検証、CTBT署名批准、核兵器不拡散条約（NPT）への完全復帰をいずれも時間的制約を設けたうえで、検証可能な形で進めることが重要だと述べている[12]。

　いずれにしても、過去の軍備管理・軍縮条約における検証・査察の教訓を反映し、IAEA保障措置、CTBTの継続的な核実験監視に加え、管理認証情報を含む完全な核計画の申告に基づき、核弾頭をミサイルから取り外し、配備された場所から移送した後に解体し、核分裂性物質と非核構成物品および高性能爆薬を測定し、廃棄プロセスを監視・検証できる既存の技術的・手続き的手法[13]を織り込む必要がある。また、査察の有効性を担保するためには、北朝鮮の主権を尊重し、検証目的に無関係な機微情報は適切に保護しつつ、侵入度の高い検証措置が実施できるメカニズムが不可欠だと考えられる。

　さらに、非核化を進める段階での北朝鮮の協力的姿勢も重要である。例えば1993年の南アフリカでの非核化検証では、核分裂性物質生産過程での管理認証情報の完全な申告によって核兵器の解体・廃棄が検証されたことで、被査察国の協力の重要性が裏付けられている[14]。協力的姿勢との関連で、検証を担う人的・技術的基盤を北朝鮮へ送り込み、申告情報と検証・査察活動の結果を照らし合わせる活動を長期間行う必要があることも、あわせて念頭におかれねばならない。

今後の見通し

　21年3月12日、キム米国務次官補代理（東アジア・太平洋担当）はバイデン政権が見直しを進める対北朝鮮政策について、朝鮮半島あるいは北朝鮮の完全な非核化を求めるべく、日韓の同僚や友人と協議している旨メディアに述べた。その詳細は本稿執筆時点でまだ明らかではないが、少なくともトランプ政権期のように、米朝首脳間のトップダウンによる非核化進展に期待するのではなく、関係国との実務者レベルでの調整を重視したものになると考えられる。拉致問題の

解決や米韓合同軍事演習の行方、経済制裁強化など様々な焦点がある一方で、昨今報じられるICBMの性能向上の阻止や、核分裂性物質の生産凍結といった北朝鮮との非核化「暫定合意」の是非（『時事ドットコムニュース』2021年4月16日）も含め、日本として注視すべきポイントは多い。前節で核の拡散を「点と線」と形容したが、NPTを隠れ蓑に核開発の時間稼ぎを続けた北朝鮮への非核化要求を形骸化させてしまっては、核不拡散の国際規範が揺らぎかねない。核の威嚇も辞さず、軍事的挑発行為を重ねてきた北朝鮮に対して、単にICBM開発や核兵器の増産を凍結させるだけの「暫定合意」に帰着してよいのか、またいかに合意遵守を監視・検証するか、そしてかかる状況下で今後CVIDをどう追求すべきなのか、慎重な検討が求められる。

　非核化をめぐる北朝鮮の真意は明らかではなく、核問題で同国が過去30年にわたり瀬戸際外交を繰り返してきた歴史も、今後の非核化プロセスを論じる際に無視し得ない教訓である。一方、北朝鮮の核兵器がここまで垂直拡散してしまっては、非核化の実現はすでに困難だとの指摘にも十分留意せねばならない。このほか、北朝鮮に段階的な非核化の主導権を渡すべきではなく、非核化の見返りを期待させてはならないといった議論もあり得ようし、前述した北朝鮮をめぐる核リスクの低減と広範な危機管理措置こそ重要だとの指摘も傾聴すべきである。

　しかし、北朝鮮が核戦力増強および報復第二撃能力の獲得に邁進する今日にあって、朝鮮半島をめぐり、核兵器が使用されるような事態を回避するとともに、一定の透明性のもとにCVIDを狙う、段階的かつ中長期的なアプローチを追求することがまずは肝要ではないだろうか。このとき、核リスク低減のための広範な危機管理措置が、段階的な非核化の追求と相互に排他的なものではないことを北朝鮮に知らしめる工夫が求められよう。そのうえで、日本と米国、そして韓国との間で、北朝鮮の非核化に向けた新たな戦略の共有と、核の威嚇に対する抑止力強化のための連携深化が改めて重要になるものと考えられる。（※本稿の内容は研究者としての個人的見解であり、所属する機関の見方を代表するものではない。）

(1) Brad Roberts, "Living with a Nuclear-Arming North Korea: Deterrence Decisions in a Deteriorating Threat Environment," Henry L. Stimson Center, November 4, 2020.

(2) 阪田恭代「北朝鮮の核・ミサイル問題をめぐる日米韓外交・安全保障協力－第三次核『危機』の現段階、2017年から2018年へ」日本国際問題研究所『「不確実性の時代」の朝鮮半島と日本の外交・安全保障』（2018年3月）、69頁。

(3) Julia Masterson, "North Korea Displays New Missiles," *Arms Control Today,* March 2021.

(4) Vann H. Van Diepen, "Initial Analysis of North Korea's March 25 SRBM Launches," *38 North,* March 30, 2021.

(5) Bruce Bennett, et.al., *Countering the Risks of North Korean Nuclear Weapons,* Rand Cooperation, April 2021, p.15.

(6) Steve Fyffe, "Hecker Assesses North Korean Hydrogen Bomb Claims," *Bulletin of the Atomic Scientists,* January 7, 2016.

(7) John Mecklin, "Sig Hecker: 'A major positive' if Kim Jong-un dismantles Yongbyon," *Bulletin of the Atomic Scientists,* October 3, 2018.

(8) Georgy Toloraya, "From CVID to CRID: A Russian Perspective," *38 North,* December 26, 2018.

(9) Michael D. Swaine, "Time to Accept Reality and Manage a Nuclear-Armed North Korea," Carnegie Endowment for International Peace, September 11, 2017.

(10) Robert Einhorn, "The North Korea Policy Review: Key Choices Facing the Biden Administration," *38 North,* March 26, 2021.

(11) 一政祐行『検証可能な朝鮮半島非核化は実現できるか』（信山社、2020年）、69-70頁。

(12) 新たな原子力・核不拡散に関するイニシアチブ研究『北朝鮮非核化に関する日本政府への提言―北東アジアにおける核の脅威削減と新たな安全保障の構築を視野に―』（公益財団法人笹川平和財団、2020年2月）、2頁。

(13) 一政祐行「核弾頭の解体・廃棄と『有志国検証アプローチ』―核兵器禁止条約（TPNW）の検証制度整備に向けた一考察―」『安全保障戦略研究』第1巻第2号（2020年10月）、51-53頁。

(14) David Albright and Andrea Stricker, "Revisiting South Africa's Nuclear Weapons Program: Its History, Dismantlement, and Lessons for Today," Institute for Science and International Security, June 28, 2016.

第2部

アジアの安全保障環境

（2020年4月～2021年3月）

第1章　日　本

概　観

　2020年後半から21年初頭にかけて、日米両国で指導者が退陣したことで、政治的にも、安全保障上にも、リスクを伴いかねない期間でもあったが、新政権のもとで早々に日米2プラス2および日米首脳会談が対面式で開催されたことは、日米同盟の重要性を内外に示す上できわめて大きな意義となる。なかでも、両会談で台湾情勢が明確に言及されたことは、近年台湾への中国の威嚇が強まっていることに対して日米両国が警戒を強めていることを示している。

　地上配備型迎撃ミサイルシステム「イージス・アショア」の配備計画が突然撤回されたが、日米が新たなミサイル防衛について連携していくことを一早く確認したことは、日本の防衛のみならず、日米同盟の実効性を示す上でも重要であった。

　安全保障関連法が施行されてから5年を迎えたが、その間に日米間で一層相互運用性が高まった。在日米軍駐留費についても一年延長することで合意に至った。尖閣諸島に対する度重なる中国公船の接近に伴い、それを想定した訓練も強化された。このほか、最新鋭の装備も着実に導入されている。しかし、北朝鮮の核・ミサイル問題をめぐっては、日米韓3カ国間の結束が鍵となっているものの、元徴用工や慰安婦の諸問題をめぐる日韓問題で揺らいでいる。

　「自由で開かれたインド太平洋（FOIP）」の強化に向けてミニラテラリズムの強化も図られた。日米豪印の「クアッド」やその二国間関係も促進された。ASEAN諸国とは、その中心性・一体性を全面的に支持した形で、関係の強化を引き続き図った。ヨーロッパ諸国ともかつてないほど協力関係が推進された。英国とは3年ぶりに2プラス2を開催したほか、ドイツとも初めてとなる2プラス2を同様に実施した。EU全体とも交流を深めている。また、FOIPの一環として、中東、アフリカ、中南米との関係強化も図った。一方、クアッド間の協力関係や、FOIPとの連携強化をめぐっては、インドやASEAN諸国が、中国との関係から、慎重な姿勢を崩しておらず、温度差がある。

　一方、ロシアとは、同国の憲法改正やクリル諸島（北方領土を含む千島列島）での軍事演習を受けて、北方領土問題の解決が一層厳しい状況になった。

　経済安全保障も、益々重要な分野となっている。特に、先端技術の流出防止、研究費や土地利用の規制、さらにはレアメタルの権益防護の必要性が急務な課題となっている。

　また、ポストコロナを見据えてG7およびG20が開催されるなか、日本の指導力が問われている。

外交・安全保障

日米新体制下で深化し続ける日米同盟

　2020年4月以降の一年は、日米両国にとって外交・安全保障上、大きな転機となった。6月には現在の日米安全保障条約が発効してから60周年を迎えた。米軍の前方展開を背景に、日米同盟は、日本の防衛だけでなく、インド太平洋地域や国際社会の安定のために重要な基盤としての役割を果たしてきた。茂木外相が「日米の基本的な関係、役割分担は変わらない」との認識を示したように、今後も米国が打撃力、日本が専守防衛の役割を基本として担っていく。

　しかし、日本を取巻く国際安全保障環境は益々深刻な状況にある。中国は積極的に海洋進出を図っており、極超音速の開発も進めている。北朝鮮は変則的な軌道で飛行する新型ミサイルを開発し、核の開発も継続している。ロシアは軍事的に影響力の拡大を図ろうとしている。このような多種多様な脅威に晒されるなか、日本としても抑止力の強化を図ることが急務となっており、日米同盟は更なる転機を迎えようとしている。

　一方、20年後半から21年初頭にかけて、日米両国で指導者が退陣したことで、政治的にも、安全保障上にも、リスクを伴いかねない期間でもあった。12年から長きにわたり政権を担ってきた安倍首相は、体調不良を理由に9月に退き、17年から超大国を率いてきたトランプ大統領は、再選を果たすことなく退陣した。しかし、新政権のもとで早々に日米関係の強化が一段と図られたことは、日米同盟が制度化されていることを意味しており、その意義は大きい。

　バイデン新政権誕生直後の21年1月末に開催された日米首脳電話会談では、「自由で開かれたインド太平洋（FOIP）」の強化に向けて連携することで意見の一致をみた。FOIPは、法の支配や航行の自由などに基づき国際秩序を確保し、インド太平洋地域全体の平和と安定、繁栄を目指す構想である。日米両国が今後も連携し、覇権主義的な動きを強める中国を牽制し続けていく上で、大きな意味を持つ。会談ではまた、米国による対日防衛義務を定めた日米安全保障条約第5条の尖閣諸島への適用や、日本への拡大抑止の提供が確約された。日本

にとっては心強い。

　3月には、日米外務・防衛閣僚による日米安全保障協議委員会（2プラス2）が開催された。19年4月以来約二年ぶりに行われたが、米国側の外務・防衛閣僚にとって日本が初の外遊先になった。これは、日米両国が前政権に引き続き日米同盟を最重要視していることの証左でもある。また、バイデン政権発足後わずか2カ月で開催されたことを踏まえれば、日本周辺を含む西太平洋地域において近年中国が現状変更の動きを強めていることに対して、日米両国が強い危機感を共有していることの表れでもある。日米にとって予断を許さない状況が続いていることには変わりはない。

　この席上でも、日米安全保障条約第5条が尖閣列島に適用されることが改めて確認された。東アジアの平和と安定のために米国が改めてコミットメントし続けていくことを国内外に示すものであり、他のインド太平洋諸国にとってもきわめて大きな意義を有する。

　米国が急務と位置付ける台湾情勢についても議論された。台湾海峡の平和と安定がインド太平洋地域全体の安定に直結していることを、日米が強く認識していることを示している。共同文書では、台湾海峡の「平和と安定の重要性」を強調したほか、東・南シナ海で海洋進出を図る中国を名指しで批判した。21年内にも2プラス2を改めて開くことも確認された。

　4月、日米2プラス2に引き続き、日米首脳の直接会談が初めて開催された。菅首相はバイデン大統領が大統領府に迎え入れた最初の外国首脳となった。「新たな時代における日米グローバル・パートナーシップ」と題する共同声明では、日本が日米同盟と地域の安全保障を一層強化していくために自らの防衛力を強化していくことや、日米安全保障条約第5条の尖閣諸島への適用や米国による拡大抑止が改めて表明された。共同声明の中で、日本がこのように自国の防衛力強化を宣言するのは異例である。

　また、日米豪印の「クアッド」を含め、日米両国が一層緊密な形で友好国と協働していくことや、東南アジア諸国連合（ASEAN）の一体性と中心性を基調とした「インド太平洋に関するASEANアウトルック（AOIP）」を支持していくこと、さらに日米韓3カ国間の協力が共通の安全と繁栄にとり不可欠であることが

明記されたことが、FOIPを強化していく上で重要なメッセージとなっている。

　共同声明ではまた、台湾情勢の重要性が宣言された。日米首脳会談の成果文書で台湾情勢が明記されたのは、日中国交正常化以前に行われた佐藤栄作首相とニクソン大統領の会談（1969年）以来のことである。共同声明では、先の2プラス2共同文書の文言に「（中台）両岸問題の平和的解決を促す」との一文を加えたことで、踏み込んだ決意の表れとなっている。

　日米が経済安全保障で連携していくことも確認された。「日米競争力・強靱性（CoRe）パートナーシップ」のもと、①半導体、生命科学およびバイオテクノロジー、人工知能（AI）、量子科学、宇宙技術、高速・多接続の通信規格「5G」の分野における競争力とイノベーション、②新型コロナウイルス感染症対策をはじめとする健康安全保障、③気候変動、クリーン・エネルギー、グリーン成長・復興といった分野で、包括的に協力していくことで合意した。半導体などは軍事的にも欠かせない重要技術であることから、それを育成・保護しつつ、その供給網についても連携を図っていくことになる。近年、米国は、民間の先端技術の軍事転用を図っている中国の軍民融合戦略に対して警戒を強めている。バイデン大統領は2月、供給網から中国製の重要製品を排除するため、供給網の見直しを指示する大統領令に署名した。3月末には、米国内における2兆ドル規模のインフラ投資計画を発表し、中国への対抗姿勢を鮮明にした。この日米間のパートナーシップは、米国の対中警戒姿勢に日本が歩調を合わせたものである。

　ただ、中国との経済関係をめぐっては、日米間で温度差もある。中国との経済的な切り離しも辞さない米国とは異なり、日本にとって中国は最大の貿易相手国である。このため、表立って「脱中国」を打ち出せない事情がある。半導体については、その6割超を中国や台湾などから輸入している。このため、日本は今後、経済安全保障の分野で米国との連携を強めながら、中国との経済的結びつきをいかに図っていくかが問われている。

イージス・アショア配備断念とその代替案

　20年6月、政府は地上配備型迎撃ミサイルシステム「イージス・アショア」の配備計画の停止を突然発表した。現在日本のミサイル防衛は、海上自衛隊のイージ

ス艦に搭載された迎撃ミサイルSM3と、地上配備の対空誘導弾PAC3の2層構造になっているが、イージス艦が日本海に前方展開しなければSM3で迎撃できないというリスクがあった。これを受けて検討されてきたのが、「イージス・アショア」である。ミサイル防衛の3層目として、陸上自衛隊が運用し、24時間365日、常時迎撃できる点で、ミサイル防衛体制を強化できるという大きな利点があった。海上自衛隊の負担を減らす狙いもあった。それが突如断念されたことで、大きな波紋を呼んだことは、いうまでもない。この問題は、安全保障上の重要アセットを配備する際には、事前に地元の同意と理解がなければ、それがたとえ日本の防衛という正当な戦略的目的のためであったとしても達成できないことを如実に表した事案である。ただ、8月に河野防衛大臣（当時）がシュナイダー在日米軍司令官およびエスパー米国防長官と一早く協議し、新たなミサイル防衛について日米間で連携していくことを確認できたことは、日本の防衛だけでなく、日米同盟の実効性を示す上でもその意義はきわめて大きい。

　政府はその後、代替案として①イージス艦の追加、②レーダーとミサイル発射装置の分離配備、③ミサイル防衛専用艦の建造の検討に入った。いわゆる敵基地攻撃能力の保有の是非についても議論した。敵基地攻撃能力については、結論が先送りになったが、12月に代替案として「イージス・システム搭載艦」を2隻建造することを閣議決定した（上記③）。弾道ミサイル防衛を主任務とする搭載艦には、巡航ミサイルSM6を搭載する予定である。

　しかし、課題も多い。河野前統合幕僚長が指摘するように、搭載艦を常時洋上に展開することは運用上現実的ではなく、当初「イージス・アショア」で狙っていた効果を代替することは難しい。また、その運用上、数百人の乗組員が必要だが、他のイージス艦の運用に支障をきたし兼ねない状況になっている。

施行してから5年を迎えた安全保障関連法

　21年3月末、安全保障関連法の施行から5年を迎えた。加藤官房長官は記者会見で「平和安全法制（安保関連法）で日米同盟はかつてないほど強固になり、抑止力、対処力の向上も図られている」と、その意義を強調した。同法により、日本の防衛に資する活動に従事する外国部隊の艦艇や航空機などの防護のため、自

衛隊が武力行使に至らない範囲で武器を使用できるようになった。バイデン政権が中国への強硬姿勢を強めていることから、日米間で今後日本のさらなる貢献について議論が本格化する可能性が高い。

　自衛隊による米軍の防護件数は増加傾向にある。20年は25件であったが、これまでと比べて最も多い（17年2件、18年16件、19年14件）。中国が東・南シナ海への進出を強めていることを受けて、日米間の共同訓練が活発化していることが、増加傾向の主な理由である。米海軍と海上自衛隊の艦艇が並走して行動することは、「目に見える」形で同盟の重要性を示しており、その意義は大きい。元自衛艦隊司令の香田が指摘するように、日米は今の軍事力を維持するだけでなく、中国にいずれ追いつかれないように、日本が憲法のもとで更なる貢献をしていくことが重要になってくる。

日米間における作戦の相互運用性の高まり

　この一年、日米間で作戦の相互運用性が一段と強化された。8月、自衛隊と米軍が東シナ海などで3回にわたり相次いで防空戦闘訓練や洋上補給訓練などの共同訓練を実施した。21年4月には、三沢基地配備の最新鋭ステルス戦闘機F-35が、米空軍のステルス機F-22と給油機KC135と共同訓練を実施した。抑止力と日米共同対処能力の向上を目的として実施された訓練は、力による現状変更を試みる中国を牽制する狙いがある。

　新たな作戦領域に関しても、連携強化が推進されている。12月、日米は人工衛星を相互利用することで合意した。これで、自国の機器を相互の人工衛星に搭載することが可能となり、宇宙空間における日米の監視能力が強化される。

　防衛力の持続性と強靭性の向上のため、自衛隊の基地整備も進められている。8月、防衛省は馬毛島（鹿児島県西之表市）における自衛隊の基地計画を発表した。同島は米空母艦載機の離着陸訓練（FCLP）の予定地になっているが、自衛隊の訓練にも使われることになる。事実上の空母「いずも」型護衛艦の甲板に最新鋭ステルス戦闘機F-35が離発着する訓練や、輸送機オスプレイの訓練が可能となった意義は大きい。しかし、21年1月の市長選で、基地反対を掲げた現職市長が再選したことで、雲行きが怪しくなったといえる。

3月には、在日米軍に射撃・爆撃場として提供してきた尖閣諸島の久場島と大正島を、今後も米軍に提供し続けていくことが明らかになった。在日米軍が「目に見える」形で同地域にプレゼンスを示していく上で、重要である。両島は、1952年のサンフランシスコ講和条約に基づき米国の施政下にあった頃、艦砲射撃や航空爆撃に使う演習場に指定されていたが、72年の沖縄返還協定によって日本に返還された。その後、日米間の合意で米軍の演習場となっている。

　一方、21年3月は、東日本大震災が起きて十年目となる。震災直後に米軍による「トモダチ作戦」が展開され、最大時には、兵員約2万4,000人、艦艇24隻、航空機189機が投入され、捜索・救援活動、がれき撤去、食料輸送などに従事した。このとき、日米同盟の信頼性および実効性の高さを国内外に示すことができた意義は大きい。

1年間延長合意された在日米軍駐留費

　バイデン新政権発足早々の21年2月、日米は、在日米軍駐留経費の日本側負担について、現行の水準を定めた特別協定を1年間延長することで合意した。21年度の負担額は約2,017億円（約20億ドル）となる。ボルトン元大統領補佐官によれば、トランプ前政権は現行水準の4倍にあたる80億ドルの負担を日本側に打診していたが、駐留経費に占める日本の負担割合は74.5%に上っている（米国防総省発表の2004年報告書）。これは、韓国（40.0%）やドイツ（32.6%）などに比べても突出して高い。安全保障関連法のもとで自衛隊が米軍の艦艇や航空機を防護する機会が増えるなか、バイデン政権がこのような過大な要求を封印し、現実的な解決を図ったことになる。22年度以降の負担については、21年内の合意に向けて協議する予定となっている。

尖閣諸島における対処能力強化の動き

　海警法（21年2月1日）の施行以降、中国は尖閣諸島への挑発を強めている。海上保安庁によると、2月には延べ14隻の海警船が尖閣周辺の領海に侵入し、日本漁船への接近を繰り返した。昨年における月ごとの領海侵入の延べ数が、0-12隻であったことを踏まえれば、中国船の挑発がエスカレートしていることは明白

である。3月には、尖閣諸島への海警船の接近について、中国国防省がSNS上で「中国公船が自国の領海で法執行活動を行うのは正当であり合法」であるとして、「引き続き常態化していく」と言及し、威嚇の姿勢を強めている。

　翌4月上旬、中国軍の空母「遼寧」と最新鋭の「レンハイ級ミサイル駆逐艦」など計6隻が沖縄本島と宮古島の間を通過して太平洋に進出した。日本の領海への侵入はなかったものの、両島間で中国軍空母の通過航行が確認されたのは、20年4月以来6回目となる。中国の空母が外洋展開していることに、日本政府は警戒を強めている。

　中国による度重なる挑発行為に対して、日本の対処能力が強化されている。21年3月には海上保安庁の対処能力の強化を図るため、海上保安庁の巡視船と海上自衛隊の護衛艦などが九州沖で不審船の停泊や追跡を想定した訓練を実施した。海上保安庁法第25条によって海保が軍事行動に関与することが禁止されているため、海自との訓練は限定的なものであったものの、このように海上保安庁と海上自衛隊が連携の強化を図っていくことは、抑止力の強化に繋がる重要な行動である。これに先立ち2月には、海保と米沿岸警備隊の巡視船が外国漁船の取締りを想定した共同訓練を実施した。

　在日米軍も尖閣諸島防衛のための対処能力を強化し始めている。報道によると、21年2月には在日米軍が尖閣諸島有事を想定し、周辺海域で物資の補給に関する単独訓練を計画していたことが明らかになった。悪天候のために訓練は見送られたが、輸送機からの弾薬等の物資の投下や海上での物資回収など、一連の行動が計画されていたという。米軍が尖閣諸島周辺で訓練を実施することは異例といえるが、米軍が同諸島に関与していく意志を鮮明にしている点は、中国を強く牽制する上できわめて重要である。

　一方、政府は同月下旬、海警船などが上陸目的で尖閣諸島に接近した場合、自衛隊員や海上保安官が相手に「危害射撃」できる見解を示した。毅然とした姿勢が求められている。

離島防衛強化のために展開される最新鋭の装備

　20年12月、政府は新たなミサイル防衛システムについて討議し、長射程巡航

ミサイル「スタンド・オフ・ミサイル」の国産開発を閣議決定した。陸上自衛隊の「12式地対艦誘導弾」を基に5年かけて開発し、現在の百数十キロメートルの射程を約1,000キロメートルまで延伸させ、艦船や戦闘機にも搭載することを念頭においている。これで、北朝鮮の全域と上海など中国沿岸部が射程距離範囲内に入り、日本単独による抑止力も強化される。

翌年3月には海自の艦船が次々と完成した。最新鋭イージス艦「はぐろ」が完成したことで、13年に閣議決定された「防衛計画の大綱」の定めるイージス艦8隻体制が整った。「はぐろ」は、前年3月に就役したイージス艦「まや」と同様、早期警戒機などと巡航ミサイルや敵戦闘機の位置情報をリアルタイムで共有できる共同交戦能力（CEC）システムを搭載している。

新型護衛艦「もがみ」も進水した。この艦艇は船体をコンパクト化し、運用システムを集約化している。慢性的な人手不足を踏まえ、乗組員も約90人とイージス艦の3分の1程度に抑えられている。音響測定艦「あき」も完成した。92年3月に就役した「はりま」以来29年ぶり3隻目の同種艦となる。サータス（SURTASS）と呼ばれる曳航ソナーを搭載しており、遠距離から潜水艦を探知できる能力を備えている。

航空自衛隊機の運用改善も図られている。21年4月、政府は、「離島防衛の切り札」（防衛省関係者）として、最新鋭ステルス戦闘機F−35Bを新田原基地（宮崎県）に配備する方針を固めた。自衛隊基地へのF−35B配備は初めてとなる。F−35Bは、短距離滑走での離陸や垂直着陸ができ、自衛隊基地がない離島でも運用できる。報道によると、空母化される海自の護衛艦「かが」との一体運用も予定されている。

陸上自衛隊は21年3月、健軍駐屯地（熊本県）に電子戦専門部隊「第301電子戦中隊」（隊員約80人）を新編し、車載型ネットワーク電子戦システム（NEWS）を配備した。電磁波領域における能力強化は益々重要な課題となっており、21年度中に、那覇駐屯地や知念分屯地を含む全国6施設に同様の部隊を配備していく予定になっている。

これに先立ち、20年11月には、岸防衛大臣が「多次元統合防衛力」構築の一環として、21年度に自衛隊全体の情報通信基盤を防護できる横断組織「自衛

隊サイバー防衛隊」の新編計画を発表した。陸海空のサイバー関連部隊の総数は、現在の660人から800人に拡充される予定である。

結束が問われている日米韓関係

21年4月の日米首脳会談でも確認されたように、日米韓3カ国間の協力はインド太平洋地域における共通の安全と繁栄のために必要不可欠である。特に、北朝鮮の核・ミサイル問題への対応では日米韓の円滑な連携が鍵となる。韓国からの破棄通告が懸念されていた日韓間の軍事情報包括保護協定（GSOMIA）が、20年8月に延長されることが決まったことの意義は大きい。ただ、日韓関係は、元徴用工や慰安婦の諸問題をめぐり、依然として厳しい状況にある（後述）。

北朝鮮の核・ミサイル問題が悪化しているとして、韓国はバイデン政権から対日関係の改善を求められている。その意味において、21年4月に米国主導のもと、日米韓3カ国間で安全保障担当の高官会談が開催され、北朝鮮の非核化に向けて緊密な連携を図っていくことが確認された意義は大きい。会談ではまた、対中政策についても協議されたが、日米両国と韓国の間には依然として温度差があることが明らかになった。前月に米国務・国防両長官が日韓両国を訪れた際にも、日米が中国の脅威に対抗姿勢を鮮明にしたのに対し、韓国の及び腰の姿勢が目立った。今回の会談後には、中国を名指ししない形で、共同プレス声明を発表したが、今後日米と韓国、また日韓の結束が、インド太平洋地域の安全と繁栄にとって一層重要となってくる。

FOIPに向けて強化されるミニラテラリズムの枠組み

今日、日本はFOIPの強化に向けて多角的かつ積極的な動きをみせている。防衛省も7月、新たに「『自由で開かれたインド太平洋』ビジョンにおける防衛省取組」を発表し、インド太平洋地域において防衛協力・交流を一層推進していくことを鮮明にした。これは先の防衛省の「ビエンチャン・ビジョン」関連文書（16年11月、19年11月）に次ぐ取組みである。この最大の特徴は、ASEAN以外にも、重要な国・地域を具体的に明示したことにある。重要なシーレーンが通過する東南アジア、南アジア、太平洋島嶼国、エネルギー安全保障上重要となる中東やア

フリカ、中南米といった地域が明記された。また、積極的に協働していく国として、米国、オーストラリア、ニュージーランド、インド、英国やフランス等のヨーロッパ諸国、カナダが特記された。これまでの二つの取組みでは見られなかったことである。

　これを反映する形で、この一年、日米豪印間のクアッドを強化していく動きがみられた。21年3月、4カ国間で初めて首脳会談（テレビ会談）が開催された。協議後に、「クアッドの精神」と題された共同声明を発表し、クアッドの枠組みをFOIPの強化に向けた結束と定義した。会談ではまた、ワクチン支援、気候変動、高速・大容量通信規格「5G」などの重要・新興技術の3分野で作業部会を設置することで一致した。これに先立ち、11月には、これまで日米印3カ国間で実施していた海上共同訓練「マラバール」にオーストラリアが参加した。07年以来10年余りぶりの参加となった。

　21年4月、日米豪印にフランスを加えた5カ国による海上共同訓練も初めて実施した。インド洋や南太平洋に領土と基地を持つフランスは、18年に「インド太平洋」の概念を取り入れた安全保障政策をヨーロッパで一早く発表した国である。20年5月には、インド洋でインド海軍とも共同巡視活動を実施している。

　クアッドの二国間、三国間でも協力強化が図られていることは、クアッドの実効性を高めていく上でも重要になっている。20年9月、日印間で、物品役務相互提供協定（ACSA）が締結された。18年10月の日印首脳会談の内容を受けたものである。武器・弾薬は対象外になっているが、食料・水や燃料、輸送業務、施設の利用などの内容が含まれており、今後日印両国が共同訓練、PKO、人道的な国際救援活動、大規模災害への対処活動などで緊密な協力を促進できることになる。インドとのACSA提携は、米・英・豪・仏・加に次いで6カ国目となる。

　11月に開催された日豪首脳会談では、日豪円滑化協定を締結することで大枠合意された。この協定は、共同訓練など、一時的に相互の国内で活動する自衛隊やオーストラリア軍の法的地位を定めたものであり、締結されれば日本で初めてのケースとなる。一方、日豪間では、日本の防衛に資する活動を推進しているオーストラリア軍の艦船や航空機を自衛隊が護衛する「武器等防護」についても調整が進められている。実現すれば、米軍に続き2カ国目となる。

　これに先立ち、6月には豪印首脳会談、7月には米豪間で2プラス2（AUSMIN）が開催された。また、21年4月には日豪印3カ国間で供給網の強化に向け、協力していくことが決定された。

　このようにクアッド間で連携強化が図られた一年であったが、連携の強化を図っていく上で温度差もある。インドは、伝統的に非同盟主義を掲げており、対中包囲網に加わることには慎重な姿勢を見せている。

協力強化が続くASEANとの安全保障協力

　ASEANとも安全保障協力の強化が図られた。7月、防衛省は新たな取組みを発表（前述）したが、このほかASEANや太平洋島嶼国との防衛交流を促進するための担当部署である「参事官」を新設した。同省の防衛政策局内に設置し、課長級がトップを務める。

　11月には、日・ASEAN首脳会議の共同声明の中で、日本が主導するFOIPと、開放性や透明性を重視するASEANのAOIPが、本質的な原則を共有していることが確認された。日本がASEANと連携を深める背景には、中国の動きがある。東シナ海では、沖縄県・尖閣諸島周辺での中国公船の挑発的な航行や、中国軍の空母、潜水艦の航行も相次いでいる。南シナ海でも、中国は軍事極点化を進めているだけでなく、20年4月には西沙諸島と南沙諸島に行政区を新設すると発表している。このようななか、日本とASEAN間で協力関係が推進される一方、ASEAN諸国はFOIPに近づき過ぎることに対して慎重な姿勢を崩していない。

　ASEAN諸国との二国間関係の強化も図られている。8月、日本は戦闘機やミサイルを探知・追尾する防空レーダーの輸出について日本企業とフィリピン政府との間で契約が成立したことを発表した。14年に閣議決定された「防衛装備移転3原則」に基づく国産完成品の輸出は、初めてのケースとなる。

　10月には、菅首相が初の外遊先としてベトナムとインドネシアを訪問し、ASEAN諸国との協力関係を確認した。翌3月には、日本とインドネシアが2プラス2を開催した。15年12月以来6年ぶりの会合となったが、両国が中国を念頭に東・南シナ海での力による一方的な現状変更に深刻な懸念を共有していることを示すものである。近年、インドネシアはナトゥナ諸島に対する中国の動きに警

戒感を強めている。両国はまた、双方の防衛装備品の輸出などを可能にする防衛装備品・技術移転協定に合意し、即日発効した。加えて、日本は海自の護衛艦の初輸出を目指して同国と交渉を進めている。

　ASEAN諸国の安定と発展は、インド太平洋地域全体の安定に直結するきわめて重要な要件となっている。しかし、21年2月、ミャンマーで軍事クーデターが発生し、約10年にわたる「民主的」な統治が突如停止されることになった。「ASEANの中心性と一体性」を掲げるASEAN諸国にとっても、またその他のインド太平洋諸国にとっても、大きな痛手である。このような状況のなか、日本政府は独自の外交を展開している。日本は、ミャンマー国軍とのパイプを活かし、制裁路線の欧米諸国とは一線を画した働きかけを続けている。ミャンマーが国際的に孤立することは、再び中国への依存を強めることになりかねないため、日本としても難しい舵取りが求められている。

協力の枠が広がる日欧関係

　この一年、日本はヨーロッパ諸国とかつてなく連携を強めている。これには、二国間のものとEU全体のものがある。

　二国間関係では、21年2月に英国と2プラス2（テレビ会議形式）を開催した。17年12月に開催して以来、3年ぶり4回目となった。日英は、東・南シナ海における力を背景とした中国の一方的な現状変更の試みに反対しており、FOIPの強化に向けてさらに協力強化を図っていくことになる。近年、日英間では、盛んに防衛協力が推進されている。今回の会合では、18年11月以来続けられている陸軍種間の共同訓練「ヴィジラント・アイルズ」が着実に進捗していることに言及した。また、21年内には英国が最新鋭空母「クイーン・エリザベス」を中心とする空母打撃群を東アジアに展開する方針を明確にしており、海上自衛隊と共同演習を実施することにも合意した。これで、英国は同地域でコミットメントを一層高めていくことになる。このほか、中国の「海警法」施行や、香港および新疆ウイグル自治区における人権抑圧について、重大な懸念を保持していることを両国間で共有した。共同声明では、経済的手段によるものを含み、他国への威圧の試みに対し、日英が反対していくことを明確にした。

　会合の翌月、英国は外交・安全保障政策を見直した『統合レビュー』を発表した。その中で、「インド太平洋への傾斜」という方針を打ち出し、今後はインド太平洋地域でのプレゼンスを高めていくことを鮮明にしている。加えて、英国は安全保障以外の分野でも同地域との関係を深めようとしている。2月には環太平洋経済連携協定（TPP）への参加を申請しており、それを議長国の日本が強く支援している。

　近年、ドイツとの協力関係も深まっている。21年3月には安全保障上の機密情報の交換を可能にする日独情報保護協定を締結した。また翌月には日独間初となる2プラス2（テレビ会議方式）を開催した。これは、ヨーロッパ諸国として英仏に続き3カ国目となる。会合では、日独両国がFOIPの強化に向けて連携していくことや、安全保障分野で協力していくことで合意した。また、21年夏にはドイツがフリゲート艦をインド太平洋地域に派遣し、海自との共同訓練を実施することで合意した。歴史的経緯から、ドイツはこれまで国外で軍を展開することに慎重な姿勢をとってきた。このため、今回の艦船派遣は異例となる。また、会合では、防衛装備品の技術協力を推進することについても合意した。

　20年9月、ドイツが日豪などとの連携を掲げた外交戦略「インド太平洋指針」を閣議決定したことからも分かるように、近年同地域を重視する姿勢を鮮明にしている。ただ、ドイツは英仏と異なり、同地域に領土を保有していない。このため、自衛隊とドイツ軍の連携は防衛的側面よりも、外交的意味を持っているとの指摘がある。

　日欧間の協力関係は、2カ国間だけでなく、欧州連合（EU）全体とも推進されている。21年1月のEU外務理事会（テレビ会議形式）に、日本の歴代外相として初めて茂木外務大臣が参加し、意見を交わした。3月には、それまで日米間で実施していたサイバー・セキュリティ演習に、初めてEU側が参加した。翌月に、EUは中国を念頭に置いた「インド太平洋戦略」の検討を本格化させ、安全保障分野での連携を柱とする戦略の大枠を決定した。EUがこのように同地域について共通の戦略を策定するのは、初めてのことである。

　この一年、ヨーロッパ諸国との防衛協力も推進された。例えば、21年3月には海上自衛隊が仏・ベルギーとの3カ国間共同演習や、米仏ベルギーとの4カ国間共同

訓練を実施し、その戦術技量の向上と当該諸国との連携の強化を図っている。

拡大する安定への貢献－中東、アフリカ、中南米

　この一年、日本は中東やアフリカ地域の安定のために引き続き貢献していくことを鮮明にした。自衛隊の活動拠点になっているジブチでは、自衛隊施設の老朽化に伴い、改修工事を開始することを明らかにした。現在、哨戒機P3Cが同地域で活動しているが、改修工事ではより高性能な哨戒機P1を格納できる施設の増設も視野に入れている。

　一方、政府は12月、日本関係船舶の安全確保を図っていくために、中東海域における自衛隊の活動期限を一年間延長することを決めた。これに先立ち、6月には同海域で活動する海自の任務について新たな見解をまとめた。現行の海賊対処法は、民間船舶に接近する不審船に対して海自艦が射撃できることを規定しているが、今回の見解では、日本船籍の船舶が海自艦と並走してその管理下に入っている状況で外国の組織から襲撃を受けた場合、海自艦が武器を使って防護できることを定めた。防護活動は正当防衛で、憲法9条が禁じる「武力の行使」にあたらないとの解釈である。

　中東諸国との関係強化も図られている。21年4月には、日本とアラブ連盟の外相らによる「日アラブ政治対話」がオンライン形式で開催された。茂木外相は中国などを念頭に、ルールに基づく国際秩序の実現に協力を呼び掛けたほか、日本が政治分野でもより深く中東地域に関与していくことの重要性を強調した。

　FOIPの一環で、中南米諸国とも協力関係が強化された。12月には、日本・ブラジル間で防衛協力に関する覚書が交わされた。中南米諸国との覚書は、コロンビア（16年12月）に次いで2カ国目となる。覚書では、サイバー分野を含めた防衛当局間の人的交流や情報交換の緊密化を図ることで合意した。また、ブラジルはアフリカやカリブ海地域で国連平和維持活動（PKO）に参加しており、現在PKOに部隊派遣していない自衛隊にとって大いに参考になる。

依然先行き不透明な日韓関係

　日韓関係の改善は、両国の国益に適うだけでなく、地域の安定にも寄与する。

この一年間、日韓関係は、米国の意向を受けて、一部では改善の動きもあった。しかし、元徴用工訴訟や慰安婦問題の解決に向けて、韓国側から具体的な提案はなく、日韓関係は依然として厳しい状況にある。

17年の就任以来、歴史問題で強硬な姿勢をみせていた文在寅大統領が、21年に入りその態度を一部で軟化させたことは、日韓関係改善に向け大きな前進である。

1月の新年記者会見では、元徴用工の問題について外交的解決を目指していく方針を示し、また「3.1独立運動」記念式典の演説では、「韓国の成長が日本の発展を支え、日本の成長が韓国の発展を支えた」として、未来志向的な発展を追求していく姿勢をみせた。文大統領が1965年の日韓国交正常化以降の互恵関係について触れたことは、これまでに見られなかったことである。

しかし、このような一連の動きは、必ずしも韓国が主導したものではない。報道にもあるように、文が「3.1」演説の中で「過去に縛られていることはできない」と日韓関係の改善に向けた姿勢を強調した理由は、「日米韓の連携強化を図るバイデン米政権から日韓関係改善を迫られている」（韓国政府関係者）ためである。

実際、文大統領による対日軟化姿勢にもかかわらず、2月に実施された国連人権理事会ハイレベル会合では、韓国代表がビデオ演説の中で慰安婦問題について触れ、「慰安婦をめぐる悲劇は、普遍的な人権問題として扱わなければならない」と言及した。このような発言は4年連続となる。また、翌4月には日韓両国の外務省高官が会談し、慰安婦問題や元徴用工訴訟問題について協議したが、進展は見られなかった。この段階まで、茂木外務大臣は同年1月に着任した姜昌一駐日大使による面会要求にも応じていない。

一方、同月下旬、日本政府に損害賠償を求めた韓国人元慰安婦の訴えをソウル中央地裁が却下した。韓国内ではこの判決について評価が二分しているが、今後日韓関係の改善を図っていく上で足がかりとなる可能性がある。日本政府を相手取った韓国内の元慰安婦訴訟の判決は、21年1月以来2件目となるが、今回の判決は、前回と異なり、国際司法裁判所の判決や韓国最高裁の判決などに照らして、主権免除が適用されることを指摘した。慰安婦問題の「最終的かつ不可逆的な解決」を明記した15年の日韓合意についても言及し、異例の形で日本の対応を評価した。しかし、同地裁による前回の判決に対して韓国政府が態度を

是正していない状況が続いており、楽観視できない状況にある。

今後の見通しは明るくない日露関係

　日露首脳の直接会談は、19年9月以降に当時の安倍首相がプーチン大統領と会談して以来、実現していない。電話での首脳会談は、菅首相とプーチン大統領による20年9月が最後になっている。

　これを受けて21年3月、ロシア大統領補佐官は北方領土問題に関して「日本との対話に関心がある」との声明を出した。1年半途切れている日露首脳による直接会談の再開に意欲を示すものとみられる。しかし、20年7月のロシアの憲法改正では、外国への領土割譲禁止の条項盛り込まれたことから、ロシア政府が北方領土問題で譲歩することは、一層困難な状況になった。今回の声明は、両国の信頼醸成措置の一環として検討されている北方領土での共同経済活動（ゴミ処理や観光などの5分野）を念頭に置いた発言とみられるが、これも本格的に推進されていない。

　加えて、21年4月、極東地域を管轄するロシア軍の東部軍管区が、北方領土に配備された高性能地対空ミサイル「S300V4」を使った訓練を実施したことが明らかになった。この訓練はロシア軍が同管区で実施していた1,000人規模の演習の一環であったが、最近の日米協力強化の動きに対して、ロシアが牽制した形となっている。

経済安全保障

急務となっている先端技術の流出防止策

　この一年、政府が経済安全保障の強化を図る一環として検討してきたのが、先端技術の流出防止である。海外の主要国と比べて、日本はこれまで安全保障に関連する機微な先端技術や情報の管理について出遅れていた。海外の軍や情報機関から派遣された留学生や研究者たちが知的財産を盗む「学術スパイ」への懸念が米国などで強まっていることを受けて、政府は7月、同様の措置を閣議決定した。政府がまとめた『統合イノベーション戦略2020』では、外国からの留

学生、研究者の受入れ審査を厳しくする方針を打ち出した。この報告書では、企業活動の国際化に伴う留学生・研究者等の移動やサイバー空間を通して、国外に技術が流出する可能性があるとして、諸外国における機微技術管理等の政策に留意しつつ、関係省庁が情報を収集・共有していくことの重要性を強調している。また、留学生・外国人研究者等の受入れに当たり、大学・研究機関・企業等における機微な技術情報へのアクセス管理や管理部門の充実など、内部管理体制を一層強化できるよう、産学官による取組みを推進していくことの重要性についても指摘している。

　10月には、21年度から大学への留学生や外国人研究者にビザ（査証）を発給する際、その審査を厳格にする方針を決めた。報道によると、国家安全保障局、外務、法務、経済産業、防衛の各省などが、疑わしい人物に関して情報を共有し、在外公館がビザ発給業務を担う際にその情報を活用できるようなシステムの構築を検討している。

　これに先立ち8月には、政府は次世代兵器開発などに利用可能な先端技術の特許出願について、安全保障上の必要性があれば情報公開を制限してく方針を決めた。この「非公開特許制度」は、安全保障上の脅威となる国や企業への技術流出を防ぐことを目的としており、出願内容を一定期間非公開にすることが可能になる。報道によると、政府が指定の対象としている技術には、核開発に転用できるウラン濃縮技術、強力な電磁で標的を破壊できる「レールガン」など次世代兵器の製造技術、生物・化学兵器の関連技術などを念頭に置いている。これまで日本の特許制度は、特許取得の有無に関わらず出願内容すべてを公開する仕組みになっていた。新たな非公開特許制度によって国外への技術流出を防ぐことで、他国が軍事転用できないようにすることが可能となる。

　一方、各省庁では、近年経済安全保障分野の重要性が益々高まっていることを受けて、組織再編が進められている。20年4月に発足した内閣官房・国家安全保障局の「経済班」は、21年度には現行の20人から30人体制に増員され、今後3年間で50人規模にまで拡充していく予定である。外務省は、総合外交政策局の「新安全保障課題政策室」を「経済安全保障政策室」に改組して、経済班との連携強化を目指している。文部科学省は、科学技術力の強化を図るために、

省内の科技系3局と高等教育局を大幅に再編しようと計画しているほか、経済安全保障を担う参事官ポストを新設していくことを決定した。防衛省は、防衛政策局に「経済安全保障情報企画官」のポストを新設することを決定している。各国が人工知能（AI）やレーザーなど、軍事面で活用される新技術の獲得を繰り広げている実態を踏まえ、主要国の動きを分析して保全策を検討する予定である。経済産業省も、大学などが持つ軍事転用可能な最先端技術の流出を防ぐため、国際的な動向を調査していく予定である。

　加えて、政府は11月、各省庁などが保有する計1,000機超の小型無人機（ドローン）を高いセキュリティ機能を備えた新機種に入れ替える方針を決定した。ドローンは通信ネットワークを介して撮影した写真や飛行情報を情報システムに保存することができるため、サイバー攻撃による情報窃取や機体の乗っ取りなどのリスクが指摘されている。報道によると、政府は開発中の国産ドローンの導入を視野に、21年度以降代替機を順次調達する予定であるが、これは中国製のドローンを事実上排除していくことを意味している。

規制の強化が必要な研究費

　政府は、中国の人材招致プロジェクト「千人計画」などを念頭に、外国からの不透明な資金提供をきっかけに、日本の先端技術が窃取されかねないとして警戒を強めている。報道によると、これまで少なくとも44人の日本人研究者が千人計画に参加し、そのなかには中国軍との関係が深く軍事関連技術研究を行う大学に所属していたケースもあったことが明らかになっている。

　これを受けて、政府は21年2月、国から資金援助を受ける研究者に対し、外国を含めた資金提供状況の開示を義務づける方針を決定した。開示の対象となるのは、「競争的研究費制度」に応募した研究者の資金源である。このうち、文部科学省の所管する「科学研究費助成事業（科研費）」が全体の約3割を占めているが、これまでの指針では、科研費が特定の研究者に集中しないように、国内の公的助成を申請する際にはその他の公的助成の受給状況を申告するよう義務づけていた。しかし、外国からの資金提供は申告の対象外であった。指針の改定では、研究者が公的助成を申請する際には、外国からの資金提供を含め、すべ

ての資金の提供元などについて申告することを条件としている。

問題となっている土地利用

　21年3月、政府は安全保障上重要な土地の監視や規制を強化する「重要土地等調査・規制法案」を閣議決定し、国会に提出した。近年、自衛隊施設などの周辺の土地を中国系資本が買収した事例が数多く確認されていることを受けて、法案は、外国資本による不透明な土地買収に歯止めをかけることを目的としている。報道によると、自衛隊や米軍基地、原子力発電所や空港など重要インフラの周辺約1キロメートルや国境離島を「注視区域」に指定する一方、住民基本台帳や戸籍簿の活用や、所有者への資料提出要求を通じて、国が国籍を含めて土地利用者を把握できるようになる。「注視区域」のうち、司令部のある自衛隊基地や、領海基線となる無人の国境離島など、重要性の高い場所については「特別注視区域」に指定し、土地や建物の売買など、利用目的の事前届け出を義務付ける内容も含まれている。また、「注視区域」や「特別注視区域」で、電波妨害や上水道の供給停止の阻害など、不適切な利用があった場合は、その土地利用の中止を勧告または命令できるように規定している。

　領土問題を担当する小此木国家公安委員長が「実態が不明な土地買収は長きにわたり問題視されてきた」と法案の意義を強調したように、国土管理が安全保障上の重要な課題となっている。その実効性を向上させるためには、各省庁と自治体との連携強化と情報共有が鍵となる。

益々重要となるレアメタルの権益防護

　政府は21年1月、日本最東端の南鳥島周辺の海底に埋蔵されているコバルトなどのレアメタル（希少金属）について、採掘の商業化を進める方針を決定した。現在日本はほぼすべてのレアメタルを輸入しているが、近年レアメタルに対する諸外国の関心が一層高まるなか、日本の領海、排他的経済水域（EEZ）における資源確保は、今後益々重要になってくる。

　南鳥島周辺海底には、コバルトリッチクラストと呼ばれる鉱物塊が広く分布している。石油天然ガス・金属鉱物資源機構（JOGMEC）によると、コバルトリッ

チクラストは、1980年代初頭に、ドイツの研究グループによって、経済的なポテンシャルが期待される資源として最初に注目され、以降多くの国々がマーシャル諸島からミクロネシア海域およびその北方の公海域で調査を実施している。報道によると、レアメタルのうち、国内消費量で約88年分のコバルトや、約12年分のニッケルが埋蔵していると推定されている。コバルトは、クロム、マンガンなどともに、武器製造に必要な戦略鉱物でもある。20年7月には、日本は南鳥島南方の水深約900メートルで世界初の試験採掘に成功しているが、このコバルトリッチクラストは水深800-2,400メートルにあるため、採掘には高度な技術が必要となる。

　日本と中国は12年に、公海域について国際海底機構（ISA）に探査権の申請を行い、14年1月にはISAとの間で以後15年間にわたる探査契約を世界で初めて締結した。中国は19年7月、日本のEEZに隣接する南鳥島南東約7万平方キロメートルの海域において資源開発に乗り出した。日本として、最新の採掘技術で海底資源の権益を守ることが急務になっている。

ポストコロナで問われる日本の指導力

　この一年間、新型コロナウイルス感染症は終息するどころか、世界中で猛威を振い続けることになった。今日世界各地で中露両国によるワクチン外交が積極的に展開されていることからも分かるように、コロナ対策は、もはや国際・国内の公衆衛生上だけの問題ではなくなっており、ポストコロナの国際秩序づくりにも大きな影響を及ぼしつつある。この意味において、20年4月と翌2月に、民主主義などの普遍的な価値を共有するG7首脳会談（テレビ会談形式）が開催され、新型コロナに対するワクチンの公平な普及や、将来の感染症への備えに向けた国際協力の重要性について認識の共有が図られたことは、大きな意義を有する。21年3月末には、G7として初めて設置された貿易大臣プロセスの第1回会合が開催されたが、ここで、デジタル経済や保健など世界経済の新たな課題に対応したルール作りに向けたWTO改革の一環として、自由かつ公平で持続可能な多国間貿易体制の強化について認識の統一が図られた。今後の国際秩序を整備していく上でも大きな成果である。

　これに先立ち20年11月に開催されたG20（金融・世界経済に関する首脳会合）では、菅首相が、人間の安全保障に立脚して、ユニバーサル・ヘルス・カバレッジの達成にさらに貢献していく姿勢を示し、日本がコロナ危機に際して15億4,000万ドルを超える包括的な支援を推進していることを強調した。また、日本が「信頼性のある自由なデータ流通」の考え方のもと、「大阪トラック」（19年6月のG20サミット）を通じて、デジタル経済、特にデータ流通や電子商取引に関する国際的なルールづくりを推進していくこと、また「質の高いインフラ投資に関するG20原則」を普及・実践していくこと、さらに供給網の強靱化を推進していくことなどについても強調した。日本としてもポストコロナの国際秩序づくりに積極的に指導力を発揮していく強い決意の表れである。

　　（日本大学国際関係学部教授／平和・安全保障研究所研究委員　佐野秀太郎）

日本の首脳に見るユーモア

　かつて吉田茂首相が新聞記者から「総理はご健康ですが、何を食べていられるのですか」と尋ねられて、「私はヒトを食って生きているんだ」と、文字通り人を食った返答をしたことで有名ではある。その孫の麻生太郎現副首相もユーモアに富んだ政治家として知られている。かつて外務大臣の時、2006年7月のクアラルンプールでのASEANプラス3外相会議の折、中国の李肇星外相がトイレに入ったことがあり、その彼を追っかけるようにして麻生外相も続いたことがあった。記者たちは二人がなかなか出て来ないので、あとでトイレで何があったのかと尋ねた時、麻生外相は「私と李部長は『便利』な場所で真摯な話し合いをした」と答えたという。

　日本人は欧米人などと異なるユーモアのセンスをもっている。欧米人などは講演を行う際ジョークで始め、聴衆の関心を引きつけようとする。それに対して、日本人の多くは、講演をジョークで始めるのは不真面目だと考えがちである。日本人はむしろ講演などの中途や結末でジョークを入れるのがいいと考える。ともあれ気の効いたユーモアは緊迫した雰囲気を和らげたり、楽しい雰囲気を一層盛り上げたりするのに役立つ。国家間の交渉などにおける交渉者のユーモアも重要であるが、相互訪問や国際会議の夕食会などにおける首脳のユーモアあふれる発言や振る舞いもその国のイメージ向上に寄与し、それが外交交渉の促進に役立つこともある。

　本年の年報第6章の「コラム」で元朝日記者柴田氏が、拡大ASEAN外相会議会合で出席する外相が夕食会で披露した余興が参加者間の親密な関係醸成に役立ったと書いている。2005年7月、英国スコットランドで開かれたG8サミット晩さん会で、ジャック・シラク仏大統領が別の機会に「料理がまずい国の人間は信用できない」といった（本人は否定）ということで知られていたのを思い出したのか、小泉首相が突然「ジャック、イギリスのメシは悪くないぜ」といったという。周囲にいた大統領や首相たちは天衣無縫のコイズミに唖然として一瞬きょとんとしたが、すぐに爆笑に変わったという。

　また2016年8月22日のリオ・オリンピック大会の閉会式で、次回の東京大会への期待感を上げるため、東京からの長い、長い地下道を掘ってリオに現れた、マリオに扮した安倍首相の登場もユーモアとして会場の大歓迎を受けた。こうした小泉首相や安倍首相のユーモアは日本の国際的評価を上げるのに大いに貢献したに違いない。

西原正
平和・安全保障研究所副会長

第2章　米　国

概　観

　2020年は、新型コロナウイルスの感染拡大によって、米軍の即応性を維持するための演習や訓練は延期・縮小を余儀なくされた。また、新型コロナウイルスは医療・経済対策などへの支出を強いる形で連邦政府の財政赤字を過去最大にまで膨らませており、米国が国際的な指導力を維持し、中国との戦略的競争に備えるための十分な国防投資を難しくしている。

　米国内で生じた民主主義をめぐる混乱も、米国の国際的指導力の低下に拍車をかけた。20年5-6月に発生した人種差別に対する一連の抗議運動（BLM）の拡大に際し、軍を投入して鎮圧を試みようとしたトランプ大統領と、軍・市民との間で緊張が生じた。また翌年1月に発生した、大統領選挙の結果を受け入れようとしないトランプ支持者が連邦議事堂を襲撃するという前代未聞の事件も、米国が掲げてきた民主主義の正当性に影を落とした。

　そうした中で誕生したバイデン新政権は、3月に発表した「国家安全保障戦略の暫定的指針」の中で、米国が直面している状況を民主主義と権威主義との対決と捉え、米国の繁栄を支えてきた価値観の正しさを再び世界に証明する必要があると訴えた。最大かつ唯一の競争相手が中国であることはもはや党派を超えて共有されているが、バイデン政権はその競争に打ち勝つためには、何よりもまず米国内の再生が不可欠であることを強調している。

　トランプ政権は任期の最後まで対中強硬姿勢を崩さず、バイデン政権が中国に対して容易に妥協できないよう様々な布石を打ってきた。トランプ政権が仕掛けた対中圧力は軍事・経済・技術・人権・価値など多岐にわたるが、これらすべての分野で重要性を増したのが台湾である。20年までに、米台関係は歴史上最も緊密になっていることは間違いない。だがそれでも、台湾を含む西太平洋の軍事バランスは中国優位に傾いたままであり、インド太平洋軍司令官は「6年以内に中国が台湾を侵攻する可能性がある」と危機感を高めている。こうした状況を改善すべく、議会はFY2021国防権限法に、国防省に対してインド太平洋地域での抑止・防衛態勢強化のための予算支出を義務付けた「太平洋抑止イニシアティブ」と称する取り組みを盛り込んだ。これを具体化するため、インド太平洋軍は更なる予算増額を求めているが、リソースが逼迫する中で国防省はよりシビアな取捨選択を迫られることが予想される。

　トランプ政権は新STARTの延長交渉の中で、規制対象外にあるロシアの非戦略核兵器と新型戦略核兵器、そして中国の核戦力に制約を設けることを試みたが失敗に終わった。バイデン政権は新STARTの無条件延長を決定したものの、課題を先送りにしたに過ぎない。政権内と議会で長年核軍縮と近代化予算の削減を訴えてきた進歩派が、米国の核政策に及ぼす影響は不安定要素として残っている。

　トランプ政権と異なり、バイデン政権は気候変動を安全保障上の重要課題と位置付けている。従来、気候変動は中国とも協力が可能（不可欠）な分野とされてきたが、気候変動が与える地政学的影響に鑑みると、同分野においても大国間の競争的側面が色濃くなりつつあるのが実態であり、協力の余地は寧ろ狭まってきているように思われる。

新型コロナウイルスの感染拡大と国防態勢への影響

　2021年3月の時点で、米国における新型コロナウイルスによる死者数は世界最悪の55万人に達し、その数は第一次世界大戦、第二次世界大戦、ベトナム戦争での米国人死者数の合計を上回った。また新型コロナウイルスの影響は一般社会だけでなく、米国の国防態勢にも少なくない影響を与えている。

　新型コロナウイルスの感染が拡大し始めた当初懸念されたのは、米軍の即応性の低下であった。そもそも、即応性を維持するための訓練や準備活動は、狭い場所に人が集まって行われることが多い。これは一般社会において感染拡大を防止するためにソーシャルディスタンスをとることが推奨されるのとは真逆の環境であり、とりわけ密集した空間での生活を余儀なくされる艦艇ではより対策が難しい問題となる。実際、20年3月には空母セオドア・ルーズベルトの艦内で感染者が続出し、同艦が一時的に任務遂行不能に陥ったことは記憶に新しい。

　また歴史を振り返ってみても、軍に求められる活動と感染症対策とは相性が悪い。顕著な例では、第一次世界大戦と同時期（1918年）に流行したスペイン風邪がある。スペイン風邪は兵士が世界中を大量に移動したことや、過密状態の輸送船や西部戦線の塹壕など軍特有の接近した場所での活動が感染拡大の原因となったとされる。これにより米海軍の40％、米陸軍の36％が感染し、即応性の著しい低下をもたらした。スペイン風邪による米軍人の死者数は4万5,000人に達したが、これは第一次世界大戦における米軍人死者数の約半数にあたる。

　こうした歴史的教訓もあり、米軍では部隊内での感染拡大を防止するため、20年に予定されていた各種演習や訓練の延期・縮小・中止を余儀なくされた。例として、空軍の多国間空戦演習「レッドフラッグ・アラスカ」は一部中止、陸軍では大規模機動演習である「ディフェンダー・ヨーロッパ」の師団レベルの訓練が大幅に縮小された。また海軍は分散型海上作戦構想の試験を予定していた「ラージスケール・エクササイズ」を延期した他、隔年で開催される環太平洋合同演習「リムパック」も規模や期間を縮小して行われた。

　米軍における演習や訓練の延期・縮小措置がとられ始めて1年余りが経過したが、それが軍の即応性に与えた影響の程度についてはまだ明らかではない（後に国防省は運用上の安全性を考慮して、感染者が発見された部隊や人数に

関する情報を制限するようになった）。一般的に、各部隊はそれまでに培われた技能や維持整備によって運用されているため、演習や訓練を中止した影響がすぐに現れるわけではない。しかし、その影響は時間が経つにつれて、熟練の人員が入れ替わったり、機器が故障し始めたときに現れる。近年、演習や訓練の不足によって即応性が低下した事例として、13年以降の歳出強制削減がある。当時国防省は、予算上限を守るために多くの訓練を中止していた。13年に海兵隊を退役し、17年に同省に復帰したマティス元国防長官は、自身が軍を離れている間に起きた即応性の低下を「衝撃的」と表現し、「強制削減ほど米国の即応性に悪影響を与えた敵は戦場にはいなかった」と述べた。

　コロナ禍の米軍は、即応性の低下により本来達成すべき任務が遂行できなくなるリスクと、その任務を行う人員への感染拡大という直接的なリスクをいかにバランスして低減するかというジレンマを抱えている。無論、これらはトレードオフの関係にあるとはいえ、どちらかだけを追求することはできない。実際、米軍は任務の重要性に応じて検査体制等の優先順位をつけた上で、核戦力を扱う部隊や特殊部隊などについては、可能な限り通常通りの任務を実施するための措置をとっていた。またセオドア・ルーズベルトでの感染拡大が収束した後には、西太平洋において2隻の空母の同時展開や爆撃機の頻繁な飛来・訓練も行われている。

　21年に入ると、米軍内でも医務官や救急隊員、海外展開要員から優先的にワクチン接種が開始された。その後、一般国民に向けたワクチン供給量の増加に伴って、米軍内での接種率も急速に増加している。これにより、20年に延期・縮小された演習や訓練の一部では、再開される可能性が出てきている。

　他方で、米国内および米軍内でのワクチン接種率が高まったとしても、短期的な改善が期待できない問題もある。それは国防に投じることのできるリソースが絶対的に不足しているという問題である。

　会計年度（FY）2020の米国の財政赤字は、コロナ対策や経済支援策への支出も重なって過去最大の3.1兆ドルに達した。これは金融危機後（FY2009）に記録したそれまでの最高額（1.4兆ドル）の2倍以上である。大幅に膨らんだ財政赤字が縮小する兆しはまったく見えていない。21年3月11日には、バイデン大統領が事前の公約通り、1兆9,000億ドル規模の追加対策パッケージである米国救

済計画法に署名、これを成立させた。国民一人当たり1,400ドルの現金給付を含む同パッケージはおおむね好意的に受け入れられているが、議会予算局によれば、同法によってFY2021には1兆1,600億ドルの財政赤字が「追加的に」発生するとみられており、今年度の財政赤字は前年の過去最高額を上回る可能性がすでに高くなっている。

　歴史的に、米政府の財政赤字と国防予算には相関がある。FY1985～1991にかけて、米国の国防予算は赤字縮小の努力として実質19%削減され、冷戦が終結してからFY1998までに18%削減された。01年9月の同時多発テロ以降は、アフガニスタンとイラクでの戦費拡大により国防予算が10年間で2倍近くまで増額されたものの、この増額は現在進行形の戦争に必要な経費としてある程度受け入れられていた。ここでも国防予算拡大に待ったをかけたのは、対テロ戦争の厭戦機運ではなく、08年の金融危機を契機とする財政赤字の大幅拡大であった。米政府は膨れ上がった財政赤字を削減するべく、11年に導入した予算管理法に基づいて、FY2013-2021を対象に歳出を一律で強制削減することを定めた。

　マティス元国防長官が「衝撃的」と述べたように、歳出強制削減は今日の米軍の戦略や戦力態勢にまで影響を及ぼしている。歳出強制削減の間、国防省は民間契約要員の解雇、訓練や演習の中止・延期、装備品・施設のメンテナンスの延期などによって苦渋の取捨選択を試みたものの、それらは即応性を低下させただけでなく、必要な投資を先延ばしにしただけであり、長期的にはコストが高くつくことになったからである。

　そもそも、FY2020時点での国防予算規模（約7,400億ドル）は、18年に策定された「国家防衛戦略（NDS）」を履行するのに十分ではない。NDSをレビューするために議会に設置された超党派の有識者からなる国防戦略委員会は、中国・ロシアと競争しながら、朝鮮半島やイラン、中東、米本土へのテロ攻撃等の突発的事態に対処するには、本来8000億ドル規模の国防予算が必要であるとし、この不足が適切に補われない場合には、台湾、南シナ海、バルト諸国を想定した中国、ロシアとの対決で、米軍は敗北する可能性があると結論づけている。

　しかしながら、前述の財政赤字との関係を鑑みると、今後米国が直面する安全保障環境が深刻化し続ける中にあっても、現実問題として国防予算が大幅に

増額される可能性は低い。実際、バイデン政権が4月9日に発表したFY2022予算教書のうち、国防予算の要求額は7530億ドルに留まっている。これは前年度から比べると1.7％増であるが、インフレ率を調整すると実質微減している。他方で、非国防予算の要求額については環境対策予算や疾病対策センター予算への重点投資の結果として、前年度から16％増となった。こうした連邦政府予算における優先順位付けの変化は、米国の国防態勢に長期的な影響を与える可能性がある。

米国内における民主主義をめぐる混乱

　20年から21年にかけて、米国史に残るであろう民主主義をめぐる混乱が複数見られた。第一は、20年5月から6月にかけて発生した、人種差別に対する一連の抗議運動（BLM）の拡大と、それへの対応である。混乱の発端は、20年5月25日にミネソタ州ミネアポリス近郊で発生した白人警官デレク・ショーヴィンによる黒人男性ジョージ・フロイドに対する過剰暴行死事件である。フロイドは偽札使用の容疑でショーヴィンらによって拘束されたが、その際膝で頸部を長時間押さえつけられたことにより窒息死した。この一部始終は通行人によって撮影されており、それがSNSに拡散されたことで各地で抗議デモが発生。その後、デモはワシントンDCを含む全米に拡大し、一部の参加者が暴徒化、店舗などへの略奪行為に発展するなどして混乱が広がった。

　6月1日、混乱の広がりを受けたトランプ大統領は、全米各州の知事に対し、大量の州兵を動員してでも略奪や放火、警察への襲撃など不法行為を行っている人々には厳しく対応し、事態を収束させるべきだと述べるとともに、連邦軍（米正規軍）の動員も辞さないとした。また、ホワイトハウス近くのセント・ジョンズ教会（同教会は放火の被害を受けた）で写真撮影を行うため、周辺に集まっていたデモ参加者を催涙弾などによって強制排除させた。同日夜には、州兵のヘリコプターがワシントン市内上空を低空飛行して、デモ参加者を威嚇するなど異様な事態となった。トランプ大統領がこうした行動に出た背景としては、11月の大統領選挙を控え、政治的分断を加速させているという批判をかわすとともに、一連の混乱を人種問題ではなく治安維持をめぐる問題として位置づけ、その

統制に強い指導力を発揮するリーダーとしての姿を有権者にアピールする狙いがあったと見られている。

　国内の治安維持を行うのは政府の重要な役割であることは事実だが、民主主義国家においてそれを担うのは本来警察であり、軍ではない。また米軍内でも、州知事の権限で治安維持に動員することのできる州兵（ただし、どの州にも属さないワシントンDCでは例外的に大統領が州兵の指揮権限を有する）と、外国からの脅威と戦うことを前提としている連邦軍とでは位置づけが大きく異なる。実際、トランプ大統領の行動については多くの批判が寄せられた。なかでも注目を集めたのが、トランプ政権で国防長官を務めたマティス元海兵隊大将による批判である。マティス氏は退任後もトランプ政権について言及することはなかったが、6月2日にアトランティック誌に寄稿した論説の中で以下のように述べた。

　「約50年前に軍に入隊したとき、私は合衆国憲法を支え、それを守ることを誓った。そう誓った軍隊が、いかなる状況であろうとも、国民の憲法上の権利を侵害するよう命じられるとは夢にも思っていなかった」「我々は、制服を着た軍隊が我々の街を"制圧"することを求められる"戦闘空間"だと考えるようなことは拒否しなければならない。国内で軍を用いることは、ごく稀に州知事の要請があった場合に限られるべきである。ワシントンDCで見られたように、我々が軍を動員するようなことになれば、軍と市民社会の間に誤った対立を生み出すことになる」「ドナルド・トランプは、私が生きてきた中で、米国民を団結させようとしない ― そのふりさえしない ― 初めての大統領であり、むしろ我々を分断しようとしている」

　6月7日、トランプ大統領は情勢が鎮静化したとして軍の撤収を命じ、事態は一応収束したが、その際のトランプ大統領に先んじて軍の投入を阻止しようと試みたエスパー国防長官との間で軋轢が生じたとされ、後に（11月9日）エスパー国防長官は解任されるに至った。

　民主主義をめぐる第二の混乱は、21年1月6日に発生したトランプ大統領の支持者らによる連邦議会議事堂襲撃事件である。同日は、20年11月に行われた大統領選挙の結果を受け、最終的な大統領と副大統領の選出手続きを完了させるため、各州の選挙人の投票結果を認定・集計するための上下両院合同会議が行

われることとなっていた。20年の大統領選挙における開票プロセスでは、新型コロナウイルス対策として郵便投票の増加や投票期限の延長が行われたことで、一部の州で開票が遅れたものの、11月7日には過半数獲得が確実となった民主党のバイデン候補が勝利宣言を行った他、11月23日には政権移行プロセスに関する予算権限を有する一般調達局長官がバイデン氏の勝利を認定する書簡を発出した。

　ところが、トランプ大統領は郵便投票における不正があったと主張し、複数の接戦州で一部投票の無効化や再集計を訴え続け、敗北宣言を行わなかった。これらの訴えは12月11日に連邦最高裁判所によって退けられたものの、その後もトランプ大統領は「投票は盗まれた」と主張し続け、翌年1月6日にはワシントンDCにおいてトランプ支持者による大規模抗議集会が行われた。同日、ホワイトハウスに隣接する広場でのデモに姿を見せたトランプ大統領は、集まった支持者らに向けて「あなたたちは強くなくてはならない」「議事堂に向かおう」と呼びかけた。それに応じた数千人の支持者らは議会前に集結し、バリケードを突破した一部が議事堂内に侵入した上で議会審議の妨害を試みた。その結果、議会での審議は中断を余儀なくされ、最終的な選挙結果の認定する立場であったペンス副大統領を含めた議員らが一時避難する事態となった。

　最終的に、議事堂内のトランプ支持者らは侵入から約4時間後には完全に排除され、7日未明にはバイデン氏が正式な次期大統領に選出された。しかしながら、この混乱の中で議会警察官1人を含む5人が亡くなった他、多くの負傷者が発生した。その後、同月20日に連邦議会前で行われたバイデン大統領の就任式においては大きな混乱は見られなかったものの、2万人以上の州兵を動員した厳重警戒態勢の中で行われた。

　これらの事件はいずれも、伝統的な安全保障問題には当てはまらない。しかしながら、20年から21年にかけて米国内で発生した民主主義をめぐる混乱が、米国の国際的指導力や正当性を傷つけたことは否定し難い。安定した政軍関係や政権交代は民主主義の基盤であり、それが脅かされれば、その状況自体が潜在的な敵対者に付け入る隙を与えてしまうことになるからである。実際、3月18日にアラスカで行われた米中外交トップ会談では、新疆ウイグルでの人権侵害や香

港での民主化運動への抑圧を取り上げたブリンケン国務長官に対し、中国側の楊潔篪共産党政治局員が「中国には中国式の民主主義がある」「（人種差別など）米国の人権問題は根深い」と反論する場面が見られた。バイデン政権が民主主義を国家安全保障の問題として位置付けているのは、他国の状況以上に、何よりもまず米国自身の民主主義を安定的なものにしなければならないという危機感の裏返しと言える。

国家安全保障戦略の暫定的指針と中間層のための外交

　21年3月3日、バイデン政権は「国家安全保障戦略の暫定的指針」と題する文書を発表した。米国では、大統領の任期に合わせて4年毎に国家安全保障戦略（National Security Strategy: NSS）やNDSなど一連の戦略文書の見直しを行うことになっており、通常この作業には1〜2年を要する。暫定的とはいえ、政権発足から2カ月も経たない時期にこのような戦略文書を発表するのは初めてであり、国内外に対して一刻も早く政権の狙いを明らかにしようという切迫感が表れている。

　NSS暫定指針の基になっているのは、大統領選挙期間中からバイデン陣営が掲げてきた「中間層のための外交」というビジョンである。トランプ政権と異なり、バイデン政権は米国が世界に関与していく重要性を明示的に打ち出してきた。しかし、米国が国際社会において指導的な影響力や優位性を維持し、中国のような競争相手に打ち勝つためには、米国自身の強さと活力が欠かせない。その源泉こそ「米国内の中間層（＝労働者階級の家族）が豊かであること」に他ならないという論理である。言うまでもなく、こうした論理の背景には、中間層の心を掴みきれなかったことが16年の大統領選挙における敗北に繋がり、トランプ現象を呼び起こしてしまったという反省がある。

　またNSS暫定指針では、米国の繁栄を担保している大きな要素の一つが民主主義というシステムと自由という価値であること、そうしたシステムや価値が国内外の権威主義、不平等、ポピュリズムなどの勢力から挑戦を受けていることを挙げ、他の民主主義国とともにその重要性を再活性化させ、民主主義こそが唯一かつ最良の方法であることを世界に証明する必要があることが述べられている。

　したがってバイデン政権の外交・安全保障政策は、国内政策との一体性を強く意識して展開されていくことになる。実際、NSS暫定指針では「外交政策と国内政策、国家安全保障、経済安全保障、衛生安全保障、環境安全保障の間の従来の区別は、これまで以上に意味をなさなくなっている」という認識のもと、広範な課題を取り上げている。NSS暫定指針の発表と同日に行われたブリンケン国務長官による外交演説でも、八つの優先課題として、①コロナ対処と国際衛生安全保障の強化、②経済危機の克服とより安定的で包摂的な国際経済の構築、③民主主義の刷新、④人道的で効果的な移民制度の創設、⑤同盟関係の再活性化、⑥気候変動対処とグリーン・エネルギー革命の推進、⑦技術面における指導力の確保、⑧最大の地政学的試練である対中関係の管理が挙げられている。

　これらはレトリックとしては洗練されているが、履行段階ではいくつかの問題に直面することが予想される。

　まず総じて言えるのが、安全保障概念の拡大に伴う問題である。本来戦略とは、限られたリソースの優先順位付けをしていくプロセスに他ならない。かつてオバマ政権が策定した2015NSSは、気候変動などのあらゆる課題を網羅してバランスを重視するあまり、優先順位を定める指針としてはほとんど意味をなさなかった。逆に、トランプ政権は特定分野への無関心が目立った反面、2017NSSや2018NDSでは中国との戦略的競争を米国が取り組むべき最重要課題と位置付け、ポートフォリオを絞り込むことができた。翻ってバイデン政権は、伝統的な軍事安全保障だけでなく、経済や先端技術、民主主義、人権、気候変動、パンデミック対処などあらゆる問題を安全保障問題として捉えようとしている。例えば、AIや半導体、通信機器などのサプライチェーンの安全性・強靭性が、ネットワークを駆使した軍事作戦の様相や兵站に与える影響が大きいという意味では、経済・技術安全保障と軍事安全保障は繋がっている。他方で、ワクチンや病床の数を増やしても、西太平洋における中国とのミサイル・ギャップが解消されるわけではないように、個々の問題への処方箋は必ずしも直接的に繋がっているわけではない。つまり、リソースが限られている中で、トランプ政権が軽視してきた課題をすべて拾い直し、性質の異なる課題を過度に纏まったものとして扱おうとすれば、オバマ政権が犯した失敗を繰り返してしまう恐れがある。

第二の課題は、中国との競争を続ける上での戦略と予算の整合性である。NSS暫定指針は、中国を「経済、外交、軍事、技術力を組み合わせて、安定して開かれた国際システムに対して持続的に挑戦しうる唯一の競争相手」と位置づけており、このこと自体は評価できる。なぜなら、ロシアはこの定義には当てはまらず、大国間競争という文脈で併記されがちであった中露の脅威の性質を差別化することに繋がるはずだからである。しかしながら、NSS暫定指針では米軍のプレゼンスを強化する正面として「インド太平洋と欧州」の両方を挙げており、脅威認識との整合性が取れていない。また、グレーゾーンにおける競争と抑止の重要性を説いていることも評価できるが、そのためには軍の規模や即応性を向上させる必要がある一方で、それらは将来への能力開発とトレードオフの関係になることから、論理的には国防予算の増額がなければこれらを同時に実現することはできない。

　バイデン大統領はオースティン元中央軍司令官を国防長官に指名する際の理由として、「軍は安全保障における一手段に過ぎず、外交官や開発の専門家に外交を主導する権限を与えるべきであり、オースティン将軍はそのことをよく理解している」との考えを示していた。だがFY2022予算教書にも反映されているように、これまでのところバイデン政権は安全保障における軍事力の役割を抑制的に捉えすぎている傾向がある。これが第三の課題である。実際、NSS暫定指針に国防省が深く関与した形跡は乏しく、政権発足から早い段階で「安全保障」を冠する文書を発表したのも、ホワイトハウスと国務省が戦略形成を主導する狙いがあったとみられる。だが正式版のNSSをまとめるにあたっては、国防省が策定するNDSと足並みを揃える必要がある。NDSには、「中国タスクフォース」による対中戦略の見直しをはじめ、核・ミサイル防衛政策、そして世界規模での米軍の態勢見直しなどが反映されることになる。こうした省庁間調整プロセスでは、統合参謀本部や各軍からの意見も盛り込まれることになるが、文書全体の方向性をめぐっては、省庁間や省庁内部で激しい綱引きが行われるだろう。

　第四の課題は、国内政策と国際協調との整合性である。国際協調路線への回帰は、トランプ政権と明確に異なる点としてバイデン政権自身が強調する要素だが、環太平洋経済連携協定（TPP）への復帰という長期的に見れば米国の国際

競争力を強めることになるオプションも、短期的には労働者層の雇用を奪うものでもあり、当面は受け入れがたい。その意味で「中間層のための外交」には、名前を変えた「米国第一主義」的な要素が残されている。

　また第五の課題として、価値重視の外交と国際協調との間でどのようなバランスをとるかも難しい問題と言える。インド太平洋地域における連携でも、インドやベトナム、さらにはミャンマーのように中国との競争を考える上で重要ではあるが、完全に価値を共有しているとは言い難い国々とは、勢力均衡と価値のどちらを優先するかの判断が問われる場面が出てくるだろう。

激化する米中対立と高まる台湾の重要性

　17年のNSSで中国を「修正主義勢力」と位置づけたトランプ政権は、以降中国に対して政治・経済・軍事等のあらゆる分野で対決姿勢をとり続けてきた。20年を振り返ると、その流れは緩まるどころかより激しさを増した。

　トランプ政権末期に米中対立がより激しさを増した要因の一つとして、米中間のイデオロギー対立の側面が強調されるようになったことが指摘できる。20年6月から7月にかけて、高官4名（6月24日：オブライエン国家安全保障担当大統領補佐官［アリゾナ］、7月7日：レイFBI長官［ハドソン研究所］、7月16日：バー司法長官［フォード大統領図書館］、7月23日：ポンペオ国務長官［ニクソン大統領図書館］）が立て続けに対中演説を行った。これらの演説は18年10月にペンス副大統領がハドソン研究所で行った対中演説を踏襲する形で、様々な分野における中国の脅威を改めて確認するものだったが、いずれの演説も中国の価値観は米国のそれとは根本的に相容れないという主張に基づいていた。例えば、オブライエン大統領補佐官は、これまでの対中政策が失敗してきたのは中国共産党のイデオロギーを軽く見てきたからだと述べた上で、「個人は国家に奉仕するもの」だとするマルクス・レーニン主義が中国共産党のグローバルな野心の根源にあり、そうした考え方に基づいて人々を経済的、政治的、物理的、思想的に支配しようとしていると主張した。またレイFBI長官とバー司法長官は、中国共産党が企業や国際機関を自身のイデオロギーに基づいた支配を広めるための手段として用いており、米国内に悪意のある影響力工作を行なうとともに、米国からサ

プライチェーンを奪っているとして、米国民の身近なところに中国の脅威が迫っていることを強調した。そしてポンペオ国務長官は、1972年のニクソン大統領の訪中から始まった歴代政権の関与政策を引き合いに出した上で、「中国が繁栄するほど開放と自由化が進んで脅威は減り、国際社会にとって友好的な存在になるのは必然のように思われた。しかし、その時代は終わった」と述べ、一連の対中演説を締めくくった。

　中国との競争における圧力を強化しようとするトランプ政権の動きは、20年から21年1月にかけてより加速した。この背景には、政権としてのレガシーづくりもさることながら、特に大統領選挙での敗北が濃厚になって以降は、容易に覆せない前例を作ることで、次期バイデン政権が従来路線に回帰しようとする可能性を狭めようという意図があったのは明らかである。

　そうした取り組みの例として、経済・技術分野では、対中輸出管理の更なる厳格化が挙げられる。トランプ政権は、18年に成立した輸出管理改革法（ECRA）を基にデュアルユースの新興・基盤技術に関する輸出規制を行なってきた他、米国の国家安全保障・外交政策上の国益を害する活動に従事した個人・組織を特定し、それらとの取引を実質禁止するエンティティ・リストの対象を逐次拡大することで、対中輸出規制を強化してきた。これまでにも通信機器大手のファーウェイなどがリストに含まれてきたが、20年12月18日には半導体受託生産最大手のSMICや商用ドローン最大手のDJIなどがこれに追加された。またエンティティ・リストへの追加理由も拡大している。同年8月27日には、南シナ海における人工島建設や軍事拠点化に関わったインフラ関連企業24社をリストに追加した他、19年10月以降には新疆ウイグル自治区における人権侵害に関与しているとして、監視カメラ製造企業や強制労働によって生産されている綿製品を輸出している織物メーカーなども逐次リストに追加されている。

　上記のように、中国への圧力強化策として人権を根拠とする流れもトランプ政権で強まった。19年11月には、議会で香港人権・民主主義法が成立した他、政権交代直前の21年1月19日にはポンペオ国務長官が、新疆ウイグル自治区でウイグル族に対して行われている強制収容や強制労働、信教の自由の制限に対して、ウイグル族を漢民族に同化させ民族を消滅させようとするもので「ジェノサイド」

にあたると認定した。

　安全保障分野では、21年1月13日に、18年2月にNSCで作成された「インド太平洋に関する戦略的枠組みに関する覚書」と題する内部文書の機密指定が解除された。その後トランプ政権のインド太平洋戦略の骨格となった同文書では、有事の際の台湾防衛を明記するとともに、日本を「地域統合の中核国」と位置づけている。この機密指定解除にしても、中国に対する牽制はもとより、バイデン政権に対中政策の継続的発展を迫るとともに、同盟国を安心させる狙いがあったと考えられる。

　また米中対立が激化する中で、米国にとっての台湾の存在は政治・経済・軍事・自由民主主義的価値というあらゆる文脈において重要性を増し、米台関係の強化を勢いづかせた。軍事面に目を向けると、トランプ政権が台湾に対して行った武器供与は、4年間で20件（総額約180億ドル）に及ぶ。これはオバマ政権が8年間で16件（総額約140億ドル）であったことを踏まえれば、倍以上の援助を実施したことになる。またFY2020には、米海軍艦艇による台湾海峡の通過は11回を数えた。外交面では、20年5月に蔡英文総統が2期目をスタートさせるのに合わせて、ポンペオ国務長官が公式に祝意を伝えた他、8月にはアザー厚生長官（閣僚の訪問は14年以来初）、9月にはクラック経済成長担当国務次官（1979年以来、国務省高官として最高位）が台湾を訪問した。またクラック国務次官と蔡総統の夕食会には、半導体世界最大手のTSMC創業者が同席していたことに象徴されるように、台湾は情報通信技術のグローバル・サプライチェーンの中でもきわめて重要な地位を占めるようになっている。さらに20年12月27日には、台湾保証法が成立した。同法律は、台湾への武器売却を奨励するとともに、国務省に台湾との関係に関する指針を見直すよう求め、台湾が様々な国際機関に参加・加盟することが米国の国益に適うとする姿勢を明確にしている。

　しかし、台湾を取り巻く安全保障環境はかつてなく厳しくなっている。21年3月9日に上院軍事委員会において、退任を控えたデイビッドソン・インド太平洋軍司令官が「6年以内に中国が台湾を侵攻する可能性がある」と証言したことは記憶に新しい。現在でも、米中の総戦力比較ではいまだ米軍に分があるが、インド太平洋地域に展開する米軍との比較では、中国に圧倒的な優位がある。米国の軍

事専門家が懸念するのは、米軍が世界からインド太平洋地域に戦力を集結させるまでにかかる時間差を利用して、中国が台湾に対して短期的な既成事実化を達成できると考え、抑止が破綻するというシナリオである。

　こうした状況を改善するため、議会は21年1月1日に成立したFY2021国防権限法に、「太平洋抑止イニシアティブ」と称する取り組みを盛り込んだ。太平洋抑止イニシアティブは、国防省に対して、インド太平洋地域での米国の抑止力と防衛態勢を強化するとともに、同盟国を安心させるための予算支出を義務付けるもので、FY2021には約22億ドルが割り当てられている。また21年3月には、インド太平洋軍が議会に対し、この取り組みをさらに強化するための優先投資分野を明らかにするとともに、予算的裏付けとしてFY2022年には約49億ドル、FY2023－2027にかけては総額227億ドルの拠出が必要との見方を示した。インド太平洋における米軍の能力向上に関する具体的な取り組みとしては、①イージス・アショアの新規配備および第二列島線からの精密長距離打撃能力からなるグアム防衛の強化、②空中・水上目標に対する恒常的な長射程の探知・追尾を目的とした、多目的超水平線レーダーのパラオへの配備、③地上・空中の移動目標に対する持続的なターゲティング情報を提供する宇宙配備センサー網の構築、④電波・通信情報の収集と分析が可能な特殊有人偵察機の取得、⑤海空での作戦を支援可能な、生存性の高い、地上発射型の長距離（射程500キロメートル以上）精密打撃システムの確保が含まれている。

　21年3月16日に行われた日米2プラス2でも、台湾海峡の平和と安定の重要性が強調されたように、台湾の重要性はバイデン政権においても共有されている。またピューリサーチセンターの世論調査によれば、中国を好ましくないと見る米国民の割合は、18年4月の時点では47％だったのが、20年3月には66％まで上昇し、さらに同年7月の調査では新型コロナウイルスの感染拡大もあって73％にまで達している。米国の対中感情が国民レベルで悪化している状況も踏まえると、米政府の対中強硬姿勢は当面続き、米中対立が容易に緩和されることは考えにくい。

米露の核軍備管理交渉

　トランプ政権が任期末まで取り組んだ安全保障課題に、ロシアとの新戦略兵

器削減条約（新START）の延長をめぐる交渉がある。新STARTは、米露両国が配備済み戦略核弾頭数をそれぞれ1,550発、ICBM・SLBM・戦略爆撃機の配備数を計700基／機（*保有数は800基／機）以下とすることを定めた軍備管理条約で、10年2月から10年間を有効期間とし、その間に最長5年間の期間延長を行うかどうかを話し合うこととされていた。トランプ政権は、18年の「核態勢見直し」において、少なくとも21年までは条約の履行を継続することを確認していたが、19年4月頃を境に同条約を無条件で単純延長することは国益にならないと主張するようになった。

　このとき、トランプ政権が問題視していた点は大きく分けて二つあった。一つは、新STARTが米露の二国間条約であり、中国の核戦力を対象としていない点である。国防総省が毎年発表している「中国軍事力報告2020」によると、中国の核弾頭保有数は現在200発程度と推定されているが、今後10年で少なくとも2倍以上に増加するとの分析を示している。また運搬手段となるICBMやSLBMについても、ここ数年で近代化が進んでおり、配備数も増加傾向にある。当時交渉の責任者であったビリングスリー軍備管理担当特使によると、ロシアとの延長交渉開始に先立ち、中国が交渉に参加することの重要性をトランプ大統領も含めた政権内で共有し、中国を交渉に招待したものの、中国は米露に比べて保有数が圧倒的に少ないことを理由に参加を断ったとのだという。米露の核軍備管理に中国を巻き込もうとする試みは、早々に頓挫した。もっともトランプ政権に限らず、これまでにも米国は、公式・非公式の場で中国を何らかの核軍備管理に関与させようとしてきたものの、それらの試みは同様の理由からすべて中国に拒否されている。

　トランプ政権がこだわったもう一つの問題が、ロシアが新STARTの規制対象外で増強を続けている核能力についてであった。20年6月、米露の政府高官はウィーンで軍備管理問題に関する協議を実施し、両国の戦略的安定性に関する複数の作業部会を設置することで合意した。そのうち一つは「核弾頭とドクトリン」に関する作業部会であったと言われているが、ここで米側はロシア側に対し、現行条約の枠外にある短射程の非戦略核兵器と、新型の戦略核兵器を新たに規制対象に含めるならば、条約延長を考慮するとの取引を持ちかけた。ここ

で言う「新型の戦略核兵器」とは、18年3月にプーチン大統領が発表したICBM搭載用の極超音速滑空核弾頭「アヴァンガルド」や、原子力推進巡航ミサイル「ブレヴェストニク」などを指すと見られる。

　20年9月中旬に入り、新STARTが失効した場合、米国は同条約で撤去した核弾頭やミサイルを復活させ、総数を速やかに増強することを示唆してロシアに圧力をかけた。20年10月、ビリングスリー特使は、ロシア側の交渉責任者であるリャブコフ外務次官とヘルシンキで再度協議を重ね、ロシアの核兵器関連活動を凍結し、新STARTの後継条約に繋がりうる法的拘束力のある枠組みを目指すことに合意したと報じられた。だが、その活動凍結の正確な定義や、それを監視するのに必要な検証手段については合意に至らなかった（例として、米側はかつてINF条約やSTART−Ⅰでミサイル用の固体ロケットモーターの生産施設を監視していたのと似た方法で、核弾頭製造施設の周辺で弾頭の出入りをモニタリングすることを提案していた）。加えて、リャブコフ外務次官は、ロシアが「戦略的安定性に影響を与える」として以前から懸念していた、米国のミサイル防衛や長射程の通常打撃兵器、宇宙兵器などを交渉対象にしていないことについても、繰り返し批判していた。

　10月に入ると、プーチン大統領を筆頭にロシア側は1年間の無条件（暫定）延長を提案したものの、米側はこれを受け入れなかった。そして11月に行われた米大統領選挙において、かねてから新START延長を公言していたバイデン氏の勝利が確実となったこともあり、トランプ政権の対露交渉は時間切れに終わった。交渉が最後までまとまらなかったのは、条約延長前までに検証手段を成文化することにこだわっていた米側と、条約を延長してから検証手段を議論すればよいとしていたロシア側とが互いの主張を譲らなかったためと言われている。

　もっとも、ロシアがトランプ政権との間で何らかの規制を含む合意を受け入れるつもりがあったのかは甚だ疑問である。実態としては、大統領選挙を控えて具体的な成果を出したいトランプ政権に揺さぶりをかけつつ、バイデン政権が誕生するまで時間稼ぎをするというのが、ロシアの当初からの狙いであったと考えられる。実際、バイデン政権は発足直後の21年1月21日に新STARTを事実上無条件で5年延長する方針を発表し、翌2月3日には両政府間で延長手続きを完了

している。

　20年の対露交渉に関わっていた米政府関係者の間では、今のロシアには冷戦期のような核軍拡競争に付き合う財政的余裕はなく、新STARTの延長に必死になっているはずだと見て、米側が提案した条件を受け入れると考えていたようである。客観的に見ても、この見通し自体はおおむね正しかったように思われるが、米側は大統領選挙の結果次第で核・軍備管理政策の方向性について性格が大きく異なる政権が誕生する可能性があるという、時間的制約を負っていたことが交渉に決定的に不利に働いた。

　新STARTの延長は1回限りであり、26年2月までには後継条約や別の軍備管理枠組みを模索する必要がある。ブリンケン国務長官は、今後5年間のうちに、ロシアのすべての核兵器を扱う軍備管理を目指すとしているが、思惑通りに米国から無条件で5年延長を引き出した現在のロシアに、自らの核能力を抑制していこうというインセンティブは当面働かないだろう。また今後の交渉のレバレッジの一つとして、米国自身が予定している核戦力の近代化を予定通り進める必要がある。だが、従来から近代化予算の縮小を訴えてきた民主党・進歩派が議会における影響力を拡大していることに加え、そうしたグループの後押しを受けた軍縮畑の専門家が各省庁の核政策担当に複数登用されていることなどに鑑みると、一部の近代化プログラムが停滞・キャンセルされる可能性も否定できない。そもそも、老朽化した核の近代化を予算面で保証することが、10年に議会が新STARTを批准する際の交換条件であったことにも留意すべきであろう。

　トランプ政権が軍備管理の枠外に置かれている核兵器（ロシアの非戦略核・新型の戦略核、中国の核兵器）について、問題提起をしたこと自体は適切であった。しかし、それらを適切に管理していくための具体策をどうするかという点については、バイデン政権のみならず、日本を含む同盟国にとっても重い宿題として残っている。

安全保障化する気候変動問題

　バイデン政権がトランプ政権と明確に異なる点の一つとして、気候変動問題の扱いがある。バイデン政権は21年1月20日の政権発足初日に、トランプ政権が離

脱した地球温暖化対策の国際枠組みであるパリ協定に復帰することを国連に通知し、2月19日に正式復帰を果たした。

　これまでも気候変動は民主党の優先的アジェンダであり続けてきたが、オバマ政権以降に特徴的なのは、民主党が同問題を安全保障上の課題として捉えるようになったことである。例えば、オバマ政権が発表した2010NSSにおいても、すでに気候変動の重要性が繰り返し言及されていた他、2015NSSにおいては本土防衛やテロ対策、大量破壊兵器の拡散防止と並ぶ安全保障上の課題として格上げされていた（トランプ政権の2017NSSでは、気候変動に関する記述は一カ所のみ）。

　バイデン政権は、ケリー元国務長官を気候変動担当大統領特使に任命し、NSCの正規メンバーとしていることからもわかるように、気候変動問題を「安全保障化」させる流れを加速させている。また3月3日に発表したNSS暫定指針においても、「気候危機」との表現を用いて、同問題を国際協力が必要な、今すぐ取り組むべき重要課題と位置付けている。

　こうしたトレンドも相まって、近年米政府内外の安全保障コミュニティにおいても気候変動を取り上げた会議や研究プロジェクトが増えつつある。この数十年間で、気候変動がもたらす物理的現象とその影響を予測するための科学的分析手法は、モニタリングと計算能力の高度化によって急速に発展しており、不確実性を低減するのに貢献してきた。例えば、ハリケーンの増加や山火事の深刻度など異常気象に関する予測精度は従来よりも向上している。しかし科学的分析手法の発展と比較して、気候変動によって引き起こされた物理的現象が社会的・政治的現象にどのような影響を与えるかという分析については体系的な検討が遅れている。この背景には、気候変動問題が党派によって政治化されていることに加え、自然科学者と社会科学者、政策実務者の交流が限られていることが指摘されている。

　気候変動がもたらす安全保障上の課題は、直接的リスクと間接的リスクに大別することができる。直接的リスクとは、異常気象によって米軍の海外展開や作戦行動に直接的な影響が出る問題を指す。具体的には、海面上昇などによって既存の軍事施設の改修や代替施設の確保、撤収を余儀なくされるといった事例

であり、これらの影響を受ける可能性が高い沿岸地域の米軍関連施設は世界中で1,700カ所以上あるとされる。一方の間接的リスクとは、異常気象によって引き起こされる社会的・政治的不安定が、既存の安全保障問題を悪化・複雑化させるといった二次的なリスクを指す。具体的には、武装勢力が深刻な干ばつ被害を受けた地域の農民を組織への勧誘に利用している事例や、中米におけるハリケーンの増加が情勢の不安定化と大規模な移住を引き起こしている事例などが挙げられる。

　気候変動に関する間接的リスクの中でも注目を集めているのが、「資源の兵器化」の問題である。資源の兵器化とは、限られた資源の管理を特定の国家や非国家主体が独占・掌握することで、それを必要とする他の主体に対して優位な立場に立ったり、強制力を行使することを指す。特に、兵器化されやすい資源とされているのが水である。水は、石油や天然ガスに代表される化石資源エネルギーに比べて、降水パターンの変化など外的影響を受けやすい上、国際的な管理レジームやガバナンスが弱い。そのため、複数の国家間を流れる河川において上流に位置する国が一方的なダム建設を行い、下流への流れを管理しようとする事例が出てきている。例えば、中国はメコン川流域に470億立方メートルもの貯水が可能な11の巨大ダムを建設し、メコン川の水流の約40％を管理できるとされている。同時に中国は、メコン川沿いでラオスやミャンマーが行っているダム建設に多くの資金援助を行っており、ベトナムなどの下流に位置する東南アジア諸国に対して影響力を行使しやすくなる状況が生じている。

　こうした事例は、アフリカや中東でも見られる。アフリカでは、ナイル川上流に位置するエチオピアのダム建設が、下流のエジプトに対して与える社会的・政治的影響が懸念されている。また中東では、14年にイスラム国がバグダッドの上流に位置するモスルのダムを掌握し、それを破壊して洪水被害を与える可能性をちらつかせていたことは記憶に新しい。この他にも、ソマリアにおいて干ばつによる飢饉が発生した際、イスラム系武装勢力のアル・シャバーブが地元住民への食料援助を妨害した上、干ばつで収入が得られなくなった農民へ組織勧誘を増やす事例が見られた。

　資源の兵器化が予想される他の分野には、小麦などの穀物もある。例えば、今

後ロシアでは平均気温の上昇に伴い、従来耕作に適さなかった土地面積が縮小して農地が拡大することが予想されており、OECDの統計の中には28年までに穀物輸出市場の20％を支配するとの見通しも出てきている。ロシアは10年に記録的な干ばつを理由に穀物の輸出を制限したことがあるが、それによって食料価格が高騰したことが、「アラブの春」を引き起こした要因の一つとなったとする見方もある。当時、ロシア中部や南部の穀倉地帯を中心に干ばつが広がっていたことは事実であるが、ロシア国内の食料備蓄が不足していたわけではない。今後穀物輸出市場におけるロシアのシェアが高まっていくとすれば、それに伴いロシアが穀物を戦略的資源として用いる誘因も高まることが予想され、ロシアからの穀物輸入依存割合の高い中東・北アフリカ諸国ではロシアの間接的な影響力が増すことが考えられる。

　その他に、気候変動によって生じる安全保障上の主要な論点として注視されているのが、北極圏開発とその地政学的影響である。北極圏における温暖化の進行度合いは、世界平均と比べて2倍近く速く、急速な融氷が進んでいる。北極圏に接しているのは、米国、カナダ、ノルウェー、スウェーデン、フィンランド、デンマーク、アイスランド、ロシアの8カ国であるが、解氷が進むと、北極海航路（欧州・東アジア間の主要な海上輸送ルートであるスエズ運河航路より34％短い）に代表される新たな航路の開通とともに利害関係を持つ国が拡大し、競争が激化する可能性が高い。冷戦期からロシアは北極海（バレンツ海）をオホーツク海と並んで、対米核抑止力の一翼を担う戦略ミサイル原潜の「聖域」と位置づけてきた。しかし、近年では北大西洋のチョークポイントであるグリーンランド、アイスランド、英国の間の海域（GIUKギャップ）でもロシアの潜水艦による活動が活発化しており、それに伴って西側諸国も、GIUKギャップ付近だけでなくシベリア沖付近にまで対潜哨戒範囲を拡大するなど、伝統的安全保障分野での競争が北極圏でも高まっている。

　また中国は、エネルギー資源の確保を主な目的として、ロシアとともに北極圏の石油・天然ガスへの開発投資を行ってきた他、17年7月には習近平国家主席がプーチン大統領と会談した際、北極海航路の開発協力で合意するとともに、「一帯一路」構想の一環となる「氷上シルクロード」構想を明らかにした。同構想は

18年1月の「北極政策白書」や21年3月に行われた全国人民代表大会で示された経済発展5カ年計画（21-25）でも踏襲されている。さらに中国は、デンマーク領グリーンランドにおける水産業や鉱物資源開発への多額の投資を通じてプレゼンスを拡大させており、空港等のインフラ投資にも関心を寄せている。この動きは米国にとって好ましくない。同地における資源獲得競争もさることながら、グリーンランドのチューレ米空軍基地は北極圏における戦略爆撃機の展開拠点とされている他、米本土に向けたICBMを探知する早期警戒レーダーを配備しているからである。19年にトランプ大統領がグリーンランドをデンマークから購入したい意向を示したのも、その戦略的重要性の高まりを反映したものであった。その後、米政府内でグリーンランド購入構想が真剣に検討された形跡は見られないが、20年4月には、国務省が同地域におけるエネルギー開発や教育分野に1210万ドルの支援を行うことを発表した他、同年6月には自治政府の首都ヌークに米総領事館を新設している。

　従来、気候変動への対処には大国の協力が不可欠であり、またそれが可能とみなされてきた節がある。実際、バイデン大統領は中国との戦略的競争が激化する中でも、気候変動分野での協力の可能性が残されていることを再三強調してきた。しかしながら、気候変動が与える地政学的影響に鑑みると、同分野においても大国間の競争的側面が色濃くなりつつあるのが実態であり、協力の余地は寧ろ狭まってきている。また気候変動を安全保障上の課題と位置付けたとしても、それが必ずしも国防総省が主導的に関わるべき事象であるとは限らない。国防省や米軍は緊急事態や平和維持活動の主要な役割を担うとしても、水などのインフラを提供する国家の能力構築支援には、国務省や国際開発庁（USAID）が主導する形で開発援助や投資が優先されるべきであろう。

サプライチェーンの安全をめぐる取り組み

　米中対立の激化に伴い、トランプ政権ではグローバル化したサプライチェーンのあり方を経済の観点のみならず、安全保障の観点から見直そうとする動きが加速してきた。

　サプライチェーンとは、ある製品やサービスを人々に提供するための組織、人、

活動、情報、資源などの一連のシステムを指すが、これまで米国の軍事システムには、中国やロシアで製造された部品やサブコンポーネント、材料、ソフトウェアに依存するものが少なくなかった。例えば、国防省の軍用ペイロードの打ち上げに用いられてきた発展型使い捨てロケット（EELV）には長らくロシア製のロケットエンジンを使用してきた他、様々な軍事システムに中国製の電子部品やソフトウェアが使われることも珍しくはなかった。

　米国がこうした政策を続けてきたのは、調達コストの低さからくる経済的合理性が政治的・技術的リスクを上回ると判断していたからだが、情報通信技術の普及や大国間競争の再燃とともに、重要分野における他国への依存が長期的な競争における脆弱性になりかねないとの懸念が高まるようになった。こうした情勢を受け、トランプ政権は様々な諸策を講じてきた。17年9月には、国土安全保障省がロシア製のセキュリティソフト・カスペルスキーを連邦政府の情報システムで使用することを全面的に禁止した。またFY2019国防権限法では、連邦政府がファーウェイに代表される中国製通信機器（およびその利用企業の製品）などを調達することを禁止した他、2019年5月には国家緊急経済権限法（IEEPA）に基づき、民間取引においても米国に敵対する国の機器などを利用する場合には一定の制限・禁止措置をとることができるとする大統領令を発表するなど、サプライチェーンのデカップリングを進めようとしてきた。

　バイデン政権はデカップリングという言葉こそ使っていないものの、サプライチェーンの潜在的脆弱性を可能な限り減らそうとする方針は原則として引き継いでいる。そして政権発足から間もない21年2月24日には、米国のサプライチェーンの回復力強化に関する包括的な大統領令を発表した。この大統領令では、各省庁に対して、重要分野におけるサプライチェーンのリスクを特定した上で、具体的な対処策をまとめた報告書を提出することが指示されている。中でも、100日以内に報告を求める最重要分野として挙げられたのが、①半導体製造・先端パッケージング（商務省）、②電気自動車用を含む大容量バッテリー（エネルギー省）、③レアアースを含む重要鉱物など（国防省）、④医薬品および医薬品の有効成分（保健福祉省）の4分野である。また1年以内に報告を行うよう指示されている重要産業基盤としては、①防衛、②公衆衛生・生物学的危機対策、③情

報通信技術、④エネルギー、⑤運輸、⑥農産物・食糧が挙げられており、各分野で主要な生産・製造基盤をどこに置くか、重要物資の代替品や代替供給源の有無などの評価が行われることとなっており、その中で同盟国・パートナーと緊密に連携していく重要性も謳われている。

　これらの分野は、いずれも中国への依存リスクが高い（もしくは将来高まる恐れがある）分野であると同時に、バイデン政権が掲げる国内政策と密接に関連している。最重要分野の一つに挙げられている半導体は、ほぼすべての産業活動の基盤であると同時に、米国の技術競争力や安全保障を支える主要産業であり続けてきた。しかし、その生産拠点は台湾、韓国、日本、そして中国など東アジアに集中しており、中国との貿易戦争や軍事的危機が発生した場合に生産が滞るリスクがある他、サイバー攻撃の起点となるバックドアの埋め込みや機能を低下させるための製品の改竄、知的財産権の窃取などのリスクが従来よりも高く見積もられるようになっている。また、国家主導で垂直統合型の半導体産業を発展させようとする中国の取り組みは、その範囲と規模において前例がなく、これが成功すれば世界の半導体生産や関連する設計・研究開発能力が中国に大きくシフトし、米国や他国の主導的地位が失われることが懸念されている。現在のところ、中国の半導体産業におけるシェアはまだ小さく、比較的ローエンドのチップの生産を主としているものの、30年までに半導体の設計・生産における世界的な優位性獲得を目指していることも、議会や企業の懸念を高める要因となっている。

　医薬品を含む広義の公衆衛生産業基盤については、新型コロナウイルス感染拡大の初期段階において医療用マスクや防護服などが不足したこと、国内での迅速なワクチン供給と接種率の拡大が経済活動の再開と直結していること、さらにはワクチン・医薬品の海外供給が国際的指導力に影響することなど、その重要性は米国民一般にも広く理解されるようになった。

　大容量バッテリーと重要鉱物は、バイデン政権が掲げる気候変動対策のうち、電力・運輸部門における温室効果ガスの排出量を削減するための取り組みである、化石燃料から再生可能エネルギーへの移行や電気自動車の普及などに欠かせない。バッテリーのサプライチェーンは大まかに分けて、重要鉱物の採掘、加工、組み立て、リサイクルという四つの要素からなるが、中国は過去20年間に南

米やアフリカを中心に、バッテリーの製造に不可欠なリチウムやコバルトの鉱山を押さえ、その供給量への統制を強めてきた。中国では鉱物処理産業の発展も著しい。鉱物を採掘した後には、それらを分離、加工、精製、結合させることが必要となるが、これらの化学処理プロセスでは水質・土壌汚染が発生しやすい。実際、米国で採掘された重要鉱物の多くは、環境規制が緩い中国に輸出されて精製されており、それがリチウムやニッケル、コバルト加工において中国が高いシェアを誇る要因となっている。バイデン政権が対中依存を減すために、国内の鉱物加工施設を増やそうとするならば、環境対策にかかるコストとのトレードオフを余儀なくされることになるだろう。こうした要素に鑑みても、気候変動問題は中国との協調を促進する側面よりも、むしろ競争を加速させる側面を備えているのである。

（ハドソン研究所研究員　村野将）

コラム
外交とユーモア　　**外交とジョーク**

　ハロルド・ニコルソンは名著『外交』で、理想的な外交官の資質として、平静、良い機嫌、正確、謙虚、誠実、忠誠、忍耐を挙げているが、このうち楽しいジョークは良い機嫌の一部分として捉えても良いであろう。しかし、これらの資質すべてを備えているような人は自分を含めて余りいない。

　特に厭な外交交渉をやっているような時にユーモアで雰囲気がなごむという状況になるためには、相手方との間で一定の交流や信頼がなければ難しい。下手をすると逆効果という場合もある。

　日米貿易摩擦の時代にタバコ市場開放交渉に参加したが、米側代表団には誰一人としてタバコを吸っている者はいなかった。そこでほとんどがスパスパ吸っている日本側代表団が、「このように日本側はタバコの消費拡大に貢献している」と冗談を言ったところ、あまり歓迎されなかった。

　とりわけ政治体制や文化が異なる相手方との話では、相手の主張がジョークとしか受け取れないような場合もある。

　日中関係が靖国問題などで冷却していた頃、中国の某高官と協議した際、先方が「日本のマスコミ報道は反中世論を煽っており、政府がそうしないように指導すべきだ」との主張がなされた。ジョークかと思ったが、「日本では報道、言論の自由が保証されており、中国のように政府が指導するということはない。政府の自由が大きい国に住んでも日本のことをよくおわかりと思うが・・・。」と述べたところ、先方は黙っていた。

　また、日韓関係が漁業問題で大いに対立していた90年代後半、韓国の高官が訪日して非公式に話し合いをした際、先方は「このような問題が起きた場合、最初に度量を示すのは日本側と決まっている」旨を述べたことがあった。最初はジョークかと思ったが、そのうちそうでないことがわかった。

　これらに比べると、一般の人へのスピーチなど所謂パブリックディプロマシーでは、ユーモアやジョークが本当に快適だ。とりわけ社交的なものについては米国人はオープンで、たわいのないことでもよく笑ってくれる。例えば、「今夜はワシントンバッハコンサートの40周年とロックフェラー上院議員の80歳の誕生日を同時に祝います。私が今晩をよりベターにできる唯一の方法は、逆にする、つまり、80周年のコンサートと40歳の上院議員のお祝いをすることです・・・」といった具合である。楽しいジョークの日々だった。

佐々江 賢一郎
日本国際問題研究所理事長

日米首脳会談における菅首相（右から2人目）とバイデン大統領（2021年4月16日、米ワシントンの
ホワイトハウスで）＝官邸HPから

第3章　中　国

概　観

　2020年から21年初めまでの中国外交、経済、軍事に共通する傾向は、威信と対外関係の安定を同時に追求したところにある。「底線（ボトムライン）」という表現は、両者のバランスを維持しようと試みる文脈で使われた。つまり、中国は、軍事力、経済力や技術力を誇示して「高圧的」とも取れる外交レトリックを多用し、米国が進める対中抑止の試みに逐一対抗しつつも米中関係の決定的悪化を回避しようとした。同時に、経済外交や「医療外交」を通じて中国が果たす国際的な役割と貢献を強調し、軍事力や技術力も誇示して、中国への対抗の意志を徐々に摩滅させ実効支配を拡大する「サラミ戦略」の方針を保っていた。しかし、この期間だけをみれば、紛争拡大の回避傾向が目立った。

　こうした傾向となったのは、習近平が近づいてきた党大会（22年）の成功を最も重視していたからだと考えられる。20年から21年の政治スケジュールは、「新型コロナ」の影響による中国経済の停滞からの回復演出、20年の米国でのリーダーシップ交代への対応、トランプ・バイデン両政権が進める選択的なデカップリングに対する「双循環」政策、21年の冬季五輪の実施などというものであった。香港は「レッドライン」を越えつつあるとし、米国の軍事介入はないと見て力で抑え、米台接近にも米国を刺激しないよう注意しつつ強い態度を示した。南シナ海における米艦隊の軍事演習には、中国も空母による演習により対抗の姿勢を示した。一連の対抗姿勢の裏で党大会の成功には最低限の対外安定が必要という逆説がそこにはあった。

　ただし、香港問題や少数民族の扱いなどから西側は対中結束を強め、特に台湾をめぐる緊張は高まるという逆方向の動きもあった。このような流れの中、日本は、台湾、尖閣と沖縄を一つの「戦域」として動態的に捉えるようになってきた。

　リーマン・ショックや「新型コロナ」を経験した2020年代は1930年代の状況に通じるところがあることは否定できない。米中関係の安定は当面可能だが、習近平時代に衝突を回避できたとしても、自信を持った次の世代の動き次第では、緊張をコントロールできるレベル内に収めるのがさらに困難となる。加えて近年は防御のための攻撃の必要性がさらに高まったとされ、相手の意図の正確な推測がますます難しくなっている。

（同志社大学教授／平和・安全保障研究所研究委員　浅野亮）

内政

香港民主派勢力の抑え込みに成果

　例年3月開催の全国人民代表大会（全人代）会議だが、コロナ禍の影響で第3回会議は2020年5月22−28日に開かれた。李克強首相による政府活動報告では、冒頭で「習近平同志を核心とする党中央の力強い指導のもと」新型コロナウイルス感染への対応が成果をあげたことをアピールし、感染予防・抑制と経済活動の再開の両立に重点を移す段階に入ったことを確認した。当局の感染への初動の遅れ、情報隠蔽をネット上で公開する動きもあったが、当局は首謀者らを騒動挑発容疑で逮捕し、そのうちのひとりである元弁護士の張展には12月に懲役4年の実刑判決を言い渡し、批判の声を封じた。

　会議では、香港特別行政区の混乱を収めるために、「香港特別行政区が国家安全を守るための法律制度と執行メカニズムの確立、整備に関する決定」を採択した。この決定を受け、香港特別行政区の立法会ではなく、全人代常務委員会が6月30日に「香港国家安全維持法」を制定し、7月1日に施行された。同法は、国家分裂、政権転覆、テロ活動、外国・境外勢力と結託して国家安全に危害を加える行為に適用されること、国家安全維持委員会を設置することなどを規定した。21年3月までに、当局に対抗する「民主派」が次期立法会選挙の立候補者を調整するために行った予備選挙に出馬したメンバーなど100人が同法違反容疑で逮捕された。習政権は、香港の民主派勢力の活動の抑え込みに成功している。

　21年3月5−11日に開かれた全人代第4回会議では、「香港特別行政区選挙制度の完成に関する決定」が採択された。「決定」は、共産党政権を支持する「愛国者」が香港を統治するという原則を確認、行政長官と立法会議員の選挙方法を改正し、民主派の立候補や当選を難しくするものにした。習政権は共産党による一党支配体制を崩壊させようとする米国などの外国政府からの民主派勢力支援を警戒している。習政権には、香港特別行政区への直接関与を強化し、「決定」により海外支援の「受け皿」を縮小するねらいがある。

中華民族共同体意識の確立を指示

　中国当局によるウイグル族弾圧への国際社会の批判もますます高まっている。習政権は、ウイグル問題が米中間で争点化し、さらに国際化することを懸念している。

　海外メディアや国際組織が当局による再教育施設でのウイグル族迫害の実態を伝え、米国政府が中国政府の関係幹部や関連企業に対する制裁措置を発表した。当局は、こうした海外の報道・報告を虚偽、偏見と一蹴し、制裁措置には対抗措置をとった。21年1月19日には、任期残り1日であったポンペオ国務長官が、ウイグル族への弾圧は「ジェノサイド（民族大量虐殺）」にあたると発言し、バイデン政権で国務長官に就任するブリンケンも即座にこれに同意した。中国側はこれを「世紀のでっち上げ」と反発した。

　国内ではこうした海外勢力と連係しないよう少数民族に対する統制を強化した。8月には第7回チベット工作座談会、9月には第3回新疆工作座談会を開催し、習近平が「中華民族共同体意識の確立を基本とする」ことを指示した。その一環として進めている国の共通言語としての中国語教育に対し、9月にはモンゴル族の反対運動が起きた。しかし人口の8.5%にすぎない少数民族の抵抗は、統制強化の動きを止めるには至っていない。またイスラム教やチベット仏教に対しても、当局は引き続き「宗教の中国化」を指示し、管理を強化している。

習近平の指導力の誇示と一党支配の長期安定の措置

　22年秋の中国共産党第20回全国代表大会（第20回党大会）を控え、習近平は自身3期目となる政権担当への準備に余念がない。20年10月26–29日、中国共産党第19期中央委員会第5回全体会議が開かれ、「国民経済・社会発展第14次五カ年計画と2035年までの長期目標の策定に関する党中央の提案」が採択された。これを受け、全人代第4回会議では、第14次五カ年計画と2035年長期目標の「綱要」が採択され、持続的な経済発展のための新たな成長点として、イノベーションや内需拡大を掲げた。

　11月16–17日に開かれた中央全面依法治国工作会議では、「習近平法治思想」を全面的な法に基づく国家ガバナンスの指導思想とすることを確認し、習近

平の権威を高めた。21年2月25日、習近平は農村貧困人口9,899万人全員が貧困を脱却したことを宣言した。中国共産党創立100周年となる2021年までに全面的に貧困を脱却するという目標を達成し、習近平の指導力を誇示した。

こうした施策は共産党による一党支配を長期的に安定させるためとの見方もできる。党中央委員会工作条例（9月改正）、党統一戦線工作条例（11月）、軍隊政治工作条例（同）などの法規整備は、一党支配の法による正当化、制度化の措置である。習政権は、経済格差による社会の不安定化を警戒しており、持続的な経済発展を掲げることと貧困脱却を達成することで、不安定要因を解消するねらいがある。

（防衛大学校教授　佐々木智弘）

経済

コロナ禍からいち早くV字回復を遂げた中国経済

20年4月29日、全国人民代表委員会（全人代）常務委員会は、3月5日の開幕が延期されていた「両会」について、第13期全国人民政治協商会議第3回会議を5月21日から、また第13期全人代第3回会議を5月22日から開催することを決定した。両会において、中国が新型コロナウイルス感染症を「封じ込めた」と強調するとともに、V字回復に向け経済活動を再開させるための諸政策を打ち出した。経済成長を「統治の正当性」としてきた中国共産党（中共）にとって、長期的な景気の後退を甘受することはできず、また都市封鎖による経済活動の停滞が失業者の増加を招くことで国民の不満の矛先が中国共産党に向かうことを最も危惧しているためと見られる。それにより、両会でも、より一層厳しい情勢認識が示される一方で、20年の経済成長率をマイナスにすることは許されず、経済活動の全面的な再開に踏み切った。

両会に先立ち、5月14日には、中共中央政治局常務委員会が「国内・国際の双循環を構築し、相互に促進する新たな発展の枠組み」をはじめて提起した。これは、新型コロナウイルス感染症流行による国内外の経済的打撃と外部環境の不確実性が増大していることに対し、外需を主体とした輸出主導型から内需拡大

による国内経済の大循環を主体とした成長へとシフトする「双循環」（デュアルサーキュレーション）という新しい発展の枠組みを示したものである。

　一方で、中国国内の経済・社会面では、経済回復とともに、貧困脱却や小康社会の実現に向けて全力で取り組む姿勢が示された。とりわけ、習近平ら党指導部は連日のように「貧困脱却」を強調しており、政府系メディアは経済成長率よりも「全面的な小康社会の建設指数」を強調している。これは、中国共産党の建党100周年にあたる21年までに貧困層を完全に無くし、全面的な「小康社会」を実現するという目標達成を意識したものである。

第14次5か年計画期におけるイノベーションと経済安全保障

　他方で、供給面では、労働集約・資本蓄積型からイノベーション駆動型への成長モデルの転換による経済発展戦略を堅持している。20年10月に開催された第19期中共中央委員会第5回全体会議（五中全会）では、第14次5か年計画（2021－2025年）と2035年遠景（ロングショット）目標の提案がなされ、翌21年3月の全人代で正式に可決、公表された。5か年計画では、イノベーションや食料・エネルギー安全保障の目標が掲げられた。

　具体的には、第14次5か年計画の期間中、研究開発支出を年間7％以上増加することや、特許発明数を20年対比でほぼ倍増させること、デジタル・エコノミーのコア産業がGDPに占める割合を20年の7.8％から2025年までに10％へと引き上げることなどが目標として定められた。さらに、不透明な国際情勢下、食料やエネルギーの総合生産能力を向上させるべく、食料6.5億トン以上、エネルギー46億トン以上という数値目標がはじめて示された。

　また、21年4月14日には、工業情報化部と関連部門が「第14次5か年計画スマート製造発展計画」制定のため、意見請求稿を起草・公開した。同計画には、今後5年間でAI、VR/AR、5G、北斗測位衛星などの新技術を融合・応用した新型スマート製造装備を発展させることなどが明記されている。これは、米中対立が深まる中で公的な場での言及が見られなくなった「中国製造2025」の具体的な発展計画を示したものであると見られる。

　ただし、「自力更生」によるイノベーションには限界がある。そのため、21年4

月15日、財政部、海関総署、税務総局は、第14次5か年計画の期間における技術革新を支援するための輸入税政策を公表した。これは、中国で生産できない、または性能がニーズを満たすことのできない科学研究、科学技術開発、および教育用品の輸入にかかる輸入関税、輸入付加価値税、消費税を免除するもので、海外からの技術獲得の促進が企図されている。

経済安全保障のための法制度化を進める中国

このように、中国湖北省武漢市で発生した新型コロナウイルス感染症の世界的な拡大と、米中間の対立が深化する中で、中国は経済の「双循環」や「自力更生」を掲げ、自国の企業に対する減税や融資、補助金などを拡大するとともに、インフラ投資や産業チェーンの移転、消費と輸出の拡大、サプライチェーンの強化などの経済政策を打ち出した。他方で、中国は経済の安全保障的側面を強化すべく、国内法の整備を進めてきている。

とりわけ国際的に注目を集めているのが、20年10月17日に制定、12月1日から施行された「輸出管理法」である。「輸出管理法」は、中国の輸出管理の分野における最初の特別法であり、管理政策、管理リストと管理措置、監督管理、法的責任、および附則の全5章49条からなる。同法では、規制品リストの整備や特定品目の輸出禁止に係るエンティティ・リストの導入、みなし輸出、再輸出規制導入、域外適用の原則、報復措置などを規定している。

また、同年9月19日には、「信頼できない実体（エンティティ）リスト」の規定を公表、同日に施行した。これは、リストに掲載された外国の実体の中国における貿易、投資などの活動を禁止または制限することを規定したものである。ただし、本規定に基づく実体リストは公表されず、米中対立をはじめとする国際環境の変化に応じて公表、追加されるものと見られる。

さらに、21年1月9日、商務部は「外国の法律および措置の不当な域外適用を阻止する弁法」を公表、同日に施行した。同法の目的は、「外国の法令や措置の不当な域外適用を阻止し、国家主権、安全、発展の利益を保護、中国の国民または法人の権利利益を保護すること」にあるという。同法では、中国政府が「不当な域外適用」と見なした場合、その当事者に対して損害賠償を請求できると規定

されている。

　加えて、21年4月26日、国家安全部が「反間諜（スパイ）安全防範工作規定」を制定するなど、技術や情報、知的財産権の保護を強化する動きも今後さらに加速するものと見られる。

（京都先端科学大学准教授　土屋貴裕）

外交

活発な外交

　20年の中国外交は大きく二つの性格があった。一つは他国に対する批判が強さを増したこと、もう一つは対立のコントロールが失われないよう進められたことである。基本的には、20年11月の米大統領選挙の結果待ち、また翌年1月に成立した米のバイデン新政権の動きの様子見という背景があった。バイデン政権がトランプ前政権により傷ついた同盟国との関係の修復を進める前から、中国は中露連帯の演出を行い、米以外の国々との「新型コロナ」のワクチンやマスクの供与など「医療外交」と中国の市場や投資による「経済外交」をさらに積極的に展開した。その主な目的は対米批判を続けつつ、米の経済・安全保障ネットワークを弱め、対中攻撃コストの高まりを米側に計算させることであったと考えられる。この政策の背景には、国際政治は混乱と変革の時期に入っているとして、本音ベースでの情勢評価が厳しくなったことがあると推測できる。

　中国メディアは、習近平が「元首外交」を展開したと形容した。目立ったところでは、9月には国連生物多様性サミット、11月BRICS首脳会議、同月APEC、2021年4月には米の主導する気候変動サミットでそれぞれ演説したが、そのほとんどはビデオかオンラインであった。二国間では21年4月にメルケル独首相と電話会談を行った。欧州との接近で米を牽制しつつ、米とは脱炭素などでの米中協力への姿勢を打ち出した形である。習近平の対面式の活動は党の重要行事と地方視察に力点があった。

　他方、王毅国務委員兼外相は精力的に海外訪問を行った。20年8月25日-9月1日、欧州5カ国（イタリア、オランダ、ノルウェー、フランス、ドイツ）を訪問。9

月1日には外交トップの楊潔篪（党中央政治局委員、党中央外事工作弁公室主任）がミャンマーに立ち寄り、その後4日までスペインとギリシアを訪問。20年10月、雲南省で9日にインドネシア大統領特使（対中国協力調整官）、10日にフィリピン外相と会見、二国間協力イニシアチブを評価。10月11-15日、カンボアジア、マレーシア、ラオス、タイを歴訪、11月24-25日に訪日、その後訪韓。マレーシアでは、米国は「クアッド」によってインド太平洋版のNATOを作ろうとしていると批判した。2021年1月4-9日、アフリカ5カ国（ナイジェリア、コンゴ、ボツワナ、タンザニア、セーシェル）訪問後、1月11-16日には東南アジア4カ国（ミャンマー、インドネシア、ブルネイ、フィリピン）歴訪。3月24-30日に中東6カ国（サウジアラビア、トルコ、イラン、UAE、オマーン、バーレーン）訪問。3月31日-4月2日、福建省厦門でシンガポール、マレーシア、インドネシア、フィリピンの外相とそれぞれ会談。ミャンマー情勢についてASEANの立場を尊重するとしつつも行動は起こさず、西側の関与を牽制しようとしたと考えられる。4月3日には同地で韓国外相と会談した（ほぼ同日、韓国高官は米で行われた日米韓の安全保障担当高官協議に参加した）。

　一連の外国訪問では、新型コロナウイルスのワクチン供与を中心とする「医療外交」が展開された。報道の一つは、中国外交のキーワードとして、ワクチン、経済と多国間主義を挙げていた。なお、9月8日、北京で開催された「グローバル・デジタルガバナンス・シンポジウム」で、王毅は「グローバルデータ安全イニシアチブ」を提起した。米国による中国のデジタル通信技術の排除に対する動きで、中国によるデカップリング政策を進め独自の通信圏の形成を図っていたと言える。王毅はテレビ方式でも外交を展開し、7月16日、王毅の司会により「中国＋中央アジア5カ国」外相会議をテレビ方式で行った。一連の外交活動には、米中間を中心として行われた報復の応酬がもたらす国際的な孤立化を防ごうとする狙いがあったと考えられる。

　一方、13年に始まったとされる「一帯一路」構想に関する華々しい報道は影を潜めた。日米などでは「一帯一路」構想のプロジェクト中止やキャンセルの報道が多くなった。中国側も「一帯一路」構想で増大するコスト負担を続けられなくなったようである。「一帯一路」構想のキャンペーンは一段落したが、経済力と技術力を背景とした外交は続けられていくとみるべきである。17年、19年と隔年

で開催された首脳会議の21年の開催は見送られた。「新型コロナ」が理由と日本のメディアは解説していた。

　経済分野の問題とされがちな「双循環」も、対外政策と密接にからんでいた。8月末、経済社会領域の専門家との座談会で、習近平は「双循環」を提唱、高い水準で対外開放を行い、国際協力と競争で優勢を勝ち取るという側面を強調するキャンペーンを行った。中国市場の開放を通して、日米豪印などのデカップリングやサプライチェーンの再構築を弱める意図を持つ「エコノミック・ステートクラフト」としての側面があると考えられる。しかし、4月の中央財経委員会の詳細が報道されないなど、中国の方針はわからないところが多い。

米中関係

　20年の米中関係は、協力への長いトンネルなのか、対立の激化への一里塚と位置づけられるかの十字路に立っていたと将来言われるかもしれない。妥協があったとしても、さらに協力が深化するのか、対立の前の静けさなのか、まだわからない。20年10月に中国は朝鮮戦争参戦70周年を祝い、習近平も演説した。21年4月には、米中軍用機衝突10周年記念行事が行われ、米中関係の緊張と「勝利」の「歴史」を内外に演出した。

　20年は、11月の米大統領選挙というスケジュールの中、米中の応酬が続いた。トランプ政権の対中強硬姿勢はバイデン政権にも引き継がれたが、中国側の強硬な対応は多分に国内向けであり、外交当局同士の接触は保たれていた。このひそやかな関係維持と公然とした対立の併存が20年の米中関係の大きな特徴であった。

　トランプ政権末期は米中間で激しい応酬が続いた。7月、ポンペオ米国務長官が南シナ海問題で中国の対応を強く批判、外交部が反論した。7月、ヒューストンの中国総領事館の閉鎖に対して米国の成都領事館を閉鎖することで報復した。決定的だったのは、7月ごろから台湾が米中関係の焦点となったことである。7月、台湾にミサイルを売却した米企業に制裁を課した。9月、米国務副長官の台湾訪問も行われた。21年1月、バイデンの大統領就任式に台北駐米経済文化代表処代表が招待され出席した。4月9日には米国務省が、米政府関係者が台湾

政府関係者との接触に関する新たなガイドラインを発表し、接触制限を緩和した。4月13日には米の非公式代表団が派遣された。また日米首脳会談の共同声明では台湾に触れた。米政権交代によって米国の台湾政策の後退は見られなかったと言える。

　中国でも新政権の対中・対台政策についてさまざまな論考が発表されたが、基本的には現在の米国の対中政策はオバマ政権後期からの流れの中にあり、政権交代でも変わるのはスタイル面との見方で、トランプ政権の厳しい対中姿勢が続くと見ていた。

　バイデン政権成立後の21年3月18日と19日、アラスカのアンカレッジで党中央政治局委員・中央外事工作委員会弁公室主任として外交トップの楊潔篪および王毅外相が、ブリンケン米国務長官とサリバン米大統領補佐官と会談したが、双方がメディアを呼び戻してそれぞれ相手を批判する応酬があった。中国側は米国に招かれたとするが、各種報道によれば、実際には中国側が強く要請したという。米中ともに対立の中でもコミュニケーション・チャンネル維持の必要性は認識しており、その上で、中国側は習近平と国内向けに対米強硬姿勢を演出し、米側はトランプ前政権に比べて弱腰になったと見られないための国内向け配慮をしたと考えられる。事実、中国側の激しい発言の動画は国内のメディアに広く配信された。実際には、応酬後米中は数回にわたり協議を行っていた。外交部報道官も記者会見では米国を批判したが、『人民日報』（3月19日）は、米中関係の安定の維持の必要性を強調していた。

　中国側の高圧的とも言える態度は、国力増大を背景とした自信によるものとされるが、習近平が言い出せば共産党員は自信を演出しなければならない。習近平や専門家たちは社会の高齢化の急速な進展や格差の増大による不満の蓄積のような長期的に不利な構造要因も承知しており、慎重な計算も同時にしていると考えられる。習近平自身、18年1月の講話で、「将来の不慮に備えるのは国の常道」という意味の「貞観政要」の文章を引用している。習近平は「ブラック・スワン」や「灰色の犀」というリスクに関する比喩も愛用してきた。中国から発せられる「自信」は、正真正銘の自信と、党の指令への服従、主に国内向けの演出、および長期的なリスクへの懸念が混ざっていたと言える。

「習近平外交思想」下の外交

　8月に「習近平外交思想」の宣伝キャンペーンが進められた。一方、ほぼ同時期に、王毅外相が新華社記者のインタビューという形で米中関係の維持の必要性を論じた。また、外交部門のトップの楊潔篪が、党理論誌『求是』に署名論文を寄せ、米中関係の維持と安定を強調した。王毅の発言や楊潔篪の論文には解説記事も多く、転載もされたことから、国内で学習を組織した可能性がある。習近平の外交思想とほぼ同時に抱き合わせで公表し、習近平の意向に沿う形を取り、穏健な外交に対する反対を押し切る狙いがあったとも考えられる。米大統領選挙以後、米中関係の維持を基調とする中長期的な外交方針が議論され決定されたと考えることもできる。

　しかし、闘争精神の発揚は「中国特色ある大国外交」においても求められた（『人民日報』2020年8月18日など）ように、対米妥協は困難であった。19年9-11月には巡視組が外交部党委員会に巡視を行い、20年1月に巡視に関する意見をフィードバックしていた。そこでは「闘争精神」を重要な審査の指標とし、「闘争精神」が突出した幹部に対する高評価を求めていた。

日中関係

　20年は、日中関係の一つの転換点であったと後の時代から見られるかもしれない。中国の香港政策や21年2月の海警法の施行によって、日本の世論は中国に対する信頼を大きく失い、それを追い風にして、日米同盟の強化が進んだ（「軍事」項目を参照）。20年5月ごろにはすでに尖閣の日本領海に公船の侵入が続き、これまでほとんどなかった漁船の追尾までも発生した。11日、外交部は日本の漁船が中国の領海内で違法に操業したと、それまでより一歩進めたレトリックを使った。

　海警法は、全人代の審議時から日本の強い警戒を呼び起こし、21年3月に行われた日米2プラス2の共同声明で台湾海峡や尖閣への言及がなされると、趙立堅外交部報道官は、日本を米国の属国であると強く非難した。この対日批判は、外交儀礼としては異例の直裁な表現で多くの日本人を驚かせたが、外交大権を握る習近平が発言をしておらず、その意味に限っていえば対立はいまだ限定的である。

福島の処理水の海洋排出決定（21年4月）も、日中関係が絡んだ。趙立堅も日本を強く批判した。関連部局や専門家の論評も含めると、中国が激しい対日批判を繰り広げてきたように見える。しかし、全体として見ると、中国のこのトピックの扱いは抑制的であった。習近平、李克強、楊潔篪や王毅など主だった指導者もほとんどが沈黙を守った。外交部報道官による批判も日本側との直接の応酬ではない。「中国網」や「人民網」などの主要ポータルサイトもキャンペーンを張っておらず、多くの場合、批判は個人名義で行われた。

　王毅がこの件に触れたのはドイツとのオンライン会合においてで、菅首相の靖国神社への真榊奉納に対して批判的姿勢を見せなければならなかったからと考えられる。20年11月の王毅訪日の具体的な成果は不明だが、対日外交のコントロールは失われなかったと見てよいであろう。中国は、冬季五輪の開催に成功すれば、東京五輪の開催に苦しんだ日本と比べて優位なイメージを作り、国際的威信を高めることができる。

東アジア諸国との関係

　中朝関係に目立った動きは観察されなかった。新型コロナウイルスの影響で中朝貿易は大幅に落ち込んでおり、中国側が再開を示唆するも回復していない。21年4月、朝鮮半島問題特別代表に劉暁明が任命された。劉は前駐英大使で、駐北朝鮮大使の経験もある。

　ASEAN諸国関連では、20年4月、海南省三沙市に「西沙区」と「南沙区」の新設が承認され、南シナ海の実効支配をさらに進める姿勢をとった。同月、ASEAN日中韓首脳テレビ会議で感染対策のための基金を設立し、米国が参加しない枠組みでの協力体制構築を進めた。報道によれば、中国側は交渉中の「南シナ海行動規範」をめぐり西沙諸島とスカボロー礁を適用範囲から外すよう要求した（『読売新聞』2021年3月25日）

　また、中国側はASEANに対して外交関係を「包括的戦略的パートナーシップ」へ格上げするよう求めたという。20年の高官級協議で21年中に実現したいと伝え、1月中旬王毅はあらためて格上げを求めた。ASEAN側との外交関係は日米やEUと同じ「戦略的パートナーシップ」である（『日本経済新聞』2021年3月30

日）。中国側の姿勢の背景には、ハイテク分野を含め「双循環」の成功に東南アジア市場を欠かすことができない（『日本経済新聞』2020年12月2日など）ほか、中国外交部が外交の成功演出を迫られた背景からとも推測できる。

（浅野亮）

軍事

建軍100年の奮闘目標－習近平氏の権力掌握の動き

　20年の中国では、引き続き軍備増強が進み人民解放軍の戦闘能力向上が図られるとともに、新しく「建軍100年の奮闘目標」が提示され、「国防法」が改訂されるなど、習近平氏が制度的に軍の掌握を強めるという政治的側面の動きも顕著に見られた。

　20年10月26日-29日に開催された第19期中央委員会第5回全体会議（19期五中全会）において決定された『国民経済および社会発展第14次五カ年計画（14期五カ年計画）』の中で、突如、27年の「建軍100年の奮闘目標」が示された。21年の「中国共産党結党100年」および2049年の「中華人民共和公成立100年」の「二つの100年」に続く、三つ目の「100年」という時間的区切りであり、それぞれの「100年」までに達成すべき目標が定められる。

　本来であれば、22年に開催予定の中国共産党第20回全国代表大会（第20回党大会）で、実質的な中国トップの座である中国共産党中央委員会総書記を退くはずの習近平氏が27年の目標を掲げたのは、少なくとも27年の党大会まで総書記と中央軍事委員会主席で居続けるための仕掛けであるとも言われている。

総体的国家安全保障観の意義

　20年12月26日、中国全国人民代表大会常務委員会が改訂国防法を可決した。日本では、宇宙、サイバー、電磁波を「重大な安全保障領域」とされたことなどが報道された。しかし、国防法の改訂は、中国の安全保障体系構築のための法整備の一部であり、より広い枠組みの中で理解されるべきである。

　その体系とは総体的国家安全保障観である。総体的国家安全保障観は、14

年4月15日に開催された中央国家安全委員会第一回会議において習近平総書記が提起した。総体的国家安全保障観について習近平総書記は、同会議の中で、「政治、国土、軍事、経済、文化、社会、科学技術、生態、資源、核（原子力）等を一体化した安全保障体系を構築する必要がある」と述べている。

中央国家安全委員会は、13年11月に開催された18期三中全会において習近平総書記が設立を表明した中国共産党の組織である。習近平氏に安全保障に関する権限を集中させる仕組みであるとも言われる。ところが、同委員会第二回会議が18年まで開催されなかったことから、習近平氏への権限集中は順調ではなかったと考えられる。しかし、20年になって中国共産党機関紙『人民日報』が、改めて総体的国家安全保障観を強調し始めた。「党の集中統一領導」の強調とともに、習近平氏への権力集中が進んだことを示唆している。

政治的側面だけでなく、中国は実際の脅威がこれら分野を統合した手段で形成されると考え、自らもまた軍事および経済的手段を統合して中国の発展に対する妨害を排除しようとしている。例えば、20年12月1日から施行された「中国輸出管理法」第1条は、本法制定の理由の第一に、「国家の安全と利益を防衛する」ことを挙げており、同第3条は、「輸出統制に当たっては、総体的国家安全保障観を堅持する」ことに言及している。輸出統制が、安全保障の手段の一つとして認識されていることを示すものである。

同年11月4日には「海警法（草案）」が公表された。同法第4条には「海警機関が海上法執行に当たる際には、共産党の領導を堅持し、総体的国家安全保障観を貫徹しなければならない」旨の記述がある。そして、先述の改訂「国防法」第2条は「国家の防備および侵略への抵抗、武力による転覆および分裂の制止、国家主権・統一・領土・安全・発展利益を防衛するための軍事行動、ならびに軍事に関する政治、経済、外交、科学技術、教育等の活動に本法を適用する」とし、第4条で、総体的国家安全保障観を堅持すべきと述べる。

「国防法」の改訂

「国防法」改訂には政治的側面と能力向上の側面が見られる。第2章「国家機構の国防職権」において、国務院と中央軍事委員会（軍委）の職権の分配に

ついて調整が行われ、軍委主席責任制の内容が追加された。中央軍委の職権の拡大は、国務院に比して共産党の権限が強化されることを意味する。さらに軍委主席責任制の明記は習近平中央軍委主席の指揮統制強化の流れに沿ったものであり、その法的根拠となる。また、同法第4章は、陸、海、空に加え、宇宙、電磁波、サイバー空間を重要な安全保障領域と指定した。

同法の草案が公表された10月21日の中国報道によれば、同法を適用する軍事行動の対象に「発展利益」を加えたことが重要である。従来の同法は、国家主権、統一、領土、安全を防衛するための軍事行動に適用されるとしていたが、これらに発展利益という曖昧な概念が加えられたのである。

同改訂の理由について、魏鳳和国防部長（国防大臣）は、安全保障環境の不安定性および不確実性、脅威と課題の多様化および複雑化に対応するため、「強力で統合された近代的国防能力を構築し、主権、安全、発展利益を効果的に防衛する法的基盤を提供するため、国防政策系統の調整が必要だった」と説明している。

同改訂は、中国が総体的国家安全保障観に基づいて安全と発展利益を守る仕組みを作る大きな流れの中にあるということを意味する。同改訂により中国は自らの発展を妨害するものに対して軍事力を行使することがあり得ることを示した。中国が言う発展利益の定義は定かではなく、各国が懸念を示している。

人民解放軍の情報化および智能化

20年11月7日、「中国人民解放軍統合作戦大綱（試行）」（大綱）が、習近平中央軍委主席の署名・命令を経て施行された。大綱は、作戦条例の最上位の法規として、下位の法規に包括的かつ拘束力のある影響を与える。

11月26日の国防部記者会見において、国防部スポークスマンは大綱制定の背景として、中国安全保障環境の変化、現在の戦争形態の変化、人民解放軍の体制および編成の変化の三つの変化を理由に挙げている。これらに対処するため、智能化（AIとの融合）、ステルス化、無人化が加速する戦闘様相に適応し、体制編成の改革に沿って統合作戦能力を向上させる指針がこの大綱であるという。

20年12月8日の『解放軍報』は、「機械化、情報化、智能化の融合的発展の基

本原則」という記事を掲載し、機械化、情報化、智能化を「三化」と称して、機械化が完成していない状況で情報化および智能化を同時に進める人民解放軍の状況を示唆している。

中国は、智能化戦争における戦闘は、「人対人」から、「人対自律型兵器」あるいは「自律型兵器対自律型兵器」になると考えている。ネットワークを用いた情報化およびAIを用いた戦術レベルの判断を行う智能化により、低コスト、大規模、高分散、自己適応が進んだ戦闘を可能にし、分散作戦、飽和攻撃、協同防御を実施できるようになることで、敵が防御も攻撃もできないという状況を作り出すことができるとする。

その能力を示すかのように、20年8月、中国は南シナ海に向けて2発の弾道ミサイルを発射し、海南省とパラセル諸島の間を航行中の無人標的船に同時に命中させたと報じた。1発は浙江省方面から発射されたDF-21Dであり、もう1発は青海省方面から発射されたDF-26である。双方とも対艦弾道ミサイルであるが、DF-21Dの射程は1,500キロメートル以上、DF-26の射程は4,000キロメートルと言われている。加えてDF-26は通常弾頭と核弾頭の両方が搭載可能である。

こうした作戦を可能にするのがネットワークおよびミサイル等の兵器である。そのため、中国は積極的に衛星を用いたネットワークの構築を進めている。19年および20年、中国はそれぞれ34基のロケットを発射し、各年40基以上の衛星を打上げた。同時に、敵のネットワークを無効化するための衛星破壊兵器やサイバー攻撃、ジャミング等の能力も向上させている。衛星等のネットワークはサイバー空間を構築するインフラであり、中国のサイバー空間における行動は宇宙と区別することはできない。

中国人民解放軍の情報化・智能化は、情報通信技術およびその他デジタル関連技術の向上に裏打ちされたものである。こうした技術は、「軍民融合」の方針のもと、15年に発表された「中国製造2025」および17年の「新一代人工知能発展計画的通知」等に示された方針に沿って、政府が国内資源を動員して発展させている。しかし、人民解放軍が用いる最新技術は、必ずしも自国で開発されたものだけではない。中国は、「軍民融合」戦略の一環として、民間企業へ国防契約に応札するよう求めることで、民間企業が取得した外国の技術の軍事転用を

進めているとされ、米国をはじめとする各国が懸念を強めている。

通常兵力増強の状況

　中国が進めるのはミサイルだけではない。20年10月30日、英国王立防衛安全保障研究所（RUSI）は、中国空軍力とロシア空軍力を比較した報告書の中で、中国空軍力はすでにロシアを凌駕していると結論づけた。報告書によると中国は、戦闘機等の先進の航空機エンジン分野においてロシアに劣るものの、空軍作戦全般においては優れているとする。ロシアを凌駕した後に中国空軍が目指しているのは、アジアおよび西太平洋における航空優勢である。中国は、J−10およびJ−11といった第4世代戦闘機に加え、第5世代とされるJ−20戦闘機の配備を進めており、第4世代と第5世代の戦闘機を合計1,000機以上保有しているとされる。

　また、中国は、海軍艦艇の建造も活発である。報道によれば、中国海軍は19年に26隻、20年には23隻の主要戦闘艦艇を建造している。中国海軍はすでに、001型「遼寧」および002型「山東」を配備しており、現在、上海江南造船所において003型空母を建造中である。001型および002型と異なり、003型空母はスキージャンプ台と呼ばれる滑走路の形状を有さず、米海軍空母と同様カタパルトを備えた航空機運用能力の高い空母になると考えられる。

　今後の艦艇建造について種々の分析がなされているが、25年までに、8隻の1万トン級055型駆逐艦、5隻の075型強襲揚陸艦、20隻の054A型フリゲートを建造予定であるとする分析もある。また、052D型駆逐艦等の艦艇の建造も継続されると見られる。これまでの052D型駆逐艦の建造状況に鑑みれば、25年までに少なくとも10隻前後が建造されると見積もられる。さらに、新型艦艇の054B型フリゲートおよび076型強襲揚陸艦の開発が5年以内に終了して建造が開始されるという分析もある。

　中国海軍は、30年までに4個空母打撃群を形成する計画であるとも言われ、艦艇の数量では米海軍を凌駕する可能性がある。空母と同様に、現在、中国海軍が重点を置いているのが075型強襲揚陸艦であり、この建造速度は非常に速い。同型艦の一番艦は、17年前半に初めて建造の情報が伝えられ、19年9月に進水した。21年4月には南部戦区海軍に配属され、海南島にある楡林海軍基地を母港としている。

一番艦はすでに演習に参加したとの報道もある。二番艦は20年4月に上海滬東造船所において進水し、21年4月現在、すでに艤装を終えて海上公試を行なっている。三番艦も、上海滬東造船所で建造されていたが、21年2月には進水していることが衛星画像で確認されており、現在、艤装が続けられている。

今後の中国の軍備増強

　075型強襲揚陸艦は、主として台湾武力侵攻を念頭に配備が計画された艦艇であろう。現段階で、中国が大規模な上陸作戦を行う状況は台湾武力侵攻しか考えられないからである。台湾統一問題は、中国にとって共産党による統治の正統性に関わる問題である。習近平総書記は、19年1月2日、「台湾同胞に告げる書」の発表40周年記念大会において、台湾統一は中華民族の偉大な復興の必然の要求であると述べた。台湾統一を実現しなければならない期限が近づいているということでもある。

　しかし、香港における民主派弾圧の状況を見た台湾人民の対中不信の高まりによって、台湾の平和的統一の望みは無くなったという意識も中国には芽生えている。そのため中国には、武力によって台湾に圧力をかけて屈服させるという考えも生じている。繰り返される中国軍機による台湾への接近飛行や空母「遼寧」機動部隊による演習などは、その表れであるとも言える。中国は、米国が台湾防衛への関与の姿勢を強めることに危機感を強め、武力侵攻という選択肢を維持するためにも、急速な軍備増強を継続するだろう。

　中国では軍備増強も五カ年計画に沿って行われるため、今後5年間の中国の軍備増強は、14期五カ年計画に沿って進められることになる。建軍100年の2027年に向けて、装備品の近代化を含め、人民解放軍の作戦能力の向上が図られるだろう。20年の海軍艦艇建造速度は減速したと言われるが、13期五カ年計画における艦艇建造計画が前倒しで完了したからだという報道もある。21年は14期五カ年計画の初年度であり、また、米国の対中政策が固まらないうちに軍備増強を少しでも進めようとする思惑のもと、各種兵器の整備および訓練を加速させると考えられる。

（笹川平和財団上席研究員　小原凡司）

香港・マカオ

　20年4月から21年3月にかけての香港は、新型コロナウイルス感染拡大と「一国二制度」の崩壊によって社会が一変した。新型コロナウイルス感染拡大により、前年からの反政府抗議活動は鈍化せざるを得なかった。また、香港経済は内外需とも極端に低迷し、かつてない打撃を受けた。目抜き通りでも空き店舗が増え、失業率は悪化し、香港の消費を支えてきた中国大陸から客の姿が香港各地から消えた。その一方で、香港国家安全維持法（国安法）の制定・施行をはじめ、中国が「一国二制度」を超法規的に踏み躙り、19年から続いてきた反政府抗議活動の減少も伴い、香港の「中国化」が急速に進んだ。相次ぐ「白色テロ」によって、香港は大きな転換期にある。

　6月30日、全人代常務委員会は国家分裂や政権転覆、外国との結託等4種類の「犯罪」に対し最高で終身監禁を科す国安法を可決し、同日深夜に施行した。7月3日には、国安法を運用する「国家安全維持委員会」（主席は香港行政長官の林鄭月娥）が発足し、7月6日に初回会合を開催した。中国政府出先機関の香港連絡弁公室主任の駱恵寧は、「顧問」として同会議に列席した。7月8日には、中国公安の出先機関「国家安全維持公署」（署長は鄭雁雄）が開設された。国安法によって、同署の中国公安関係者は、幅広い捜査権を持ち、場合によっては香港人を大陸に送致し裁判にかけることもできるようになった。

　「法の支配」のある国では法が政治権力を拘束する。しかし、香港においては、「依法治国」の中国による国安法の制定によって、法が自由と自治を拘束し破壊する手段となり、香港における監視、管理、統制、弾圧が強化されていった。

　7月31日、林鄭月娥は、新型コロナウイルス感染拡大を理由に、非常時の行政長官に特権を付与する「緊急状況規則条例」を適用し、9月6日に予定されていた立法会議員選挙（定数70）を翌年9月5日に行うと発表した（その後21年4月13日に香港政府は立法会議員選挙を12月19日へ延長、行政長官選挙を22年3月27日に実施すると発表）。

　統制強化は教育現場にも及んだ。8月17日、教科書出版6社が、時事問題等を

討論する「通識教育（リベラル・スタディーズ）」の8種類の教科書改訂を公表した。改訂版教科書では、「三権分立の定義」等の記述が削除されたり、天安門事件や香港の民主化運動、銅鑼湾書店事件等に関わる資料や写真、風刺画等が削除されたり改竄されたりした。その一方、市民の遵法義務が盛り込まれた。10月には、小学校の授業で「香港の独立」を訴えた団体のビデオを見せ、言論の自由がなくなれば香港はどうなるのかについての意見を児童に書かせた教諭が教員免許を取り消された。また、抗議活動でデモ隊が歌った「どうか民主と自由が永遠であれ、香港に栄光あれ」という歌を歌うことを制止しなかったとして音楽教諭が解雇された。国安法の施行前の出来事をめぐり、「見せしめ」と「警告」が相次いだ。

　林鄭月娥は、香港の政治システムが「行政主導」であるとの認識を示すために、9月1日、「香港の行政、立法、司法の機関は最終的に行政長官を通して中国政府に責任を負う」「香港には三権分立はなかった」との認識を示した。これを受けて、終審法院のオーストラリア籍のジェームス・スピーゲルマン判事が国家安全維持法を理由に辞任した。同判事による辞任は、香港法制度への国際的な信用が瓦解したことを示す象徴的な出来事であったと言えよう。

　11月11日、中央政府が「香港独立」を支持する立法会議員の資格剥奪方針を公表すると、その直後、香港政府が民主派議員4人の議員資格剥奪を発表した。民主派議員15人が抗議のために一斉に辞任を表明し、民主党主席の胡志偉は「『一国二制度』の正式な死亡宣告だ」と述べた。これにより、それまで21人いた民主派が2人に激減し、立法会は親中派一色となった。

　同日、中共が深圳を以後5年で「中国の特色ある社会主義先行モデル地区」にし、香港・マカオ・広東省の9都市から成る「粤港澳大湾区（ビッグベイエリア）」構想の主要な役割を強化するため香港と深圳の協力を「より高い水準」へと押し上げる方針を明らかにした。林鄭月娥は当初11月14日に立法会で「2020年施政報告」を行う予定であった。しかし、習近平が同14日に深圳経済特区成立40周年を深圳で祝うことを受けて、林鄭は11月12日に施政報告の延期を発表し、14日には林鄭も深圳を訪れた。11月25日に施政報告した林鄭は、「一国二制度」の根拠が中国憲法31条にあり、全人代が国権の最高機関であると強調した。ま

た、香港が従来以上に「国務院の支援」を受けていく方針を打ち出し、「粤港澳大湾区」構想によって中国経済の成長を取り込んでいくことを香港の今後の基本的戦略とした。

　経済統合の強化を図る一方、香港政府は忠誠強化に乗り出した。香港政府は上級公務員らによる忠誠宣誓式を12月16日に行い21年1月には約18万人の公務員に対して4週間以内に忠誠宣言書へ署名することを命じる通知を出した。1月6日には、香港警察が民主派の立法会前議員や現職区議会議員等53名を相次ぎ逮捕した。逮捕者らは、20年9月に予定されていた立法会議員選挙に向けて民主派候補者を絞り込むために7月に予備選挙を行ったことで、国家転覆の疑いをかけられたのである。香港政府は、2月23日、立法会議員らが就任時に行う中国や香港政府への忠誠宣誓の対象を、民主派が多数を占める区議会議員にも拡大する規定改正案を発表した。これにより、違反と見なされれば失職し、選挙に5年間立候補できなくなる。

　香港マカオ事務弁公室主任の夏宝竜は、2月22日、行政長官や立法会議員の選挙制度を中国政府主導で行うと発表した。その約一カ月後の3月30日、全人代常務委員会は、行政長官や立法会議員選挙制度について、候補者が「愛国者」であるかどうかを確かめるための「資格審査委員会」の新設とそこによる事前審査の新たな導入や、立法会議員の直接選挙枠を大幅に縮小する等の制度変更案を可決した。「愛国者」以外は出馬を禁じられ、民主派は選挙への立候補がきわめて困難となる。

　自由と民主の弾圧が続く香港は、「法の支配」から「依法治国」へ組み替えられている。

（駒澤大学法学部教授／平和・安全保障研究所研究委員　三船恵美）

台湾

台湾周辺における人民解放軍の活動活発化

　コロナ危機の中で米国との協力を強化し、国際的な存在感を高める蔡英文政権に対し、習近平政権は「疫病に乗じて独立を謀っている」との批判を展開し、

政治・軍事的な牽制を強めた。また、米国での大統領選挙と政権交代に伴い、米国の対中国・台湾政策が不透明となったことで、台湾海峡における中国の軍事行動は米国への牽制だとする見方も増えた。これに対し、米国は海軍艦艇の台湾海峡通過のみならず、台湾周辺への軍機派遣も公表し、加えて日本をはじめとする同地域の同盟国や先進主要諸国との連携を示すなど、中国の軍事行動を抑制しようとしている。

　米選挙期間中は、ポンペオ国務長官による米歴代政権の対中政策を否定する発言（7月）、前例を超えるレベルの高官による訪台（8月、9月）、新たな台湾向け兵器売却の決定（10月）などが続いた。中国軍機による台湾海峡中間線を超える動きは、アザー米厚生長官訪台中の8月10日、およびクラック米国務次官補訪台中の9月18日において、特に多く繰り返された。台湾国防部の発表によると、9月18日には18機、19日には19機という過去最多の軍機が台湾海峡の中間線を超え、台湾の領空に接近した。さらに、9月19日に台湾空軍から無線警告を受けた解放軍の飛行員は、その警告に対し「台湾海峡中線はない」と回答し、外交部と台湾事務弁公室のスポークスマンもそれぞれ「台湾海峡中間線は存在しない」との認識を示した。

　このように、中国の台湾周辺での軍事行動には、台湾や米国に対する政治的警告のみならず、台湾海峡における現状を漸進的に変更しようとする傾向が明確に現れるようになった。「台湾海峡中間線」の無効化を意図する動向に加え、20年後半以降、中国軍機の活動区域は台湾西南部の空域に収斂している。こうした動向に関しては、中国が台湾島東側の海空域への進出を視野に入れていること、そのためにも東沙島の奪取作戦を行う可能性があることなどが指摘されている。

淡々と進む対台湾工作

　中国の軍事活動増加により、台湾海峡における軍事的緊張は高まっているが、対台湾工作の方針に大きな変更が見られる訳ではない。20年10月、中国共産党は五中全会で「第14次5カ年計画および2035年への長期目標」の草案を採択し、福建省と台湾の「融合発展」の方策を模索し「模範区」を設立すること、台湾海峡両岸の「共同市場」を形成することなどを盛り込んだ。また、「台湾同胞

の福祉と、大陸において同等の待遇を受けられる制度と政策を保障する」、「両岸で地理的に近接するか条件があう地区の基本的な公共サービスを均等化、特恵化、効率化する」など、習近平が19年年初の重要講話にて示した方針も基本的に踏襲されている。

　21年1月5日、中国共産党は統一戦線工作条例を公布し、「台湾の愛国統一力量を発展させ、祖国の平和統一を絶えず推進し、中華民族の偉大なる復興を実現する」という対台湾統一戦線工作の方針を確認した。そして、米国の新政権発足を控えた1月17日から18日に、中国では全国対台湾工作会議が開催された。ここで、汪洋全国政治協商会議主席は台湾海峡情勢について、「厳しく、複雑である」ものの「時」と「勢」は「常に我が方にある」との認識を示した。また、五中全会で採択された「長期目標」を受け、台湾企業の第14次五カ年計画への積極的な参与や、福建省と台湾の「融合発展」を推進することも確認された。

　3月初旬に開催された全国人民代表会議および全国政治協商会議では、習近平の対台湾工作に関する新たな講話、「国家統一法」の立法など、事前に注目されていたような動きは見られなかった。香港に関して香港立法会選挙制度の全面的な見直し案が可決されたことに鑑みると、昨年に引き続き、対台湾工作で新たな政治的方策を打ち出すよりも、香港民主派への対応を徹底することが優先されたように見える。

台湾海峡における米新政権との対抗

　1月20日に発足したバイデン政権は、トランプ政権のように「一つの中国」政策自体を否定することはないという姿勢を中国に対して示すと同時に、台湾への関与や支持を継続する姿勢も明確化した。大統領就任式直後の1月23日に13機、翌24日に15機の戦闘機を含む中国軍機が台湾の防空識別圏に侵入した。これに対し、米国務省は23日、台湾への圧力を停止し、対話に応じるよう中国政府に呼びかけた。続く2月3日、米第七艦隊は、バイデン政権発足後初めてとなる米駆逐艦の台湾海峡通過を公表した。同艦隊は、2月24日、3月10日、4月7日と、トランプ政権期よりもやや高い頻度でミサイル駆逐艦による台湾海峡通過を公表している。

政権交代後の米中間の外交交渉においても、台湾海峡情勢は焦点の一つであり、新政権から「一つの中国」への言及を引き出したい中国と、中国の軍事活動を抑制したい米国の間で激しい駆け引きが続いた。2月5日に行われたブリンケン国務長官と楊潔篪国務委員の電話会談において、ブリンケンは「台湾海峡を含むインド太平洋の安定を脅かす試み」に対して、同盟国とともに対応すると述べた。2月10日に行われたバイデンと習近平の首脳電話会談では、バイデンも「台湾も含む地域における中国の攻撃的な行動」に対する懸念を表明した。

　バイデン政権は同盟国との協力を強化し、台湾海峡での武力による現状変更に対抗する姿勢を強めている。ブリンケン国務長官とオースティン国防長官は、3月16日に日本、17日に韓国を歴訪し、日米安全保障協議委員会の共同文書では「台湾海峡の平和と安定の重要性」を明示した。その帰路、米国側の要請を受けた中国側がアラスカへ出向くかたちで、米中外交トップ会談が行われたが、公開された冒頭発言の応酬は熾烈であった。その後も、米台が「沿岸警備ワーキンググループの設置に関する覚書」を締結した3月26日、前年9月以来最多となる20機の中国軍機が、台湾南西の防空識別圏に侵入するなど、中国の軍事行動は続いた。こうしたなか、菅義偉首相が訪米し、4月16日に発表された日米共同声明では「台湾海峡の平和と安定の重要性」が強調されるとともに、「両岸問題の平和的解決を促す」との文言が盛り込まれた。

（法政大学教授　福田円）

コラム　外交とユーモア　けんかの後

外交には激しい言葉の応酬がつきものであるが、国家のリーダーによる言葉やジェスチャーが時として大きな成果や失敗に繋がることがある。中国の指導者も例外ではない。

1972年9月29日、田中角栄首相と周恩来首相が北京で日中共同声明に調印して日中国交正常化に至ったが、その交渉は難航し、ギリギリまで激しいやり取りが続いた。27日の夜、中国側は突然、毛沢東と田中、大平正芳外相、二階堂進官房長官の会見を設定した。二階堂の証言によれば、この会見で毛沢東は田中に対して、「けんかはもうすみましたか。けんかをしないとダメですよ。けんかをしてこそ初めて仲良くなれます」と言うと、田中は「少しやりました」と答えたという。なお、同席した中国側通訳によれば、毛沢東は「けんかはもうすみましたか。けんかは避けられないものですよ。世の中にはけんかがないわけはないのです。」と語ったという（「30年前、日中首脳"けんか"論議　中国側同席者が証言」2002年8月23日、『朝日新聞』夕刊）。毛沢東は、同日に田中と周恩来の間で戦争責任や台湾をめぐって激しくやりあったことに対して、ユーモアを交えて「けんか」と呼んだのだった。その後、翌日未明までには日中共同声明の文言が固まり、29日の調印に至った。

2021年3月18日にバイデン政権発足後初めての米中外相会談がアンカレッジで開催された。冒頭では、米国のブリンケン国務長官が中国の人権や台湾問題への対応に深刻な懸念があることを指摘すると、中国の楊潔篪共産党政治局員は内政干渉だと批判して、当初の予定を大幅に超過して1時間以上の激しいやりとりが続いた。米中間の激しい「けんか」の様子は、米中対立の象徴として、世界中のメディアで報道された。

他方で、表向きの「けんか」の後では米中間でかなり打ち解けた話し合いが行われていたとも聞く。結局のところ、今回の「けんか」は米中による両国国内や国際社会向けの演出であり、「けんか」の後に米中間で得られたであろう成果の方により注目する必要がある。「けんか」をしてこそバイデン政権と習近平政権は初めて仲良くなれたのか、それとも米中間では今後もけんかがないわけにはいかないのか。外交は、言葉の表と裏の意味やジェスチャー、表舞台と舞台裏での駆け引きなど、多方面にわたる配慮と緻密な分析が必要であり、実に奥の深い世界である。

渡辺紫乃
上智大学教授

第4章　ロシア

概　観

　ロシア内政で過去1年余り、最大の話題は、憲法改定とプーチン政権批判派のアレクセイ・ナワリヌイの毒殺未遂事件だ。改憲での注目点は大統領任期で、これまでの大統領経験者の任期をゼロにし、プーチンは2024年後も最大36年まで就任可能となったことだ。国民はこれを皇帝と同じ「終身制」と見ている。

　ナワリヌイ事件は、国際問題ともなって欧米諸国は対露制裁を強化した。ナワリヌイは療養先ドイツから今年1月17日に帰国し拘束された直後に「プーチンのための宮殿」という腐敗暴露の動画を公表し、その再生回数が1億回を超えて、ロシア全土で彼の有罪判決やプーチン批判のデモ集会が起きた。ただ、中高年層は改革の混乱より安定を望む者が多く、統制選挙なので、プーチン政権が倒れる気配はない。

　ロシア経済は14年以後の原油価格下落で、今日まで停滞している。ただ、ロシア政府の公式発表も国際機関の発表でも、「ロシアの経済は、西側で言われている程には悪くない」との本書の指摘も注目に値する。といっても国民の生活実感は別だ。大統領とのテレビ対話でも国民から「発表では物価抑制が強調されるが、私の食料品購買のレシート合計では、同じように節約しているのに昨年より今年がはるかに高い。政府発表とレシートとどちらを信じるべきか」との質問も出させた。

　対外政策で最も注目されるのは、米国にバイデン大統領が登場したことだろう。中国とともにロシアを、民主主義や自由に敵対する「戦略的競争相手」と見て同盟国との関係を重視するバイデンは、ロシアにとっては人権問題などを問題にしなかったトランプ前大統領より扱い難い相手だ。昨年から今年にかけて欧米は人権問題に関連しナワリヌイ事件で対露制裁を強めた。この点、日本は人権問題より経済問題に関心が集中するので、ロシアに好都合な相手である。

　アジア地域との関係では、権威主義国として国際的に、欧米諸国から同じように孤立している中国との関係を強化せざるを得ない。中ソ対立の歴史、帝政ロシアの中国領併合などの過去もあり、両国は真の信頼関係にある訳ではない。しかし、今後当分、両国の密接な協力関係は続くだろう。日本との北方領土問題では、ロシアはますます強硬姿勢を強めている。北方領土の開発・ロシア化や新兵器配備・軍備強化も進んでいる。日本側が、首脳間の個人的関係と経済協力の強化で領土問題も解決可能と甘く見て、ロシア首脳の論理や心理に無理解だったことが原因である。

（青山学院大学・新潟県立大学名誉教授／平和・安全保障研究所研究委員　袴田茂樹）

内政 :「ナワリヌイの乱」、徹底弾圧で封じ込め

　ロシアのプーチン政権は2020年、コロナ禍が国内を襲う中、憲法改正を実行し、大統領の任期延長を可能にした。これでプーチンの「終身政治」に道が開かれたが、長期政権や経済不振に伴う閉塞感、停滞感も強まってきた。若者の支持を集める反政府指導者、アレクセイ・ナワリヌイは反プーチン運動拡大へ捨て身の抵抗を図ったが、政権側はナワリヌイを投獄し、反政府活動を強引に封じ込めた。20年を過ぎたプーチン体制は、政権延命を最重視し、保守強硬路線を強めている。

36年まで続投可能に

　憲法の改正は、プーチン大統領が20年1月の議会演説で提案。曲折を経て改正案が作成され、7月の全国投票で77.98％の支持を得て承認された。投票率は68％だった。改憲には国民投票を行う必要はないが、政権側は国民の支持というお墨付きを望んだようだ。

　当初の改憲案では、プーチン大統領は24年の次回大統領選で退陣することになっていたが、3月の下院で与党のテレシコワ議員が現職大統領の在任期間をリセットし、任期に含めないという提案を行い、承認された。これにより、プーチン大統領は36年までさらに2期12年の続投が可能になった。

　改憲部分は約200カ所に上り、大統領経験者への不逮捕特権付与、憲法裁判事や検事総長の人事における大統領の権限強化が盛り込まれた。また、「領土割譲の禁止」「祖国防衛の偉業を矮小化する行為の禁止」「結婚は男女間の行為」「国際法や国際機関の決定より国内法を優先」など保守的要素が盛り込まれた。「最低賃金を保障」「年金支給額の定期的見直し」など、人気取りの条項も加えられ、国民向けにはこの部分がアピールされた。

　ロシア憲法の大幅改正は、1993年の制定以降初めてである。大統領はプーチン時代20年の成果を踏まえ、自らの保守的理念を憲法に盛り込み、「プーチン改憲」とすることを望んだようだ。

議会ではその後、改憲部分を法制化する作業が行われ、「領土割譲の行為」に対して懲役10年の刑を盛り込むなど、違憲行為への罰則規定が設けられた。

この間、コロナ禍や経済の低迷により、20年5月の独立系レバダセンターの世論調査では、大統領支持率は59％で、過去最低水準に落ち込んだ。翌月から60％台に戻したものの、低調に推移した。

プーチン大統領は新型コロナウイルス感染者が急増した20年3月以降、モスクワ西部の公邸に巣ごもり状態となり、オンラインで執務した。この間、健康不安説や早期退陣説が独立系メディアで報じられた。

しかし、9月に行われた18の州や共和国の知事・首長選は、与党・統一ロシアの候補や与党系候補がいずれも勝利した。ただ、統一ロシアの支持率は各種調査で30％を割り、野党との差が接近してきた。ロシアは21年9月の下院選を機に、24年3月の大統領選に向けて微妙な政治の季節に入る。

プーチンは12月、恒例の年末記者会見を4時間以上にわたって行い、健在を誇示した。24年大統領選に出馬するかとの質問には、「まだ決めていない」とかわした。21年4月の議会演説では、保健医療や社会保障の拡充を訴えたが、内政面で新味はなかった。

「プーチン宮殿」の腐敗を告発

ロシア国内では、コロナ禍や経済停滞を背景に、反政府機運も高まった。極東・ハバロフスクで7月、フルガル・ハバロフスク地方知事が10数年前の殺人事件に関与した疑いで逮捕されると、数万人規模の反政府デモが毎週末、市内中心部で行われた。同知事は野党・自由民主党に所属し、18年の知事選で与党の現職候補を破って当選。地元出身で人気が高かった。当局はデモへの介入を避けた。

8月には、シベリアを遊説中のナワリヌイがトムスクから移動中、機内で体調を急変させ、意識不明の重体となった。同機はオムスクに緊急着陸し、ナワリヌイは現地の病院に運ばれたが、夫人がドイツの病院への移送をクレムリンに要請し、ベルリンの病院に緊急搬送された。ナワリヌイは快方に向かい、毒殺未遂に関して「背後にプーチンがいる」と非難した。

オランダにある化学兵器禁止機関（ＯＰＣＷ）はナワリヌイの血液と尿のサンプ

ルから、旧ソ連の軍用神経剤「ノビチョク」系とみられる毒物を確認したと発表。
英国の民間調査機関は、携帯電話の位置情報や飛行記録から、ナワリヌイを数年
にわたって監視していた連邦保安局（FSB）の暗殺チームが特定されたと伝えた。

　療養を終えたナワリヌイは21年1月17日、ドイツから帰国したが、当局は空港で
身柄を拘束。モスクワの裁判所は即決裁判で、ナワリヌイが過去の詐欺罪で受け
た有罪判決の執行猶予を取り消し、禁錮3年6月の実刑判決を言い渡した。過去
の自宅軟禁期間が差し引かれ、収監期間は2年8月となる。ナワリヌイはその後、
モスクワ北東ウラジミール州の刑務所へ移送され、懲役刑に伏した。

　ナワリヌイ陣営はナワリヌイの帰国直後、黒海沿岸に豪華な「プーチン宮殿」
が建設されたと告発するネット動画を公表。政権周辺の新興財閥が1,000億ルー
ブル（約1,500億円）を提供して作られたとし、「世界最大の賄賂であり、プーチ
ン体制の汚職の実態だ」と糾弾した。再生回数は10日間で1億回を超えた。

　動画のアピールに呼応して1月末、2度にわたり100以上の都市で反政府デモ
が一斉に行われ、計10万人以上が参加した。政権側は徹底弾圧で臨み、2日間
でデモ参加者1万2,000人を一時拘束した。

　司法当局は4月、ナワリヌイが率いる反汚職連盟などの団体を「過激組織」に
認定した。テロ組織のアルカイダやイスラム国（IS）と同等に扱われることにな
る。ナワリヌイ陣営はメンバーや支持者の刑事訴追を回避するため、組織の解散
を決めた。

　ナワリヌイはこれまでに10回以上逮捕されたが、短期間の拘束に留まってお
り、長期拘留は初めて。政権側は、要人や新興財閥の汚職・腐敗の告発を続ける
ナワリヌイが「レッドライン」を超えたとみなし、この機会に今後の政治プロセス
から徹底排除する模様だ。それは、政権側に政治的余裕がなくなってきたこと
を示唆している。

　レバダセンターの2月初めの調査では、ナワリヌイを支持すると答えたのは19%
で、56%は不支持だった。「ロシアで最も信頼する政治家」の調査では、プーチ
ン大統領が29%でトップ。ナワリヌイは5%（6位）で、調査を見る限り、十分な成
果を挙げていない。

　ナワリヌイの決死の行動も拙速の印象があり、プーチン体制を揺るがすには至

らなかった。指導者が長期収監され、組織も解散する中で、抵抗運動は失速しつつある。政権側はこれを機に、ネット規制の強化や欧米と関係の深い非政府組織（NGO）の摘発など反政府運動の一掃を画策している。

　カーネギー財団モスクワセンターのアンドレイ・コレスニコフ主任研究員は「平均的なロシア人は、現在の内政状況に不満を持っていても、反政府勢力を支援しないし、近代化の隊列に入ろうとはしない。ロシア人は権威主義的な政治システムや統治に順応してしまっている」と分析した。

世界初のワクチンを喧伝

　新型コロナウイルスは、ロシアの富裕層が20年3月にイタリアから持ち帰って拡散し、ロシアの社会・経済に大打撃を与えた。21年4月末時点の累計感染者は474万人で世界ワースト6位、死者は10万人とされる。しかし、20年のロシアの死者数は例年より約40万人多く、欧米メディアや医療団体は、ロシア政府がコロナ死を過少報告していると伝えた。

　20年秋には1日当たりの感染者が3万人に上り、各地の病院で、医師や看護師の感染が相次ぎ、死亡や自殺が多発するなど医療崩壊を招いた。プーチン政権がソ連時代に肥大化した医療体制の「最適化」に向け、医療改革を行ったことも、治療拠点の減少に繋がったとされる。

　ロシアはワクチン開発に着手し、20年8月、世界に先駆けて新型コロナウイルスの国産ワクチン開発に成功したと発表、世界初の人工衛星にちなんで「スプートニクV」と命名した。しかし、承認に必要とされる臨床試験（治験）の最終段階の実施が行われておらず、安全性を疑問視する声も出た。

　プーチン大統領はワクチン開発の成功をアピールし、海外への供与を推進、「ワクチン外交」を展開した。自らも4月に国産ワクチンを接種したという。途上国でワクチンが不足する中、スプートニクVは60カ国の政府が承認した。しかし、国内での生産体制が遅れ、韓国やインドに代替生産を要請している。世論調査では、70％が接種したくないと回答しており、真っ先に開発成功を発表しながら、国内の接種率は4月時点で10％以下に留まっている。

（拓殖大学海外事情研究所教授　名越健郎）

経済

　この1年、ロシアの経済は新型コロナウイルス流行に大きく揺さぶられ、財政拡大から緊縮への転換等、いくつかの方向転換を迫られた。しかし20年第2四半期には対前年比7.8%も下落した経済も、第4四半期には前年比1.8%の下落にまで急回復。20年のGDPはマイナス3.0%の減少で食い止め、日本のマイナス4.6%に比べればましな結果となった。

　しかし09年以来の成長率は年平均1.8%弱に止まり（日本は0.8%弱）、14年のクリミア併合と原油価格の低落を引き金とする実質可処分所得の低落は、コロナ禍でまた勢いを増している。今年9月には総選挙を迎えるので、国民の間に不満が溜まらないようにしておかないといけない。

　なお20年のロシアは、OPECの一部に協調して原油生産をかなり削減した。化石燃料からの脱却というグローバルトレンドもあり、20年はロシアが原油依存から別の途を追求し始めた年として記憶されることになるかもしれない。20年4月に採択された、35年に向けての「エネルギー戦略2035」では、水素生産で世界のリーダーとなるとの目標が掲げられている。

マクロの数字

　20年のGDPは3.0%縮小した。これは先進国の中では良好な成績であり、また製造業が第4四半期には対前年同期比2.0%の増加を見せたこと、穀物生産が好調で世界一の小麦輸出国となり20年には農産品輸出で300億ドル強を稼ぐに至ったことも、救いである。20年4月にかけて原油価格が大幅に下落したため、20年の総輸出額は対前年比21%減少したが、それでも920億ドルの貿易収支黒字、339億ドルの経常収支黒字をあげた。

　21年第1四半期の統計は出揃っていないが、昨年第3四半期に見られたコロナ禍からの回復傾向は第4四半期で足踏みし、そのトレンドが持ち越されているようだ。ロシア経済は、コロナ禍からはほぼ回復したものの、19年までの長期停滞トレンドに戻っただけだと言えよう。09−20年、ロシアのGDPは実質で19%増加

したが、これは年平均1.8%弱の低率なのである。

コロナ禍の影響

　プーチン政権はこの停滞から脱するため、24年までに官民で25.7兆ルーブル（約38兆円）の支出を予定する「国家的プロジェクト」12件を立ち上げ、その執行で手間取っていたメドベージェフ首相を20年1月、辣腕のミシュースチンに代え、いざジャンプスタートというところで、コロナ禍に陥った。プーチン大統領は3月30日から5月11日までを「非労働日」とすることで、感染拡大を一時下火とした。これで経済活動が停止したわけではないが、第2四半期の鉱工業生産（原油等を含む）は対前年同期比で6.7%、小売売上は16.0%の下落を見た。

　ロシアの大手企業のほとんどは国営、ないし実質的に国営であり、「コロナ救済措置」は他の先進国に比べて少額で済むので、「非労働日」による損失は特にサービス部門の中小企業にとって打撃だったと見られる。全国の失業率は20年第1四半期には4.6%であったのが、同第3四半期には6.3%に跳ね上がっており、大都市での実感はこれを上回った。ただし、政府は中小企業の社会保障費負担を30%から15%に半減したり、諸手続きの合理化・削減を行うことで救済を図った。

　20年2月から6月にかけて世界の原油価格が大幅に下落し、テキサスの先物価格はマイナス領域に落ち込んで話題となったが、ロシアの原油価格の指標であるブレント原油も4月に1バレル23ドル強に落ち込み、これにロシアがOPECの一部産油国に同調して約8.5%相当もの原油減産を実施したことから、第2四半期の石油・天然ガス関連国庫歳入は前年同期比で60%減少、国庫歳入全体も30%以上減少した。しかし原油価格は21年3月には65ドル強の水準に回復したし、政府内の資産の操作で20年全体での国庫歳入は対前年比で増加を見せ、GDP0.8%分の財政黒字を上げることとなった。

　他方、産油量は21年2月に対前年同期比マイナス13.8%の水準となる下落傾向を強めており、減産のためにバルブを止めて凍結してしまったロシアの油井は回復が容易でないことを示している。

緊縮政策への転換

　コロナ禍直前までは、長期停滞傾向を財政支出拡張と利下げで克服しようとしていたロシア政府は、21年には緊縮財政・利上げの方向に転換している。これは、20年の国家歳入が実際には不振であったと思われること、また20年末から一部品目でインフレが顕著となり（食品価格は6.7%上昇）、21年1月末にはバター、砂糖等にソ連時代のような価格統制を導入せざるを得なかったことも影響しているだろう。これまで利下げに努めてきたロシア中銀も21年4月末には、0.5ポイント利上げして政策金利を5%とした。また一律13%だった個人所得税に手が入れられ、21年からは年収500万ルーブル以上の高所得者に対して税率が15%に引き上げられた。加えて、海外に本社を置くことでロシアでの節税をはかっていたロシア人の企業に対しては、その本社所在国との二重課税防止条約を破棄してまで、課税を強化した。

　その上で政府は20年9月の閣議で、21年度予算では公共福祉に関わらない項目の予算は軒並み10%削減することを決定。それを受けて、21年度予算の歳出額は20年度に比べて6%削減となった。これに応じて「国家的プロジェクト」も規模縮小の方向が示された上、20年7月にはその完遂時期がこれまでの24年から30年に後倒しされた。24年はプーチン大統領の今の任期が切れる年であるので、この後倒しは内政上の意味合いも持つ。

ロシア経済は言われている程悪くない

　ロシアの経済は、西側で言われている程には悪くない。世界での石油需要は当面続くし、天然ガスへの需要も今年はEUで非常に大きいものがある。石油、兵器に加えて、穀物等農産品が20年で300億ドル強と、大きな輸出品に育っている。財政は黒字で、外貨準備は約6,000億ドル、石油輸出の超過利益分を積み立てた「国民福祉基金」は19年から倍増して1,800億ドル強の水準にある。本年の総選挙、そして24年の大統領選挙に向けてばらまきを行うための資金は十分ある。

　このため、ロシアの株価は上昇を続けており、ロシアの国債も外国金融機関の間では人気が高い。西側諸国によるロシア制裁は、先端技術の輸出制限によりロシアの兵器生産を阻害している他は、金融面も含めてロシアに痛みを与えていない。

ミシュースチン首相の行政能力は高い。彼が産業政策面での知見に欠けている点は不安要因なのだが、プーチンは20年6月のスピーチでIT関連企業の法人税、社会保険負担を大幅に削減することを約束しているし、35年に向けての「エネルギー戦略2035」では、水素生産で世界のリーダーとなるとの目標を掲げている。ロシアは、経済の構造改革にも取り組んでいるのである。

対外経済関係

　ロシアの経済は、閉じた体系ではない。耐久消費財の多くを輸入に依存しているだけ、天然資源等の輸出で外貨を得ることが重要だし、その外貨収入は海外で運用されることが多い等、金融面でもロシアは世界経済に組み込まれている。そしてロシアの政府・銀行は、旧ソ連諸国を中心に外国に低利融資を行うこともある。

　ロシアの貿易相手国としては中国が第一位の座を占めているが、欧州を国毎ではなくEUとして括れば、ロシアの輸出の50%弱を吸収するダントツの貿易相手である。EUとの間では14年、ロシアが逆制裁としてEUの食品輸入を禁じたことが、20年には食品価格の上昇となって跳ね返って来た。

　なお、米国はロシアの天然ガスの対EU輸出を抑制しようとしているが、米国産シェールガスはロシア産に価格で劣ることもあり、EU側は譲る気配を見せていない。米国はロシアへの制裁を強化しつつも、自国はロシア産重油の輸入を急増させる等（20年は米国石油輸入の7%に達した）、言行不一致のところを見せている。総じて、ロシアと西側諸国との経済関係に大きな変化はない。

　中国との貿易、特にエネルギー資源、海産物の輸出で対中依存が強まっていることには、ロシア国内で警戒する議論も見られるが、改まる気配はない。ロシアは米国に対抗するために中国との提携を強め、経済面ではドルを国際基軸通貨の座から追い落とすことを目標として、昨年の年央には両国間貿易決済でドルの比重を50%以下に落とした。またロシアは保有する米国債を17年には売却し始め、20年5月にはわずか38億ドル分の保有（保有分を96%売却したことになる）になっていたが、以降買い増して21年3月には60億ドル強になっている。

　なおコロナ禍で、中央アジア諸国等からの出稼ぎ者は数字の上では大きく減少している。キルギス、タジキスタンを中心に、経済に大きな影響を与えている。

対外政策

　最近のロシアの対外政策を概観する。以下、「近い外国」、欧米諸国、中東・アフリカとの関係について説明する。なお、対アジア政策や日露関係、軍事関係については別項とする。その前に、最近ロシアの対外政策に対して決定的影響を与えた二つの出来事を指摘したい。それは、米国におけるバイデン政権の発足と、ナワリヌイ暗殺未遂事件である。

「近い外国（旧ソ連諸国）」との関係

　まず、プーチン大統領が旧ソ連地域をいかに見ているかについて述べておきたい。彼は、親欧米のバルト3国を除く「独立国家共同体（CIS）」諸国を、地政学的に「ロシアの勢力圏」と見ている。つまり、最終的には共通の通貨や軍隊を有するロシア勢力下の地域にしたいのだ。ジョージアやウクライナのように、NATO加盟の動きはだけは絶対に許せないと警戒している。それ故、20年11月15日のモルドバ大統領選で、親露派の現役ドドンが破れ親欧州派の女性マイア・サンドゥが勝利したことに神経を尖らせて、NATOに追いやらないよう細心の注意を払っている。

　プーチンが11年10月に提唱した「ユーラシア同盟」に対しては、CIS諸国は警戒心を抱いたので、取りあえず「ユーラシア経済同盟（連合）EAEU」を15年元旦に発足させた（現加盟国：ロシア、カザフスタン、ベラルーシ、キルギス、アルメニア）。ただこの経済同盟も、油価下落や「クリミア併合」への対露制裁などによるロシアの経済力沈下で求心力は失われて、ロシアの期待通りにはなっていない。

　ナゴルノカラバフ問題だが、1988年以来アゼルバイジャン領内のナゴルノカラバフは事実上独立国となったが、アゼルバイジャンはそれを認めず90年代初めから紛争状況にあった。ただ、ロシアと同盟関係のアルメニアが、ロシアの支援もあって長年圧倒的に優位な立場にあり、ナゴルノカラバフ周辺の地域も含めて、アルメニア人の支配下にあった。20年9月27日に新たに武力紛争が始まった時には、アゼルバイジャンはそれまでにトルコやイスラエルとも協力して軍事力を

最新化していた。またトルコによるこの紛争への直接的な参加や支援もあり、ア
ゼルバイジャンが圧勝して、アルメニアは支配地域の多くを失った。ロシアは同
盟国アルメニアに武器を供与するだけでなく、エネルギー資源輸出で国力を増
大したアゼルバイジャンにも武器を輸出していたので、この紛争を抑止すること
はできず、仲介役に留まった。ちなみに、同盟国アルメニアと対立するアゼルバイ
ジャンへの武器輸出について、ロシアは武力紛争の「予防と抑止のため」と説明
していた。両国の最終合意は、プーチン大統領の仲介で両国首脳の間で結ばれ
た。停戦監視目的でのロシア軍の紛争地帯への駐留に対しては、両国、特にアゼ
ルバイジャン側に不満が強い。キリスト教国としてアルメニアはロシアと結びつい
ていたとの見方もあるが、これに対してプーチンは昨年10月22日にバルダイ会議
で、次のように述べた。「アルメニアはキリスト教国だ。それでも、私たちとアゼル
バイジャンは密接な関係がある。宗教に関しては、ロシア国民の約15％がイスラ
ム教徒であることを強調しておきたい。」

21年4月24日、バイデン大統領は米国の大統領として初めて、オスマントルコに
よる1915年のアルメニア人へのジェノサイドを認め、トルコとの長年の歴史論争
に対する決着として世界のアルメニア人を歓喜させた。今日のアルメニア国民は
ロシアより米国にはるかに強い親近感を抱いているだろう。

今回の紛争に対するロシアの対応の評価だが、最終的に停戦に持ち込み、停
戦監視部隊を現地に置いたロシアの力を評価する見解もある。しかし、紛争の
予防も抑止もできなかったこと、ロシアとの同盟が頼りにならないと見なされるこ
と、ロシアの「勢力圏」コーカサス地方へのトルコの影響力が強まったこと、アル
メニア人のロシアからの心理的離反と親米感の強まりなどを考えると、ロシアの
CIS諸国への影響力の低下と見るのが自然だろう。

注目されるのは、20年10月15日に、中央アジア5カ国外相の「中央アジア＋ロシ
ア」の声明が初めて発表されたことだ。中央アジアの「5＋1」の枠組みを最初に
作ったのは日本だが、その後欧州や米国も続いた。ただロシアは対立する中央ア
ジア諸国に対しては、2国関係で臨んだ。それは、中央アジアがバルト三国のよう
に、団結してロシアに対抗すること、つまりイスラム国としての独自のアイデンティ
ティを持つことを警戒したからだ。したがって、ロシアの新たな対応は、「分割し

統治する」力も失われたことを意味する。ウクライナ、ベラルーシとの関係は、欧米との関係と密着しているので、次項で扱う。

対欧米関係

　対欧米関係では、バイデン政権の成立と、プーチンに対する国内で最も鋭い批判者のアレクセイ・ナワリヌイの暗殺未遂事件に対する欧米の対露批判や対露制裁の強化が、無視できないほど強まった。バイデン民主党政権の成立は、ロシア外交にとって厳しい事態を生み出した。ロシアは現実主義の共和党よりも、リベラルで人権や民主主義にこだわる民主党の方が、もともと苦手だった。バイデン大統領は中国とともにロシアを、欧米や日本などの民主主義国や同盟国の最も危険な競争相手と位置づけている。トランプと異なりバイデンは同盟国重視の姿勢を明確にした。21年の2月4日、バイデンは1月に就任後初めて外交演説をし、「米国は帰って来た……米国がロシアによる選挙干渉やサイバー攻撃、自国民に毒を盛るといった攻撃的な行動に対して言いなりになる時代は終わった」と明言した。

　自国民に毒を盛るとは、20年8月20日のロシア旅客機内でのロシア当局によるナワリヌイ毒殺未遂事件の事である。バイデン発言に対しプーチン大統領は、「バイデンの健康を祈る。米大陸開拓は、原住民の虐殺と結びついている。その後、残酷な奴隷の時が続いた。今日の『黒人の命も重要』運動はどこから来たのか？」と歴史問題にすり替えて答えた。早速ロシア国内では「プーチンは反露挑発者に対しては誰にでも、『健康を祈る』と脅迫する」とのアネクドート（小話）が生まれた。ロシアと経済的に最も強い結びつきのあるドイツのメルケル首相も20年9月初めに「ナワリヌイが犯罪の被害者であることは確かで、彼を沈黙させることが目的だ。私はドイツ政府を代表し、これを可能な限り最も強い言葉で非難する」と述べた。ドイツでの治療後、21年1月17日に帰国したナワリヌイは空港で逮捕され有罪判決が下されて収監され、健康が危ぶまれている。欧米の諸政府や首脳、欧州議会などは、ロシアを厳しく批判して対露制裁を強化し、ロシアのガスプロムが推進してきた、ロシアとドイツを結ぶバルト海海底ガス管「ノルドストリーム2」に対し、欧州議会は建設中止の決議を行い（強制力はない）、米国は

関連企業への制裁を強めた。完成間近の同ガス管の行方は未定だ。バイデンは2月3日に、ロシアとの新STARTの5年延期に合意したが、ロシア側は喜ぶと同時にこれを米政権の弱さと見るだろう。またバイデン主導の気候変動サミットで4月22日にプーチンが前向きの姿勢を示したことに対しては、バイデンは「非常に嬉しく思う」と述べた。米の対露姿勢の硬軟の境界は不明だ。

　ゼレンスキー大統領下のウクライナでは、クリミアに続きハイブリッド戦でロシアの影響下にあるドネック、ルハンスクでの武力紛争が絶えず、ロシアは国境近くに十数万の軍を集結させて圧力をかけ、欧米から厳しい批判を受けた。プーチンの対ウクライナ政策の最大の目的は、NATOに加盟させないことである。そのためには東南部2州の独立あるいはロシアへの併合よりは、外交を含む自治権を有するウクライナの自治共和国として、2州がウクライナ全体に影響力を及ぼすことを狙っている。

　ベラルーシでは20年8月9日の大統領選が行われ、ルカシェンコ当選・続投と発表されたが、国民はその選挙結果を信じておらず、全国規模の反政府デモ・集会が行われて危機に陥った。欧米も選挙とルカシェンコを厳しく批判した。これに対し、ハイブリッド作戦でルカシェンコを支えたのはロシアだ。ロシアが最も恐れたのは、カラー革命の連鎖である。ただ、ルカシェンコは併合でベラルーシがロシアの一州になることは望んでいない。

中東・アフリカとの関係

　冷戦時代からロシアは「勢力圏」としての中東、アフリカに強い関心を示し、各国の指導者や有能な若者をソ連に招いて教育した。後の有力な首相E・プリマコフが中東専門家だったこと、1959年に創設され1976年から1992年までグロムイコ外相の子息アナトリー・グロムイコが所長を務めた強力なアフリカ研究所、またルムンバ記念民族友好大学（1961年創設、1992年にロシア・民族友好大学に改名）の存在などからもそのことは伺える。1960年1月にはソ連の支援でエジプトにアスワン・ハイダムが起工された。しかしソ連邦崩壊後は、混乱・困窮した国内情勢ゆえに、中東、アフリカ問題への関心や関与は無くなった。再び中東に関心が向けられるようになったのは、1996年に、プリマコフが外相になって、全

方位外交を始めて以来である。アフリカへの関心が再び強まったのは、オイルマネーでロシア経済が復興し、ロシアが大国意識を取り戻してからだ。20年12月にはスーダンと、紅海の海軍基地建設で合意した。中東、アフリカへの対応には、ソ連時代からの人脈や専門家の役割が大きい。

　中東では、シリアへのロシア軍の関与が目立つ。11年以来の「アラブの春」がシリアに波及し、アサド政権が危機に陥った時、カラー革命と同じ独裁政権への下からの革命をプーチンは最も恐れた。そこで「クリミア併合」の翌年15年9月に、ソ連邦崩壊後初めて国外のシリアで、反政府運動をすべて「テロリスト運動」として空爆し、アサド政権を救った。その後、米軍の中東からの引き揚げ宣言を受けて様々な形で中東諸国に介入して、影響力の拡大を謀っている。シリアでの空爆はロシア国民の大国意識を大いに満足させ、「クリミア併合」と合わせて、プーチンは支持率を89.9％にまで上げた。

　ロシアが複雑な関係を維持しているのはNATO加盟国のトルコだ。エルドアン大統領の独裁制に批判的な欧米に反発してエルドアンはロシアのS-400ミサイルシステム導入を決め、米国からはS-36戦闘機の共同生産計画から排除された。ただ、トルコは米、EUの基地を国内に保持しており、それを放棄する予定はない。エネルギー問題、ロシア戦闘機撃墜問題で対露関係が悪化したこともあり、ロシアはコロナ禍を理由に最近も国民のトルコ旅行を禁止した。

（袴田茂樹）

北東アジア政策

対日政策

　今後の日露関係に大きな影響を及ぼす重要な動きが両国で相次いで起きた。ロシアでは20年7月、「プーチン憲法」というべき改憲が成立し領土割譲の禁止条項など、北方領土問題を否定しかねない意味を孕んだ諸条項が盛り込まれ、日本では北方領土問題の解決に強い意欲を示してきた安倍首相（当時）が8月に突然退陣し、9月に菅政権が発足した。

　安倍は13年末に首相に再登板して以降、北方領土問題を解決して平和条約

の締結という重要な課題に歴代首相として最も熱心に取り組んだ。プーチンと実に27回も会談を行ったのが何よりの証左だ。ところが、その結果もたらされたのは、北方領土交渉における日本側の一方的な譲歩と、ロシア側のさらなる強硬姿勢だった。

　安倍政権の対露外交は以下のように深刻な問題を抱えていた。第一に、官邸主導で進められ、ソ連崩壊直前以降の北方領土交渉の重要性を軽視し、交渉の基礎を1993年の東京宣言から1956年の日ソ共同宣言に置き換えたこと。第二は、北方領土問題でのロシアの歴史修正主義的な言動や軍事面も含めた強硬姿勢に対して、積極的反論や対抗措置をほぼ封印したことだ。第三はプーチン政権による国際秩序への攻撃的な行動に対して独自に批判したり制裁措置を取ることは控え、欧米の対応に消極的に同調する姿勢を取り続けてきたことだ。これらは皮肉にもプーチン政権の対日強硬路線を加速させたと言わざるを得ない。ロシアは菅政権が上記の3点を堅持するか注視しているだろう。

　さて菅は、20年9月29日に行われたプーチンとの初の電話会談で、18年11月の「シンガポール合意」の通り、日ソ共同宣言にもとづき、平和条約交渉を継続することで合意したと述べた。所信表明演説では「次の世代に（北方領上問題を）先送りせず、終止符を打たねばならない」と述べ、安倍前政権の方針を継続する方針を示した。ロシア側はとりあえず安堵しただろう。同合意はソ連崩壊前後の日露間の領土交渉の歴史において、最大級の転換だったからだ。

　改憲で新たに加えられた「領土割譲に向けた行為や呼び掛けは容認しない」とする条文は今後、日本を含め、外国に対していかなる領土譲歩も行う意思のないとの基本方針を憲法条文に埋め込んだことを意味する。国後島の古釜布で、地元当局や色丹島の住民を含む若者グループが7月2日、ロシア地図を背景に「領土割譲の禁止条項」が刻まれた記念碑を設置し、プーチンは改正作業の作業部会幹部とのテレビ会議で、記念碑の意義を強調した。領土割譲禁止条項が日本を強く意識したものであることは明白である。

　さらに歴史認識について「祖国の防衛者の記憶を尊重し、歴史の真実を擁護する。祖国防衛における人々の偉業の価値を損なうことは許されない」と銘記された。プーチンが新たな国民統合のイデオロギーとして05年に打ち出した歴史修

正主義的な「戦勝国史観」が15年後、国の最高法規に明記されたことの意味は
甚大だ。プーチンは21年2月、国内メディア幹部との非公開会合で「対日関係を
発展させたいがロシア憲法に矛盾することは何もしない」と述べた。

　北方領土でのロシア軍の増強もさらに進んだ。ロシア軍東部軍管区は20
年12月1日、クリール諸島（北方領土と千島列島）に、地対空ミサイルシステム
「S300V4」を実戦配備した。東部軍管区は翌年4月20日、同ミサイルを用いた演
習を実施している。また4月下旬、東部軍管区のベリャフスキー第68軍団司令官
代行は、「クリール諸島（北方領土と千島列島）に配備される戦車を、「T-72B
からより近代的なT80BVに更新する」と明らかにした。またサハリン州の軍基地
には地対空ミサイルシステムS400が配備されたことも明らかになった。

対中政策

　欧米との関係が悪化の一途をたどる中、プーチン政権は、中国との関係を、外
交、軍事、経済、技術など各分野で一段と深化させた。とりわけ、21年1月の米
国でのバイデン政権の発足は、中露のさらなる関係緊密化を促進する最も重要
な要因だ。トランプ大統領から、民主主義の擁護を公約とし国際協調主義の立
場にたつバイデン大統領への政権交代で、中露と米国の関係は大国間競争とい
うより民主主義対権威主義というイデオロギー的な対立という性格が色濃くなっ
た。中露が、今後さらに関係を緊密化するのは不可避の状況だろう。

　コロナ禍で、例年、年数回にわたって行われていたプーチン大統領と習近平国
家主席の直接会談は行われず、数回の電話会談に留まった。両国とも感染が収
束しない中で、ラブロフ外相は21年3月22日、中国を訪問し広西チワン族自治区
桂林市で中国の王毅国務委員兼外相と会談、米国による他国への内政干渉や、
ブロックの形成などに反対することで一致した。会談後の共同声明では「民主
主義のモデルには単一の基準はない。主権国家が自らの発展方法を決定する
正当な権利を尊重することが必要で、『民主化促進』を口実にした主権国家へ
の内政干渉は許されない」として、米に、中露が結束して対抗する姿勢を強調し
た。さらに締結から20周年を迎え7月16日に期限切れとなる中露善隣友好条約を
さらに5年間自動的に延長することで合意したことも明らかになった。

実はこの会談の直前、米バイデン米政権の主導で3月12日、日米豪印戦略対話（クアッド）のオンライン首脳会議が開かれ、「自由で開かれたインド太平洋」に向けた関係強化を確認。さらに18、19両日にアラスカで行われた米中外交トップの協議は、異例の非難の応酬となった。ロシアはクアッドを、中国のみならずロシアをも対象にした包囲網の一環だと警戒している。こうした伏線を考えると、今回の中露外相会談の重要性が浮き彫りになるだろう。

　自国の権威主義体制の維持を「核心的利益」と位置づける中露は、国際舞台でも、欧米の民主主義支援に足並みをそろえて対抗している。国軍が軍事クーデターで政権を奪取し、抗議デモを行う市民を激しく弾圧するミャンマー情勢でも欧米をはじめ国際社会の国軍非難が高まるが、中露の反対で国連安保理は制裁などの強い対応を打ち出せていない。

　またロシア国営宇宙開発企業「ロスコスモス」は3月9日、中国の宇宙開発当局との間で月面などでの基地建設に向けた政府間合意に署名したと明らかにした。米主導の月探査「アルテミス計画」に対抗する計画で、宇宙開発でも中露対米の構図が明確になった。コロナ禍にも関わらず、20年の両国の貿易高は前年比マイナス約3％程度に留まり高水準を維持した。

　また20年12月22日、中露の軍用機が日本海と東シナ海の公海上空で共同巡回飛行を行うなど軍事的な協力も進む。こうした中露の関係強化が軍事同盟に進むか否かという問題をめぐり、昨年10月のバルダイ会議でのプーチン発言が注目を集めた。昨年の同会議では軍事同盟の可能性を否定していたプーチンは今回、中露は「それ（軍事同盟）の必要がないほどの協力と信頼の水準に達しているが、論理的には考えることはできる」と指摘。「現在はそうした課題を設定していないが、原則的にはそれを排除するつもりはない」と、やや含みを持たせた。プーチンはこの文脈で、米国による中距離弾道ミサイルのアジア太平洋への配備の可能性について中露は強い懸念を抱いていると米国を強く牽制した。その意味では7月に延長される中露善隣友好協力条約に、軍事分野で新たにいかなる内容が盛り込まれるのか特に注目されよう。国際的に批判されている習近平の香港、台湾政策に関しては、ロシアは習近平に好意的な中立を維持している。

対朝鮮半島政策

　ラブロフ外相は21年3月25日、8年ぶりに韓国を訪問し鄭義溶外相と会談した。北朝鮮はその4日前の21日に短距離巡航ミサイル2発を黄海に向け発射し、韓露外相会談当日の25日には日本海に向けて弾道ミサイル2発を発射した。しかしラブロフは北朝鮮への批判は避け、核問題の解決のために6者協議の枠組みでの交渉を早期に再開すべきとの従来の方針を強調した。トランプ政権時代はトランプ大統領と金正恩総書記との首脳同士の交渉が優先され、ロシアはほとんど関与できなかった。バイデン政権での非核化交渉も米国主導で進むことをロシアは懸念しているだろう。また、中国に経済的に依存する韓国は、ロシアが強く警戒する日米豪印4カ国の「クアッド」についてやや距離を置いている。ラブロフは韓国訪問の直前に中国の王毅外相と会談したばかりで、中露が共闘して、クアッドと韓国の間にくさびを打ち込む狙いがあった可能性もある。新型コロナウイルス感染の拡大で、事実上の鎖国状態となった北朝鮮との外交では特筆すべき動きはみられなかったもようだ。

（東京新聞外報部次長　常盤伸）

軍事

軍事態勢全般

　15年に空軍と航空宇宙防衛部隊が統合されて以来、ロシア連邦軍（以下、ロシア軍）は陸軍、海軍、航空宇宙軍の三軍種と、空挺部隊および戦略ロケット部隊の二独立兵科を中心として構成されている。その定数は17年11月17日のロシア連邦大統領令第555号によって190万2,758人（うち、軍人101万3,628人）とされ、実勢はおよそ90万人程度と見られている（表−1には『ミリタリーバランス』21年版が推定する兵力の構成をまとめた）。

表−1 ロシア軍の兵力構成（推定）

軍種	陸軍	28万人
	海軍	15万人
	航空宇宙軍	16万5,000人
独立兵科	戦略ロケット部隊	5万人
	空挺部隊	4万5,000人
その他	特殊作戦軍	1,000人
	鉄道部隊	2万9,000人
	指揮・支援要員	18万人

（出典）*The Military Balance 2021*, The International Institute for Strategic Studies, 2021, p. 190.

　21年の大きな変化としては、1月1日から北方艦隊が西部軍管区から独立し、北方艦隊軍管区となったことが挙げられる。作戦指揮系統としては、北方艦隊は独立の統合戦略コマンド（OSK）の地位を与えられていたが、今回の改編により、同艦隊は軍事行政区分としても西部軍管区から完全に独立した。この結果、ロシア軍を構成する軍管区は西部、南部、中央、東部、北方艦隊の5個軍管区体制となった。09年以降、ロシア軍の秋季大演習は各軍管区を部隊として4年サイクルで実施されてきたが、今後はこれが5年サイクルとなろう。

個別の軍事政策

　20年6月2日、核戦略の詳細を定めた『核抑止政策の分野におけるロシア連邦国家政策の基礎』が公表された。その前バージョンである『2020年までの核抑止政策の分野におけるロシア連邦国家政策の基礎』（2010年）は非公開であったため、今回の20年版はロシアの核戦略を初めて詳細に明らかにするものとして注目を集めた。

　核抑止の全般的性質に関して述べた同文書第1章によると、ロシアの核戦力は専ら防衛的な性格を有するものであり、その使用は「極度の必要性に駆られた場合の手段」と位置付けられるが、戦闘が始まった後には「エスカレーション抑止」型核使用によって停戦を強要することが排除されていない。これは近年、米

国が懸念してきたロシアの積極核使用戦略に言及したようにも読めよう。他方、具体的な核使用基準を列挙した第3章には「エスカレーション抑止」に関する言及は見られず、ロシアの核戦力に関しては依然として曖昧性が残る内容であった。また、第3章では、敵の弾道ミサイルが発射されたという情報を得た時点で報復攻撃を発動すること（いわゆる「警報下発射」）や、核戦力に関する指揮統制系統に対する妨害（サイバー攻撃等を念頭に置いていると見られる）に対しても核報復を行うとしており、従来から『軍事ドクトリン』で公表されていたよりも攻撃的な色彩が目立つ。

人員充足および人事

　ロシア軍の軍人は、徴兵（勤務期間1年、無給）と契約軍人（最低勤務期間2年、有給）、そして職業軍人である将校から成る。

　20年の徴兵人数は26万3,000人（春季徴兵13万5,000人、秋季徴兵12万8,000人）であり、過去10年間では18年に次いで少なかった。近年のロシア軍は低練度の徴兵を減らし、より勤務期間の長い契約軍人へと置き換えていく方針を取ってきたが、この方針はおおむね継続されていると見ることができよう。なお、徴兵の一部は国家親衛軍（VNG）や国境警備隊にも配属されるため、ロシア軍向けの徴兵は以上の数字よりも小さくなるはずであるが、具体的な数字は明らかにされていない。ただ、例年通りであれば、おそらく22-23万人の間であろうと推定できる。

　契約軍人については、20年3月に上院で行われたショイグ国防相の報告において、40万5,000人とされ、過去最多となった。最終的には契約軍人を48万5,000人体制とし、常時即応部隊、空挺部隊、装備品の操作要員、艦艇乗組員等から徴兵を完全に排除することが目標とされているが、その実現は後述する国防予算の動向によって大きく左右されよう。

　将校の定員は22万人であり、20年12月の国防省拡大幹部評議会の報告では、その充足率が96%とされている（19年度は95%）。したがって、将校の実勢は21万1,200人程度と見積もることができよう。

　以上を合計するとロシア軍の兵力は83万6,200人ということになり、これに各種学校生徒を加えたのが『ミリタリーバランス』のいう90万人であると思われる。

人事について、国防相、国防次官、軍種総司令官、独立兵科司令官には目立った変更はなかった。

装備調達

18年に開始された「2027年までの国家兵器プログラム（GPV−2027）」に基づいて装備の近代化が進められており、21年初頭の段階では全軍の装備の70.1%が新型または近代化改修型に更新された。23年には、これが72.9%に達する予定である。

ただ、GPV−2027の計画費用は20兆7,000億ルーブル（うち、軍事インフラ整備費用1兆ルーブル）とされており、これ以前の「20年までの国家兵器プログラム（GPV−2020）」とほぼ同額である。インフレ率を考慮すると、実際の購買力はGPV−2020当時から低下していると考えられよう。また、後述する国防予算を見ると、装備調達のために支出される国家国防発注（GOZ）費は年間1兆5,000億ルーブル程度とされており、GPVの計画費用から導かれる年間平均（約2兆ルーブル）に届いていない。さらに20年の新型コロナウイルス危機は多くの軍事企業の操業に影響を及ぼし、一部で納期遅れが発生した。

このような制約から、ロシア軍の装備調達はこの数年、低調である。特に顕著なのは航空機調達であり、ピーク時には固定翼機だけで100機を超えていたものが、19年以降は20機内外となった。これに代わって増加しているのが旧式の航空機、艦艇、装甲戦闘車両に対する近代化改修であり、第5世代戦闘機Su−57や新型戦車T−14等の大量配備には今しばらくの時間を要すると見られる。海軍においても、新型空母や新型原子力駆逐艦の建造計画が長らく提起されながらも実現せず、当面は旧式艦艇の改修と小型艦艇の調達による近代化が中心となろう。

ただし、米国を中心とする西側諸国や中国と質量ともにまったく同等の軍事力を整備することが経済的・技術的に困難であることはロシアも認めており、以上はある意味で現実的な選択肢とも見ることができよう。むしろ、比較的小規模な通常戦力アセットを電磁波スペクトラム戦、サイバー戦、対宇宙作戦、核戦力等と組み合わせ、それらの相乗効果によって抑止力や戦争遂行能力とするのがロシアの軍事戦略の大きな特徴である。外形的な指標のみによってロシアの軍事

力低下を云々するのは、早計であると言えよう。

軍事力配備

　ウクライナ危機以降、ロシアは欧州正面を担当する西部軍管区および南部軍管区の兵力を増強してきた。20-21年について言えば、両軍管区では複数の旅団（定数約4,000人）が師団（同約1万人）に改編され、新型装備も優先的に配備される傾向がある。21年春にはウクライナ周辺に10万人以上のロシア軍部隊が集結し、軍事的緊張が高まったが、ウクライナ問題が継続する限り、ロシア軍の西方重視が変化することは予期し難い。また、独立した北方艦隊軍管区においては、北極圏の軍事インフラ建設が進み、防空システム、地対艦ミサイル、長距離レーダーなどの配備が引き続き進んだ。

　極東においては、1個旅団が師団に改編されたことを除き、大規模な軍事力増強の動きは見られない。ただし、太平洋艦隊に新型・近代化改修型艦艇が配備されたり、サハリンにS-400防空システムが配備されるなど、質的には一定の強化がなされた。

　北方領土の択捉島においては、20年12月にS-300V4防空システムが配備された。16年の地対艦ミサイル配備（国後・択捉）、18年の戦闘機配備（択捉）に続く大規模な動きとして注目される。今後については、択捉島のブレヴェストニク飛行場の近代化改修が予告されており、現状では小規模な戦闘機部隊が大幅に増強される可能性が考えられる。

軍事支出

　20年度のロシア連邦予算における大項目02「国防」の総額は、約3兆3,089億ルーブル（対GDP比2.9%、連邦予算全体の13.9%）であった（表-2）。21-23年度の国防費は約3兆1,100-2,570億ルーブルで推移されると見られているが、実際には年度の途中で補正（増額）が入るのが通例であるから、最終的には20年度と同程度になることが予想されよう。これは、おおむね現状維持―現行の軍事力を維持することは可能であるが、大幅な兵力の増加や装備近代化を行うことは難しいという状況―が継続するであろうことを意味している。

表-2　2020-23年のロシアの国防費

		2020 年		2021 年 **		2022 年 **		2023 年 **
		2020 年度予算案 *	実績値(2020) **	2020 年度予算	2021 年度予算案	2020 年度予算	2021 年度予算案	2021 年度予算案
大項目02「国防」	総額 (100 万ルーブル)	3,056,223.9	3,308,864.5	3,232,803.7	3,113,247.5	3,319,112.5	3,231,721.8	3,257,484.0
	対 GDP (%)	2.4	2.9	2.7	2.7	2.6	2.6	2.5
	連邦予算全体に占める比率 (%)	15.7	13.9	15.6	14.5	15.6	15.1	14.5
中項目	01「ロシア連邦軍」	2,263,956.6	2,371,712.8	2,424,765.9	2,281,462.7	2,573,099.7	2,483,701.9	2,556,012.6
	03「動員準備および部隊外での準備」	7,508.7	7,773.6	7,536.4	7,342.8	7,646.1	7,369.7	7,480.7
	04「経済の動員準備」	3,498.4	3,581.3	3,198.4	2,897.9	3,198.4	2,897.9	2,897.9
	06「核兵器コンプレクス」	47,251.0	47,251.0	44,536.9	47,582.8	46,624.1	46,465.7	46,465.7
	07「軍事技術協力の分野における国際的義務の履行」	9,784.9	10,948.2	9,875.0	14,711.4	9,929.3	14,956.8	15,275.8
	08「国防分野における応用科学研究」	311,219.8	355,703.4	375,104.9	366,092.1	382,741.3	388,735.3	364,239.5
	09「国防分野におけるその他の諸問題」	412,995.4	511,894.2	367,786.2	393,157.8	295,873.6	287,594.3	265,111.7

* 2020-22 年度連邦予算法の策定過程における下院国防委員会決議より
** 2021-23 年度連邦予算法の策定過程における下院国防委員会決議より

訓練活動

　20年を通じて、ロシア軍は1万8,500回の訓練・演習を実施した。ロシア軍内部では20年春に新型コロナウイルスの大規模感染が発生したものの、大量検査やワクチン接種によってその後は感染拡大の抑制に成功しており、訓練の回数や規模は19年以前と比べて大きく変化しなかった。

　特に大規模であったのは南部軍管区を中心として9月に実施された「カフカス2020」であり、陸海空軍等合計で約8万人が動員された。なお、従来の「カフカス」

演習はロシア軍単独で実施されることが多かったが、「カフカス2020」には旧ソ連の同盟国であるアルメニアおよびベラルーシに加え、中国、イラン、パキスタン、ミャンマーが参加した。このうちの中国は18年の東部軍管区大演習「ヴォストーク2018」以来、ロシア軍の軍管区大演習には毎回参加するようになっているほか、20年12月には爆撃機による合同空中哨戒の第2回が行われるなど（1回目は19年7月に実施）、両国の軍事的協力が引き続き緊密化する傾向が確認できる。

（東京大学先端科学技術研究センター特任助教／

平和・安全保障研究所研究委員　小泉悠）

ユーモアとは
人間味のことと見つけたり

　ロシア人はユーモアの天才だ。モスクワにいた時、「モスクワ川で鯨が泳いでいるのが目撃された」というニュースが配信された。一瞬目を疑ったのだが、気が付けばその日は4月1日。内陸のモスクワまでいくつもの閘門を越えてどうやって鯨が入り込めるのか。「ウソは大きい程、人は信じる」というプロパガンダの鉄則を地で行く話。

　ロシア人はいつも言う。「日本人はユーモアがなくてつまらない」と。ユーモアとホラだけでもまた困るのだが、日本人が几帳面でいつもしゃちほこばっているのは間違いない。でも、その通念を逆手に取って、ユーモアを発揮すると効果は大きい。1993年、ロシアが日本海に放射性物質を投棄し、日本国内はロシア非難で大騒ぎになった。当時筆者は在モスクワ大使館の広報担当で、時々ロシアの記者を集めては日露関係の現状を説明したりしていた。彼らから厳しい質問が飛んでくる。「実際には日本に害を及ぼさない水準のものなのに、日本人はどうしてそんなに騒ぐのか？反露・キャンペーンの一環なのか？」と。

　その朝出勤前、自宅で用を足していた時、こういう質問が出た時の回答が閃いていた筆者はこう言った。「そりゃそうかもしれないけど、君、キャンプに行って、脇の小川の上流で誰かが用を足していたと思ってみたまえ。君、その水で歯を磨く？」と。これで一同笑って、その件は終わり。

　ロシアの外交官を相手にしても、基本は同じだ。要するに、北方領土を返さない憎い連中、で構えるのではなく、自分も相手も同じ人間、日露関係を前に進めたいことでは立場は同じという心構えでつきあう。よく会う相手とは、ロシア語では「あなた」と「君、お前」の使い分けがあるので、後者を使う。それは、同じ使い分けのあるドイツ語、フランス語でも、EU諸国の外交官たちが域内でやっていることだ。

　日本では、「外国でスピーチする時は何かユーモアが必要」ということで、何かジョークをスピーチの原稿に書いて持っていく人もいるが、それを聞いている方は疲れるだけ。基本は当意即妙。その場をよく観察して、何か可笑しく見えることを見つけるのが秘訣。それも相手ではなく、自分自身や世相を笑いの種にすることだ。

河東哲夫
Japan−World Trends代表

第5章　朝鮮半島

概　観

　韓国の文在寅大統領の支持率は、2020年に新型コロナウイルスへの対応が評価され、71％まで上昇したが、感染の再拡大、不動産価格の高騰、検察との対立、スキャンダルにより21年4月の時点で過去最低の29％まで低下した。

　米韓関係は、戦時作戦統制権の移管および在韓米軍の防衛費分担金をめぐって立場の差が見られた。新型コロナウイルスの影響により、米韓連合軍の演習は、中止・縮小が続いており、文政権が目指す任期（22年5月）内の戦時作戦統制権の移管はきわめて困難になった。防衛費分担金は、バイデン政権の発足により合意に達することができた。

　日韓関係は、旧朝鮮半島出身労働者や慰安婦への賠償金として日本政府および企業の韓国内の財産が強制的に現金化される恐れが高まった。日韓関係の改善を求めるバイデン政権の発足後、韓国は対日姿勢を軟化させたが、日本側の対韓不信が深まる中、関係が大きく改善される可能性は低い。

　韓国軍は、北朝鮮の脅威だけではない「全方位の安保脅威」に対応するためとして、各種ミサイルによる「戦略的打撃体系」および「韓国型ミサイル防衛体系」の2体系の構築を進めている。また、各種衛星および運搬ロケットによる独自の情報収集能力の向上を図っており、独自開発としては初のロケット「ヌリ号」の打ち上げを予定している。

　北朝鮮は、20年に新型コロナウイルス感染症の流入を防ぐための国境封鎖で中朝貿易が大幅に減少したのに加え、相次ぐ台風の上陸で農耕地や住宅に被害を受け、国連の制裁と合わせて、いわゆる「三重苦」の状況に直面した。世界的なコロナ禍の終息が見通せないなか、国境封鎖が長期化しており、今後の経済への影響が注目される。

　対米関係では、米国で大統領選挙に向けたキャンペーンが本格化するなか、慎重な姿勢を貫いた。選挙で勝利した民主党のバイデン新大統領に対しては、北朝鮮に対する敵対視政策の撤回を要求し、新政権の対北朝鮮政策を注視している。

　南北関係では、北朝鮮が脱北者団体のビラ散布を口実に開城工業団地内にある南北共同連絡事務所の建物を爆破したが、南北間の交流再開を求める韓国側の姿勢に変わりは無く、北朝鮮もまた、22年3月の次期大統領選における進歩派政権の存続を視野に、韓国との関係を慎重に見定めている。

　このようななか、朝鮮労働党は21年1月、第8回党大会を開催し、大会の「5年に1回」開催を実現するとともに、党規約上の大会の定期開催に関する規定を復活させた。また、政治局常務委員会を政策決定の中枢と位置付けた。経済面では、経済建設目標の未達成を率直に認めた上で、社会主義建設を阻む旧弊の一掃を宣言し、体制内の改革を推進する方針を表明した。

（東京国際大学特命教授／平和・安全保障研究所研究委員　伊豆見元）

韓国（大韓民国）
内政

　2019年におおむね40％台で推移していた文在寅大統領の支持率は、20年に上昇し、5月第1週調査で71％を記録した。だがその後、下落傾向となり、21年4月第5週調査で29％まで低下した（韓国ギャラップによる）。

　支持率上昇の背景には、新型コロナウイルスへの対応が評価されたことがある。韓国政府は20年2月、国務首相や専門家らが中心となって、入国制限、検疫、隔離、感染源および感染者の動線調査などの対応にあたったほか、ドライブスルー方式の検査所を設置して検査にも力を入れた。その結果、4月末には外国からの入国者4人を除き、新規感染者数をゼロとするなど、その対応が世界から評価された。

　しかし、20年8月には感染が再び拡大し、12月には1日の新たな感染者数が1,000人を超え、21年1月から4月まではおおむね300人から700人で推移する高止まりが続いた。また、ワクチン確保に関する不安も徐々に高まり、政府への批判も目立つようになるなか、コロナ対策の拙さは、文大統領を支持しない理由の2番目に挙げられるようになった。

　もっとも不支持の最大の理由は、不動産価格の高騰である。ソウル市のマンションの場合、その価格は東京よりも高く、韓国不動産院が公表している実取引価格指数（06年1月＝100）によると、文大統領が就任した17年5月の94から21年2月の164.7へと、約1.8倍に高騰した。韓国政府の統計によると、20年の住宅建設認可数は朴槿恵政権期の15年と比べて約4割減となっている。

　価格高騰の主な原因は、首都の人口集中と住宅供給不足にある。しかし、文政権は、その原因を悪質な不動産投機にあると捉え、建設認可を制限するなどしてむしろ価格高騰を招いた。文大統領は年に一度行われる国土交通部の業務報告で2年にわたり不動産問題の解決を指示した。その内容は不動産投機の遮断から住宅供給増を重視する政策へと変化したが、供給増には数年かかる。さらに投機に関しても、その問題を解決すべき国土交通部長官が前年12月まで社

長を務めた韓国土地住宅公社の職員らが内部情報を基に投機目的で土地を購入し、むしろ価格高騰の一因となっていたことが21年3月に明らかになった。マイホームをあきらめざるを得ない多くの国民は、その原因が文政権の不動産政策の失敗と政府側の不正にあると考え、強く反発した。これを受け、国土交通部長官は21年3月12日に辞任を表明する事態となった。

　支持率低下の背景には、政権と検察の対立もある。文政権は検察の権限分散を進める一方、検察は政権の不正を追及して対抗し、対立が続いていた。秋美愛法務部長官は、20年11月24日、職権乱用を理由に尹錫悦検察総長の懲戒請求と職務停止措置を命令した。また、大統領等の不正捜査を検察に代わり実施する「高位公職者犯罪捜査処」のトップの人選に関しても、野党が拒否できないようにする法改正を12月10日に実施した。文大統領は検察の政治的中立を掲げて新組織を作ろうとしたものの、結局、政権の意向に沿う組織となった。

　野党やマスコミ等の批判が高まるなか、大統領府は20年12月16日、秋法務部長官の辞意表明を明らかにすると同時に、尹総長を停職2カ月として、対立に終止符を打とうとした。尹総長は21年3月4日、辞意を表明したが、その際、「憲法精神や法治システムが崩壊している」「自由民主主義と国民を守るため力を尽くす」と述べ、22年3月の次期大統領選への出馬を示唆するものと受け止められた。

　他方、文大統領と親しい与党系の人物のスキャンダルも相次いだ。20年4月に釜山市長がセクハラの疑いで辞意を表明し、7月にはソウル市長がセクハラで告訴され、自殺した。

　これを受けて21年4月7日に実施された市長選挙では、ソウル・釜山ともに最大野党「国民の力」の候補が圧勝した。同選挙は次期大統領選挙の前哨戦と位置づけられており、与党に対する国民の厳しい評価が明らかになった。

　なお、世論調査（韓国ギャラップ21年4月第3週調査）で、次期大統領にふさわしい人物として、1位に尹前検察総長（25%）があげられた。2位は与党系の李在明京畿道知事（24%）である。彼はベーシックインカム推進などポピュリストと評されるほか、「韓国のトランプ」との異名を持ち直接的な言い回しで人気を得ている。3位は与党系の李洛淵共に民主党元代表（5%）、4位は野党系の安哲秀国民の党代表（4%）である。

ただし、人気がおおむねこのまま推移するとは限らない。1位の尹前検察総長は、政治家としての経験がなく、人気は低下するのではないかといわれている。かつて大統領候補として人気があった潘基文元国連事務総長が、立候補の準備を始めるや、親族の不動産不正取引疑惑等が持ち上がり、立候補断念まで追い込まれた前例があるためである。また、2位、3位は与党系の候補であるが、文大統領と親しい「親文派」ではないため、与党は丁世均元国務首相など、「親文派」の候補を立てる可能性がある。与野党がそれぞれの候補を一本化できず分裂する可能性もある。政権交代により政策が大きく変化するため、22年3月までの間、候補とされる人物の動向や第三の候補の出現、一本化の成否に注目が必要である。

外交

米韓関係

　米韓関係は、戦時作戦統制権の移管および在韓米軍の防衛費分担金（駐留経費）をめぐる立場の違いがみられたが、防衛費分担金についてはバイデン政権発足により合意に達した。

　韓国軍の戦時作戦統制権については、朝鮮戦争以来、米軍が保有しており、韓国への移管のためには、「未来連合司令部」（韓国軍大将が司令官を務め、米軍大将が副司令官を務める）を指揮する韓国軍の能力および安定した安保環境を条件とすることで合意されている。その韓国軍の能力については、①初期運用能力（IOC）、②完全運用能力（FOC）、③完全任務遂行能力（FMC）の3段階の検証評価を必要としている。

　2020年10月4日、ワシントンでの米韓安保協議会議（SCM）の冒頭発言で、徐旭国防部長官が作戦統制権の早期移管に言及したのに対し、エスパー国防長官は「時間がかかる」と述べた。また、防衛費分担金をめぐって米韓の対立が続く中、19年とは異なり、今回のSCMの共同声明では在韓米軍の現水準を維持するとの文言が入らなかった。そのため、トランプ政権がドイツ駐留米軍の削減を7月に発表していたことも相まって、米国が在韓米軍の削減も念頭に置いているの

ではないかとの見方が広まった。当初予定されていた共同記者会見も取り消しとなった。

　文政権は、19年にIOC、20年にFOC、21年にFMCの検証を終え、任期を迎える22年5月までに戦時作戦統制権の移管を完了する考えであったといわれる。文政権は、北朝鮮との対話を進めるため、北朝鮮が反発する米韓合同軍事演習を中止したが、移管のための演習は積極的に推進しようとした。そのため、移管は時間をかけて進め、練度維持に必要な演習を優先すべきとする米国との間で立場の差が見られた。19年のIOC検証は実施できたものの、20年以降は新型コロナウイルスの感染拡大により、FOC検証は完了しておらず、任期内の移管は困難になったとの見方が強くなっている。

　防衛費分担金については、トランプ政権が、戦略爆撃機、空母、原子力潜水艦等の戦略アセットを朝鮮半島に巡回させる費用も含む、これまでの約5倍相当の年間約50億ドルを要求したといわれる。20年4月1日からは在韓米軍基地で働く韓国人労働者の約半数の無給休職が開始された。6月2日に同年末までの韓国人労働者の賃金を韓国政府が支払うことを米国が受け入れたが、賃金以外の費用や21年以降について、合意なき状態となっていた。韓国政府は、「国民と国会が納得できる合理的かつ公平な交渉結果を出す」との原則のもと、米大統領選挙を控える中、トランプ政権との交渉を無理に進めようとはしなかった。

　バイデン政権発足後、韓国政府は交渉を再開し、21年3月10日、最終合意したことを発表した。20年度分は前年度比増減なしの1兆389億ウォン、21年度は前年度国防費増加率7.4%および人件費増加分の6.5%を考慮した前年度比13.9%増の1兆1833億ウォン、22-25年は韓国の国防費増加率を適用した金額にすることとなった。

　米韓両国は、21年3月18日、外交・国防長官会議（2プラス2）を開催し、米韓同盟が「朝鮮半島とインド・太平洋地域の平和、安保、繁栄の核心軸」であるとした。しかし、韓国は、米国のインド太平洋戦略に対しては、自らの「新南方政策」（ASEAN諸国およびインドとの政治、経済、文化、人的交流の側面から協力を強化する外交政策）の枠内で協力するとの慎重な立場を変えていない。その背景には、最大の貿易相手国であり、かつ北朝鮮に対する影響力を持つ中国の反

発を招き、米中対立に巻き込まれる懸念があるといわれている。

　また、戦時作戦統制権について、オースティン国防長官は2プラス2で、条件を満たすには「時間がかかる」「その過程で同盟が強化される」と言及し、トランプ政権期と同じく、時間をかけて同盟を強化すべきとの立場を明らかにした。

　2021年5月21日には、米韓首脳会議が開催され、対話による朝鮮半島の非核化の推進が確認された。また、中国への名指しは避けつつも、南シナ海や台湾海峡が言及されたほか、韓国が希望した半導体等のサプライチェーンに関する協力が発表された。韓国が熱望したワクチン供与については、米国による韓国軍へのワクチン提供、共同生産が発表された。また、韓国のミサイル開発を射程800キロメートル以下に制限してきた米韓ミサイル指針が解除された。

日韓関係

　新型コロナウイルス蔓延により世界中で帰国用の航空便が不足する中、日本政府が白血病を患ったインド在留の韓国人幼児の帰国を支援し、韓国政府も海外の日本人の帰国を支援するなど、協力関係が見られた。菅官房長官（当時）は20年5月7日、「日韓協力の良い例」と評価した。しかし、日韓関係は、旧朝鮮半島出身労働者問題や慰安婦問題をめぐって本人や支援団体が日本政府や企業に対する賠償を求めるなど対立が続いた。文大統領は司法の決定に政府は介入できないとして事実上放置してきた。

　20年4月、1992年から毎週水曜日に日本大使館前で抗議する「水曜集会」を主導してきた正義記憶連帯（旧韓国挺身隊問題対策協議会・挺対協）の尹美香理事長が総選挙に与党から立候補し比例選で当選した。しかし「水曜集会」に参加してきた元慰安婦の李容洙が5月7日、記者会見を開き、「水曜集会」はなくすべきであり、小中学生などから集めた募金がどこに使われたかわからず、若者に憎悪を教えているとして集会を主導してきた尹を批判した。また、慰安婦問題に関する15年の日韓合意に関しても、その内容を尹のみが事前に知っていたと明らかにした。尹は当時、被害者への相談がないとして合意に反対していたが、被害者に知らせていなかったのは尹本人であったということになる。韓国外交部は6月11日、尹が15年の日韓合意の内容を事前に知っていたか否かについて、国家

の重大な利益を著しく害する恐れがあるとの理由で非公開とした。他方、別の慰安婦支援団体「ナヌムの家」においても寄付金流用が明らかになった。しかし、これら団体による賠償請求は継続した。

ソウル中央地方裁判所は、元慰安婦ら12人が慰謝料を求めていた裁判で、21年1月8日、1人当たり1億ウォンの支払いと訴訟費用の負担を日本政府に命じる判決を言い渡した。判決は、国家は外国の裁判に服さないとする主権免除について、計画的・組織的に広範囲に恣行された反人道的犯罪行為であるため適用できないとし、15年の日韓合意については、個人賠償を含んでいないため、訴訟以外に賠償を受ける方法がほとんどないとした。

文大統領は1月18日、この判決について「困惑している」とし、旧朝鮮半島出身労働者問題も含めて、「強制執行の形で（日本政府や企業の財産が）現金化されるなどし、判決が実現されるのは韓日両国関係において望ましくない」と述べた。これまで司法の決定を尊重するとしていた姿勢とは異なる。

背景には日韓関係の改善を強く求めるバイデン大統領の就任があるのではないかとの見方がある。バイデン大統領はオバマ政権の副大統領時代、慰安婦問題に関する15年の日韓合意の際、安倍首相に朴槿恵大統領との仲介を依頼されて合意を実現しており、思い入れが深い。合意の無効化を公約にしていた文大統領は、同合意を「公式的な合意」と言及する一方、被害者の意思が反映されていないなどとして「和解・癒やし財団」を解散させるなど、事実上無効化する行動を取ってきた。日本政府や企業の財産に対する強制執行が実行される場合、日韓関係はこれまでにない対立に入ることが予想されており、日韓関係の改善を求めるバイデン大統領との関係でも問題を抱える懸念があった。

そのような中、21年4月21日、ソウル中央地方裁判所は、元慰安婦ら20人が慰謝料を求めていた別の裁判で、1月の判決とは対照的な判決を出した。判決は、日本政府の主権免除を認め、15年の日韓合意が元慰安婦の権利を救済する手段を用意するもので有効とし、外交交渉による解決を促すものであった。

しかし、日韓両政府の間では、対立が続いている。20年9月の菅首相就任時に電話会談を実施したものの、新任の駐日大使と茂木外相の会談が開かれていない。日本政府は、慰安婦問題に関して1965年の日韓基本条約および15年の日韓

合意によって解決済みとの立場であり、韓国側に合意の着実な実施と日韓関係を健全な関係に戻していくきっかけを作ることを求めている。

　日本は1965年の日韓請求権・経済協力協定で解決済みとしつつも、50年以上にわたり、さらなる経済協力や慰安婦問題等に関して韓国側の様々な要望に応えるよう努力してきた。しかしながら、そのような努力が韓国政府から国民へ説明されることはほとんどない。韓国での反日行動の激化や合意不履行による、日本人の対韓感情の悪化や不信が最近における日韓関係の変化の特徴となっている。このような中、文政権が表面上、日本に対する言動を軟化させたとしても、韓国政府が責任をもって両政府の努力や合意内容を国民に説明して補償に取り組む姿勢をみせない限りにおいては、日韓関係が根本的に改善する可能性はきわめて低いと言わざるを得ない。

軍事

韓国軍

　韓国軍は、北朝鮮の脅威だけではない「全方位の安保脅威」に対応するためとして、「戦略的打撃体系」および「韓国型ミサイル防衛体系」の2体系の構築を進めている。

　韓国国防部は20年8月10日、「2021−2025年国防中期計画」を発表した。今後5年間で軍事力の建設・運営に計300.7兆ウォン（年平均6.1%増）を投入する計画であり、上記2体系を構築するため、監視・偵察能力、攻撃ミサイルおよび迎撃ミサイルを重点的に強化するほか、「軽空母」の確保事業を21年から本格化するとした（19年は「多目的大型輸送艦」と表現されていた）。また、潜水艦については、明記されていないものの、原子力潜水艦が検討されていると複数のメディアが報じた。

　監視・偵察能力については、多目的実用衛星、米国製の高高度無人偵察機グローバルホーク、有人偵察機がすでに運用中であるが、それらに加え、25年までに軍事偵察衛星、国産中高度無人機等を戦力化し、超小型偵察衛星の開発にも着手する計画である。グローバルホークについては、4機の韓国への引き渡しが

20年中に完了した。超小型衛星については、23年を目標に開発を完了した後、複数（30機以上）を打ち上げ、準リアルタイムで朝鮮半島およびその周辺地域を監視するといわれている。

　なお、韓国はロシアの協力のもと、打ち上げロケットの開発を推進していたが、現在は独自開発を目指している。文大統領は21年3月25日、ナロ宇宙センターを訪問し、「ヌリ号」の最終総合燃焼試験を見学した。「ヌリ号」は10月に発射が予定されている。「ヌリ号」は液体燃料を利用したロケットであるが、将来はより低コストで安全性の高いとされる固体燃料を利用したロケットおよび液体・固体の双方を利用したハイブリッドロケットの開発も目指す。固体燃料を利用したロケットの開発は、米韓ミサイル指針によって制限されていたが、20年7月28日、韓国大統領府は、「2020年改訂米韓ミサイル指針」によって制限が解除されたことを発表した。文大統領が19年10月に米国との交渉を指示したことによる今回の制限解除により、朝鮮半島上空を24時間監視する軍事衛星の打ち上げが可能となり、これまで不足していた情報・監視・偵察（ISR）能力が発展すると発表された。

　他方、韓国は、敵の司令部、ミサイル基地等の戦略目標に対する打撃のため、ミサイルの増強を継続する計画である。文大統領は20年7月23日、国防科学研究所を訪問し、「世界最高水準の弾頭重量」を備えた弾道ミサイルの開発に成功したと言及した。北朝鮮指導部の地下施設を破壊するための弾頭重量2トン射程800キロメートルと言われる玄武4のことを指すといわれている。なお、現在、韓国が開発・保有する主なミサイルは次ページの表のとおりである。

　迎撃ミサイルについては、弾道弾早期警報レーダーおよびイージス艦を追加導入し、ミサイル探知能力を現在に比べ2倍以上に強化し、全方位のミサイル探知能力を完備する計画である。また、ペトリオット（PAC-3）および国産中距離対空ミサイル「鉄鷹-2」の性能改良、長距離対空ミサイルの研究開発により、北朝鮮の新型短距離弾道ミサイルに対しても十分な迎撃能力を確保する。さらに北朝鮮の長射程ロケットを迎撃して首都圏および重要施設を防衛するため、韓国型アイアンドームの開発に着手することが初めて中期計画に盛り込まれた。

表　韓国が保有する主なミサイル

玄 (ヒョン) 武 (ム) 1			
弾道ミサイル	180km		
玄武2	a	弾道ミサイル	300km
	b		500km
	c		800km
玄武3	a	巡航ミサイル (地対地)	500km
	b		1000km
	c		1500km
玄武4	弾道ミサイル	800km 弾頭2トン	
KTSSM	弾道ミサイル	120km−290km	
海星 (ヘソン) 2			
巡航ミサイル (艦対地)	1000km		
海星3	巡航ミサイル (潜対地)	1000km	
タウルス	巡航ミサイル (空対地)	500km	

※ KTSSM: 韓国型戦術地対地ミサイル
※各種報道等による

　21年の国防予算は、前年比5.4%増の52兆8,401億ウォンとなった。なお、韓国は、かつて北朝鮮が核・ミサイル実験を行っていた際は、対抗手段としてミサイル試験の様子や新兵器の導入を積極的に公開していたが、北朝鮮との対話方針の現在は北朝鮮に配慮し、玄武4ミサイルの発射の成功、米国製のグローバルホークやF−35Aの韓国到着について写真や映像による公表を控えるようになった。ただし、輸出を目指す韓国独自開発の戦闘機KF−Xについては21年4月9日、インドネシア国防大臣を招待して試作機を披露する式典を開き、大々的に公開された。KF−21と命名され、大統領は、21世紀の我々の空を我々が守るという意味が込められており、自主国防の新しい時代が開かれたと述べた。

韓国の国防予算

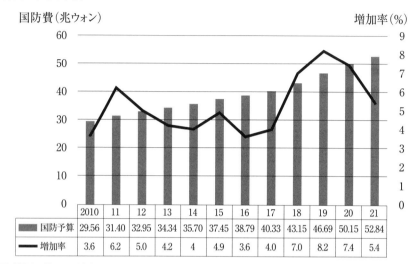

国防費（兆ウォン）　　　　　　　　　　　　　　　　　　増加率（%）

	2010	11	12	13	14	15	16	17	18	19	20	21
国防予算	29.56	31.40	32.95	34.34	35.70	37.45	38.79	40.33	43.15	46.69	50.15	52.84
増加率	3.6	6.2	5.0	4.2	4	4.9	3.6	4.0	7.0	8.2	7.4	5.4

資料源：韓国国防部 HP

在韓米軍・米韓連合軍

　19年以降、米韓連合軍は「キー・リゾルブ」および「ウルチ・フリーダムガーディアン」に代わる「連合指揮所訓練」を上・下半期に1回ずつ実施している。

　しかし、新型コロナウイルスの流行のため、20年の上半期の訓練は延期（事実上中止）された。下半期の訓練では、戦時作戦統制権の移管に向けた韓国軍による米韓連合軍のFOCの検証をする予定であったが、両軍で感染者が発生するなどしていたため、FOCの検証は予行演習に留め、8月18−28日の間、規模を縮小して実施した。21年の上半期の訓練も3月8−18日の間、規模を縮小して実施し、FOC検証は予行演習のみ実施した。これらの影響により、文政権の任期内の移管はきわめて困難になったとの見方が強くなった。なお、野外機動訓練「フォールイーグル」は、2019年以降、行われておらず、それに代わる小規模な訓練が年間を通じて行われている。

（防衛省　平田悟）

北朝鮮（朝鮮民主主義人民共和国）

内政

新型コロナ防疫で長期化する国境封鎖

　新型コロナウイルス感染症の世界的流行が長期化するなか、北朝鮮は、20年1月下旬に開始した国境往来の厳格な統制を継続している。この間、20年7月下旬に感染が疑われる脱北者が不法越境して開城市に帰還したとして、同市一帯が一時封鎖されが、これを契機に北朝鮮は国境の封鎖を一層強化した。

　国境封鎖の長期化により、20年の中朝貿易額が前年比80.7％減の5億3,905万ドルに落ち込み、21年に入るとほぼ貿易が停止状態となった。厳格な国境封鎖により中朝国境の非公式貿易にも影響が及んでいるとみられ、貿易の停滞に伴う物資不足の深刻化について、平壌駐在のロシア大使は21年2月、「国境封鎖で物品や原材料の輸入が中断し、多くの企業が閉鎖して人々は職場を失った」「平壌では小麦粉や砂糖など基本的な生活必需品さえ購入するのが難しくなり、合う服や靴もなく、手に入ったとしても価格が国境封鎖以前に比べて3、4倍高い」などとロシアメディアに対して述べた。

　新型コロナウイルスの感染状況について、北朝鮮はWHOに対し、21年4月時点で累計2万4,542人に検査を実施し、感染者は「ゼロ」と報告している。感染者が出ているとの断片的な情報は伝えられるものの、脆弱な医療事情にもかかわらず、大規模集会をマスク無しで開催するなど、深刻なパンデミックを窺わせる外形的な兆候は見受けられない。中国からワクチンなど医療物資の支援を密かに得ている可能性も考えられるが、実態は明らかではない。

　北朝鮮ではまた、20年8月上旬に西海岸側の黄海北道で豪雨による大規模な水害が発生したほか、8月から9月の間に三つの台風が上陸し、農耕地や住宅に大規模な被害が発生し、北朝鮮政府は、軍隊だけでなく、平壌市の党員約1万2千人からなる「党員師団」を被災地に派遣して住宅建設に当たらせるなど、復旧作業に追われた。水害による食糧生産への影響について韓国政府は、20年の北

朝鮮の食糧生産量は440万トンに止まり、100万トン前後の不足が生じると推計しており、北朝鮮もまた、党機関紙の論説で「食糧増産に莫大な被害をもたらした」と認めた。

　こうしたなか、21年3月の中朝貿易額は1,428万ドルに上り、半年ぶりに1,000万ドルを上回った。そのほとんどが肥料などの農業関連物資とされ、今春の営農期に間に合うよう、例外的に調達を図ったものとみられる。

朝鮮労働党第8回大会の開催―経済建設目標の未達成を自認、内部改革に取組か

　朝鮮労働党は、21年1月5日から12日までの間、平壌で第8回党大会を開催し、前回大会以降の5年間の活動を総括して、向こう5年間の内外方針を決定した。この中で、労働党は、第7回大会で決定した「国家経済発展5か年戦略」が「甚だしく未達成」に終わったと自認し、新たな「国家経済発展5か年計画」の主眼を「自力更生・自給自足」に置き、改めて人民生活を向上させる「土台の構築」に取り組む方針を打ち出した。

　注目されるのは、目標未達成の原因について、「（国際社会の）制裁、自然災害、世界的な保健危機（新型コロナウイルス）」などの「客観的要因」を挙げつつも、内部の「主観的要因」をより重視したことである。大会で行われた中央委活動報告では「客観的条件を口実にすれば、不利な外的要因が無くならない限り革命闘争と建設事業を推し進めることができないという結論に陥る」と指摘した上で、「これまで蔓延してきた誤った思想観点と、無責任な事業態度と無能、旧態依然とした事業方式」を批判し、「前進を拘束する古びた事業体系と不合理で非効率な事業方式、障害物を断固として除去するための諸措置をとるべき」と強調した。労働党はさらに、大会閉幕から1カ月足らずで中央委総会を招集し、金正恩が内閣の経済計画策定の過程に現れた「消極的かつ保身主義的な傾向」を「辛辣に批判」するとともに、大会で選出したばかりの党経済部長の更迭を断行した。また、金正恩は、各部門・組織が自らの単位の特殊性を口実にしたり、自己本位の思考方式で党の決定、指示、執行を怠る現象が横行しているとして、こうした「単位特殊化、本位主義」現象に対する「全面的な戦争を展開することにした」と表明し、「党権、法権、軍権を発動して断固として粉砕すべき」

と強調した。

　「自力更生・自給自足」を掲げ、国内の資金と資源だけで経済建設を進めるには、部門間の縦割りを廃して資金と資源の効率的な配分を行い、また「先軍政治」で軍に偏重した資源を経済部門にも回す必要がある。一連の動向からは、労働党が彼らなりの内部改革に着手したことを窺わせるものがあると言えよう。

　なお、金正恩は、21年4月下旬に青年同盟の大会へ送った書簡の中で、「わが党は、今後5年間を社会主義建設に画期的な発展をもたらす効果的な5年間、大変革の5年間とするための作戦を立てている」とし、「今後15年内外に全人民が幸福を享受する隆盛繁栄の社会主義強国を打ち立てる」と表明した。北朝鮮が高度経済成長の軌道に乗るためには、対米関係を改善して国連の制裁を解除し、韓国をはじめとする外資の導入が不可欠である。それを前提にするならば、金正恩の発言は、今後数年間で対米関係を改善して本格的な経済建設段階に入ることを想定していることを窺わせるものであり、彼らが着手した内部改革は、そうした経済成長を労働党主導で実現するための体制整備の狙いが込められていると考えられる。

　党大会終了後、最高人民会議が第14期第4回会議を招集し（21年1月）、内閣閣僚を大幅に入れ替えるとともに経済5か年計画の遂行について討議した。また、労働党は、中央委第8期第2回総会（2月）に続き、第1回市・郡党責任書記講習会（3月）、第6回細胞書記大会（4月）を相次いで開催し、党の末端幹部にまで大会で決定した方針の浸透を図った。さらに党傘下の金日成・金正日主義青年同盟が4月下旬に第10回大会を開催し、組織の名称を「社会主義愛国青年同盟」に改めた。改称の背景には、社会主義建設に対する青年層の動員を担う青年同盟の役割を強化する狙いがあるとみられる。

党規約改正―党大会の定期開催、政治局常務委員会の権限を明示
　朝鮮労働党大会の開催は、16年5月の第7回大会以来、約5年ぶりであり、この「5年に1回」の開催を実現したことが今回の大会の特徴の一つと言ってよい。労働党は、1980年10月の第6回大会において大会の開催を「5年に1回」とする党規約改正を行ったが、第7回大会の開催に至るまでには36年を要し、その過程で

2010年には大会開催時期の党規定を規約から削除した。その大きな理由は、党の最重要目標である「祖国統一」と「社会主義建設（経済建設）」について、大会で総括できるだけの進展が得られなかったところにあったと考えられる。しかし、労働党は今回、「祖国統一」問題を棚上げにし（後述）、また、国家経済発展5か年戦略の失敗を率直に認定して「5年に1回」の大会開催を優先し、今回の大会で「5年に1回」開催の規定を復活させた。労働党は、他の社会主義政党と同様に党大会を定期的に開催し、党の政策決定機能の正常化を図ろうとしているものと考えられる。

　今回の党規約改正ではまた、政治局常務委員会について、政治、経済、軍事の重大問題を討議・決定し、党、国家の重要幹部の人事を討議することが明記され、党首班の委任によって常務委員会のメンバーが政治局会議の司会を務めることができるようになった。この改正について、党機関紙は「党首班の革命領導を一層円満に補佐し、党事業と党活動をより機敏に行うための現実的要求を具現したもの」と説明した。政治局常務委員会は、従前、政治局とともに中央委総会が開催されない期間に党の活動を指導するとのみ規定され、常務委員会の開催が伝えられることもなかったが、17年9月の核実験に際して常務委員会が開催され、その決定に基づき、金正恩が核実験の実施命令書に署名した。

　また、20年に入ると政治局会議が頻繁に開催され、常務委員である金正恩の司会のもと、コロナ防疫対策を討議、決定した。さらに、金正恩以外の常務委員による現地視察報道が増加し、しかも党機関紙の1面で紹介されるようになっていた。こうした中で行われた今回の党規約改正は、党の政策決定の中枢として政治局常務委員会の役割を制度化する狙いがあるとみられる。

　第8期の政治局常務委員会は、金正恩総書記のほか、崔竜海最高人民会議常任委員長、李炳鉄党中央軍事委副委員長、金徳訓内閣首相、そして趙勇元党組織担当書記の5人で構成された。このうち、趙勇元書記は、大会前の政治局候補委員から常務委員に、組織指導部第一副部長から組織担当書記に2段階特進を果たすとともに、党中央軍事委員会委員も兼任し、兼職だけ見れば第6回党大会当時の金正日と同じ立場となった。さらに大会後の党中央委第8期第2回総会や市・郡党責任書記講習会において、趙勇元書記が他の党幹部らを批判する場面

が伝えられ、指導部内で特異な立場を占めたことを窺わせた。

　一方で、金正恩は、党規約改正により、肩書きが党委員長から父金正日と同じ党総書記に変わったが、前回大会では党委員長への選出が独立した議題として扱われたのに対し、今大会での党総書記への選出は、中央指導機関選挙の議題の中で扱われ、金正恩を含む党中央委員および候補委員選出の次の順序で行われた。また、党委員長への選出では金正恩を「党と人民の最高領導者（指導者）」と位置付けたのに対し、党総書記への選出では「党の首班」であることが強調された。大会後は、「敬愛する最高領導者金正恩同志」との表現から「最高領導者」が消えて「敬愛する金正恩同志」に変わり、「敬愛する総書記同志」との表現が定着することになった。もとより外形上、金正恩の最高指導者としての地位に変化は見られないが、金正恩を、党を超越する存在から党の筆頭に位置付けることにより、個人独裁から党独裁への方向性を示しているように見えるところであり、今後の指導部の動向が注目される。

外交

米新政権の対北朝鮮政策を注視

　20年の北朝鮮の対米動向は、硬軟ともに慎重な姿勢に終始した。11月の米大統領選挙後の対米交渉を考慮したものとみられる。軍事挑発は20年3月の短距離ミサイル発射を最後に行わず、10月の党創建75周年慶祝閲兵式で新型のICBMやSLBMを公開する程度に止まった。一方、トランプ政権との対話については、6月のシンガポール米朝首脳会談（18年6月）2周年に際して李善権外相が談話を発表し、「二度と何らの代価もなしに米執権者（トランプ大統領を指す）に治績宣伝の種という風呂敷包みを与えない」として米朝首脳会談に否定的な立場を表明した。また、7月にボルトン前大統領補佐官が「オクトーバー・サプライズ」、つまりトランプ大統領が大統領選前の米朝首脳会談を目指すとの見解を披露するや、北朝鮮は直ちに「朝米対話を自分たちの政治的危機に対処するための道具としか思わない米国とは対座する必要などない」（崔善姫第1外務次官）、「米国の決定的な立場変化がない限り、今年中、そして今後も朝米首脳会

談は不要であり、無益である」（金与正党第1副部長）と相次いで表明し、首脳会談説を打ち消したのである。

　大統領選挙で民主党のバイデン元副大統領がトランプ大統領に勝利すると、北朝鮮の関心は新政権の対北朝鮮政策見直しの行方に移った。北朝鮮は21年1月初めに第8回党大会を開催し、今後5年間の外交政策の焦点を「革命発展の基本障害物、最大の主敵である米国を制圧し、屈服させるところに志向させる」と表明、対米外交が最重要課題であることを明言した。その上で、「新たな朝米関係樹立の鍵は、米国が対朝鮮敵対視政策を撤回するところにある」とし、「今後も強対強、善対善の原則のもとで米国を相手にする」と表明し、1月下旬のバイデン大統領の正式就任を前に、対米関係の原則的立場を示した。

　21年3月に入り、米国が日米・米韓2プラス2会合の開催など、同盟国との政策調整に入ると、対米担当の崔善姫第1外務次官が談話を出し、2月中旬に米国から接触の打診があったことを明らかにした上で、「米国の対朝鮮敵対視政策が撤回されない限り、いかなる朝米接触や対話も行われない」と表明して米国を牽制した。また、3月下旬に新型短距離弾道ミサイルの試験発射を行い、バイデン大統領がこれを国連安保理決議違反として非難すると、軍事担当の李炳鉄党書記が「体質化した対朝鮮敵対感をさらけ出した」として「強い懸念」を表明し、「新政権はスタートを誤った」などと批判した。

　21年4月末、米大統領報道官は記者団に対北朝鮮政策の見直しが終了したと表明した。報道官は具体的な内容を明らかにしなかったが、引き続き「朝鮮半島の完全な非核化が目標」とした上で、トランプ政権の「一括取引（グランド・バーゲン）」やオバマ政権の「戦略的忍耐」には頼らず、「調整された実務的アプローチ」で外交的解決を探索すると表明した。北朝鮮は今後、5月21日に設定された米韓首脳会談や米国側の体制整備を見据えつつ、米国との駆け引きを試みるものとみられる。

コロナ禍で停滞する外交活動

　コロナ禍による人的往来の途絶によって、北朝鮮の外交活動は大きく停滞した。20年に入って公式代表団の往来が無くなったほか、防疫措置の強化や中朝

貿易の激減に伴う輸入物資の不足などの影響で、英国など各国大使館・代表部の閉鎖や外交官の出国が相次ぎ、21年4月現在、残っている外交官は「290人に満たない」(在平壌ロシア大使館)とされる。

中国との関係では、朝鮮労働党創建75周年や中国人民志願軍参戦70周年、朝鮮労働党第8回大会など主要行事に際しての要人往来は行われなかったが、21年3月18日、米アンカレッジで米中の外交トップが激論を交わすと、同22日、北朝鮮の李竜男駐中国大使と中国共産党の宋濤対外連絡部長が北京で会談し、金正恩と習近平国家主席の「口頭親書」を交換した。この中で、北朝鮮側は「敵対勢力の全方位的な挑戦と妨害策動に対処し、朝中両党・両国が団結と協力を強化する」よう呼び掛けたのに対し、中国側は「国際および地域情勢は深刻に変化している」として、朝鮮半島情勢に「新たな積極的な貢献を行う用意がある」と指摘するとともに、「両国人民にさらに立派な生活をもたらす用意がある」と表明し、北朝鮮への経済支援の可能性を示唆した。米中の対立が深まるなか、北朝鮮の対中接近が強まることが予想される。

ロシアとの関係では、目立った外交上の動きはなかったものの、ロシアは北朝鮮に計5万トンの小麦を支援し、一定の存在感を示した。

東京オリンピック不参加を表明

20年9月に就任した菅義偉首相は、同月の国連総会における就任後最初の演説において、「日朝平壌宣言に基づき、拉致、核、ミサイルといった諸懸案を包括的に解決し、不幸な過去を清算して、国交正常化を目指す考えに変わりはない」、「条件をつけずに金正恩委員長と会う用意がある」と表明するとともに、「日朝間の実りある関係を樹立していくことは、日朝双方の利益に合致するとともに、地域の平和と安定にも大きく寄与するであろう」と指摘した。また、21年1月の記者会見では、夏の東京オリンピック・パラリンピックに合わせて北朝鮮要人が来日する可能性を注視していると表明した。

このように北朝鮮との対話や関係改善に意欲を示す菅首相に対して、北朝鮮は、「拉致問題はわれわれの誠意と努力によってすでに逆戻りさせることができないほど完全無欠に解決された」(李炳徳外務省日本研究所研究員)などと主

張し、安倍前政権時と同様、日本が拉致問題を持ち出すことを強く牽制した。また、東京オリンピックについては、21年4月、新型コロナウイルス感染症から選手を保護するためとして、朝鮮オリンピック委員会が東京オリンピック不参加を決定したとウェブサイトを通じて明らかにした。東京オリンピックに対しては、韓国でも南北対話の再開に向け、平昌冬季五輪における金与正訪韓の再現に対する期待感が高まっていたところであるが、北朝鮮としては、現状において日本や韓国との対話にメリットを見出せず、日韓の期待感をひとまず打ち消す狙いがあったとみられる。ただし、北朝鮮はIOCとの協議に応じず、正式な届出を行っていないと伝えられており、来日カードを切る可能性も否定できない。

軍事

「超大型ICBM」、「新型SLBM」を誇示

北朝鮮は、20年10月および21年1月に軍事パレードを実施し、各種の弾道ミサイルを登場させた。北朝鮮が短期間に軍事パレードを相次いで実施するのは異例であるが、それぞれ20年11月の米大統領選挙、21年1月のバイデン新大統領の就任を前にした時期であり、米国との交渉をにらんでミサイルカードの値をつり上げるべく、デモンストレーションに出たものとみられる。

2回の軍事パレードのうち、20年10月の朝鮮労働党創建75周年慶祝閲兵式では、19年に発射した新型の短距離弾道ミサイルや、MRBM「北極星2」、IRBM「火星12」、ICBM「火星15」などの既存の弾道ミサイルを登場させたほか、機体に「北極星4」と記した新型の潜水艦発射型ミサイル（SLBM）と11軸22輪の運搬車両に搭載された超大型の新型ICBMを公開した。しかし、21年1月の第8回党大会慶祝閲兵式では、「北極星4」とは弾頭の形状が異なる新型SLBM「北極星5」を公開する一方、「超大型」を含むICBMは登場させず、バイデン新政権の発足を控えて脅威感を抑制する思惑をうかがわせた。

なお、防衛省の発表によれば、北朝鮮は、21年3月25日朝、東海岸の咸鏡南道宣徳付近から弾道ミサイル2発を発射し、いずれも日本海上の日本のEEZの外側に落下した。韓国軍は、ミサイルの最大高度は約60キロメートル、飛距離は約

450キロメートル（後日600キロメートルと訂正）と推定した。北朝鮮は翌26日、同発射が新開発の「戦術誘導弾」の試験発射であり、2.5トンの重量弾頭を搭載し、約600キロメートル飛翔したほか、「低高度滑空跳躍型飛行方式の変則的な軌道特性」を再実証したと発表した。北朝鮮側が公表した写真から、発射したミサイルは、KN−23と呼ばれるイスカンデル型の短距離弾道ミサイルを大型化した新型ミサイルとみられている。

核戦力の開発状況に言及

　朝鮮労働党は、第8回党大会の党中央委活動報告において、ICBMをはじめとする核戦力の開発状況に言及し、多弾頭化技術の研究が最終段階にあること、極超音速滑空飛行弾頭の開発が試験製作の準備段階にあること、原子力潜水艦の設計・研究が最終審査段階にあることなどを明らかにした。また、戦術核兵器の開発、1万5,000キロメートル圏内の命中率向上、固体燃料式水中・地上ICBMの開発、原子力潜水艦および水中発射型核兵器の保有、軍事偵察衛星の運用などの目標や課題を提示し、引き続き核戦力の高度化を進める方針を明らかにした。他方で、活動報告は、これらの方針に言及するに先立ち、「強力な国家防衛力は決して外交を排除するのではなく、正しい方向へ進ませ、その成果を保証する威力ある手段になる」と指摘しており、核・ミサイル開発を対米交渉のテコとして活用しようとする思惑をうかがわせている。

党政治局常務委員に現役軍幹部が選出されず

　軍関係の幹部人事については、20年5月、軍需担当の李炳鉄党副委員長が党中央軍事委員会副委員長に就任したのに続き、8月には政治局常務委員に、10月には元帥に、それぞれ地位を上昇させた。また、第8回党大会で軍を担当する軍政指導部の設置が判明し、呉日正・元党軍事部長が部長に就任した。一方、近年急速に地位を上昇させていた朴正天総参謀長は、李炳鉄とともに元帥に昇進したものの、第8回党大会での異動はなく、党中央軍事委員および政治局委員の地位に止まった。また、権英進総政治局長と金正官国防相も政治局委員に止まった。この結果、党政治局常務委員会に朝鮮人民軍の現役幹部が不在とな

り、党の軍に対する優位が示された形となった。

南北朝鮮関係

北朝鮮、南北共同宣言20周年に南北共同連絡事務所を爆破

　20年6月4日、北朝鮮の金与正党第1副部長が談話を発表し、韓国の脱北者団体が5月末に北朝鮮の「最高尊厳」（金正恩を指す）を棄損する大量のビラを北朝鮮側に向けて散布し、韓国当局がこれを放置したと非難した。金与正はビラ散布を阻止する法律の制定などの対応措置を取るよう要求し、受け入れなければ開城工業団地の廃止や同団地内にある南北共同連絡事務所の閉鎖、あるいは19年9月に合意した南北軍事合意を破棄すると警告した。これに対し、韓国当局は、談話当日に「法整備を検討中」（統一部報道官）と発表したほか、ビラ散布を取り締まる方針を表明するなど、北朝鮮側の要求に呼応する姿勢を示したが、北朝鮮側はこれを受け入れず「行けるところまで行く」と宣言し、南北間の通信連絡を遮断したのに続き、6月16日、南北共同連絡事務所の建物を爆破した。

　北朝鮮側はさらに、金剛山観光地区や開城工業団地への軍部隊の展開や南北軍事境界線付近での軍事訓練の再開、北側の対韓ビラ散布に対する軍事的支援などの計画を発表したが、20年6月23日、金正恩の司会のもとで開催された党中央軍事委員会予備会議において、これら計画の「保留」を決定し、ビラ散布をめぐる一連の強硬な行動を終息させた。

　その後、北朝鮮は、文政権との対話には応じないが非難もしないという、ハノイ米朝首脳会談決裂以降の姿勢に戻った。20年9月に黄海の北方限界線を越えて漂流した韓国の漁業指導員を北朝鮮軍が射殺し、遺体を焼却する事件が発生すると、北朝鮮は、金正恩の謝罪の意を含む通知文を韓国側に送り、文在寅と金正恩との親書交換に応じたほか、金正恩が10月の朝鮮労働党創建75周年閲兵式の演説で「一日も早くこの保健危機（コロナ禍）が克服され、北と南が再び手を携える日が来ることを祈願する」と表明するなどして、状況の管理を図った。

　なお、韓国政府は、20年12月にビラ散布の禁止を盛り込んだ「南北関係発展に関する法律」を国会で可決させ、21年3月に施行したが、同法が表現の自由を

制限するものとして米国で批判の声が上がったことを受けて、韓国の脱北者団体が4月末に大量のビラを散布したと発表した。これに対し、金与正が5月2日、再び談話を発表して「不快感」を表明したが、前年6月の談話に比べてきわめて簡素な内容で、対応措置についても「相応の行動を検討してみる」と述べるに止め、前年の事態の再現を回避する思惑をうかがわせた。

　南北共同連絡事務所を爆破して以降の動向を見れば、北朝鮮側には爆破によって南北関係を極度に悪化させる意図はなかったと言ってよい。南北共同連絡事務所は18年9月に設立したばかりで歴史が浅く、19年3月に北朝鮮側が要員を撤収させ連絡事務所としての機能を果たしていない状況になっていた。金与正が警告した措置の中では最も影響が限定的な措置であったと言える。そうであるとすれば、北朝鮮側の狙いは別なところにあり、爆破の時期などから見て、合意20周年を迎えた「南北共同宣言」の存在を覆い隠す思惑が考えられる。「南北共同宣言」には南北合意の中で唯一、連邦制統一の原則が明示されており、北朝鮮としてはこの連邦制に関する部分を打ち消したかったものとみられる。そのような思惑は、その後の第8回党大会において示唆されるところとなる。

北朝鮮、「統一問題」を「対南問題」に格下げ

　第8回党大会の中央委活動報告では、統一問題の扱いが「われわれの代に必ずや祖国を統一しなければならない」と強調した前回大会とは大きく様変わりした。報告の構成が5項目から4項目に減り、統一問題が対外関係と一つの項目で語られた。また、統一問題を「対南問題」と言い換えた上、「北南関係の現実態は板門店宣言（18年4月）発表以前の時期に逆戻りしたと言っても過言ではなく、統一という夢はさらに彼方へと遠ざかった」と表明し、連邦制統一をはじめとする「祖国統一路線」には言及しなかったのである。

　南北統一問題は、朝鮮労働党にとって社会主義建設と並ぶ建党以来の最重要目標でありながら、1980年の第6回党大会で打ち出した「高麗民主連邦共和国創立方案」が実現の目処すら立たない状況が続き、これが党大会を開催できない大きな理由になってきたとみられる。そこで労働党は、36年ぶりとなる第7回大会において、新たに南北の「全民族的合意に基づく連邦制方式」を提示し、「高

麗民主連邦共和国創立方案」を事実上棚上げした。加えて、金正恩が19年の「新年辞」において、南北首脳会談が3回開催された18年の情勢を念頭に「北と南は全民族の統一への関心と熱望がかつてなく高まっている今日の良い雰囲気を逸することなく、全民族的合意に基づいた平和的な統一方案を積極的に模索し、その実現のために真摯な努力を傾けるべきだ」と呼び掛けたものの、韓国側はこれに呼応することがなかった。こうした経緯から、労働党は実現困難な「統一問題」の重荷を下ろし、南北関係を外交関係の一部として位置付ける方向に転換したものとみられる。こうした方向性は、党大会後の21年3月、北朝鮮が韓国の米韓合同軍事演習実施を非難しつつ、統一問題を所管する「祖国平和統一委員会」を廃止する可能性に言及したところにも表れていたと言えよう。

（公安調査庁　瀬下政行）

隠遁生活からの解放

　2000年6月14日、平壌を韓国大統領として史上初めて訪問、北朝鮮の金正日総書記と首脳会談を行った金大中大統領は、訪問2日目の2回目の会談で、金総書記と滞在中の食事などを話題にしていた。その時、金総書記は自身について欧米メディアなどがなかなか表に出ることがなく、神秘の指導者と描かれていることについて、「これまで中国やインドネシアなどを非公式訪問しているのに、隠遁生活を送っていると伝えている」と指摘した上で、「金大統領が来てくれたおかげで、隠遁生活から解放されました」と自嘲気味に語った。

　これに金大統領も思わず笑わずにはいられなかった。なぜなら、韓国でも金総書記はそれほどしゃべらず、場合によって言語障害があるのではないかとの推測報道が出ていたからだ。確かに南北首脳会談まで金総書記が外部に向かって話したのは、1992年4月の朝鮮人民軍創建60周年の軍事パレードで軍最高司令官として「英雄的朝鮮人民軍将兵らに栄光あれ」との述べたことが唯一、伝えられていたためだ。こうしたことも「神秘のベールに包まれた指導者」とのイメージが一人歩きする要因ともなった。

　この南北首脳会談のやりとりで、金総書記が想像以上によく話し、しかも非常に論理的なやりとりをすることが分かり、韓国メディアは金総書記の話しぶりを非常に好意的に取り上げた。「推測を裏切られた驚きがあった」と当時の韓国統一省幹部も述懐している。

　初の南北首脳会談から18年後の2018年4月27日。韓国の文在寅大統領と北朝鮮の金正恩朝鮮労働党総書記（当時は党委員長）の首脳会談が板門店の韓国側施設で行われた。冒頭、金総書記は文在寅大統領が当日の夕食会で平壌冷麺を食べたいと言っていたことを指摘し、「何とかして平壌から平壌冷麺を持ってきた。遠くから来た平壌冷麺をおいしく召し上がってほしい」「いや、遠いと言ってはだめだな」と言い直した。南北は近い関係にあることを語るべきだと察したのか、とっさの言いつくろいに場は和んだ。

　夕食会に出された冷麺は平壌から来た専門のスタッフによって調理されたが、少し夕食会の開始が遅れたため、麺がややのびた状態になっていた。金総書記は「申し訳ない」と文大統領に謝罪、「今度平壌にいらっしゃれば、本場の冷麺を提供しましょう」と約束した。この約束は5カ月後、文大統領の訪朝で実現した。平壌冷麺で有名な老舗レストラン「玉流館」での昼食会でのことだ。

磐村和哉
共同通信社編集委員

第6章　東南アジア

概　観

　2020年の東南アジアでは、前年に引き続いて、南シナ海における中国の挑戦的な行動が目立った。各国が新型コロナウイルス感染症対応に忙殺されるなか、中国はあからさまに海洋での諸活動を活発化させ、ベトナムやフィリピンの船舶との衝突事案もたびたび発生した。3月には中国の調査船がマレーシアの国営石油会社ペトロナスが開発するマレーシアの排他的経済水域 (EEZ) で探査活動を行い、マレーシアは猛烈に反発した。

　米国は従来の「航行の自由」作戦とは別に、南シナ海に空母を複数回派遣して中国を牽制した。7月、ポンペオ米国務長官は、中国の南シナ海ほぼ全域での海洋権益の主張は「完全に不法」であると明言し、「中国に領有権の主張を侵害されている世界中のすべての国を支援する」と述べた。従来よりもかなり踏み込んだ発言である。フランスやドイツなどの西欧諸国も、改めて中国に対し、国際海洋法条約の順守を求める外交的メッセージを発出しつつ、艦船を南シナ海に航行させる意向も表明している。

　こうしたなか、東南アジア諸国連合 (ASEAN) は、米中によって分断されることをますます強く懸念し、域外大国と均等な距離感を保つ姿勢を模索し続けている。

　中国は東南アジア諸国に対し、従来のインフラ支援に加え、感染症対策として医療物資やワクチンを提供している。南シナ海問題については、中国は表向きには、係争国・周辺国の行動を法的に規制して紛争を防止するための「行動規範 (COC)」の策定に向けて、ASEANと実務レベルでの調整を続けるとしている。中国への経済的な依存の度合いが加盟国によって異なるなか、地域機構としてのASEANは、南シナ海問題に対する共通の見解や打開策を打ち出せずにいる。

　日米が推進する「自由で開かれたインド太平洋 (FOIP)」に対するASEANの立場も、曖昧なままである。19年6月のASEAN首脳会議で採択された「インド太平洋に関するASEANアウトルック (AOIP)」は、ASEANの中立と中心性を確認するものであった。しかし、中国やロシアは多国間会議において、ASEANに対し、インド太平洋という言葉やAOIPにすら言及しないよう圧力をかけていると報じられており、ASEANは困難な立場に置かれている。「(米か中かの) 選択を迫らないでくれ」というASEANの主張は、いまでは多くの域外諸国の実務家や研究者に広く知られている。

　米国は南シナ海への実質的な介入を続けているが、外交レベルでは、トランプ大統領は4年連続で東アジアサミット (EAS) を欠席しており、米・ASEANの首脳外交は完全に中断している。バイデン政権がASEANとその加盟国に対し、どれほど魅力的な協力を提示できるのかは未知数である。

　21年2月のミャンマーでのクーデターは、東南アジア地域における民主主義の後退と権威主義の強化を、改めて世界に印象づけた。ミャンマーへの対応をめぐっては、内政不干渉の原則を曲げてでもASEANとして何らかの関与をすべきと主張するインドネシアと、不干渉を貫きたい国々との間に温度差も見られる。国際社会はASEANに期待を寄せるが、南シナ海問題に続き、ミャンマーの出口戦略をめぐっても、ASEAN内での意思決定が困難となる可能性がある。

安全保障環境：米中対立の先鋭化

南シナ海における中国の活動と米国の軍事的関与

　中国は南シナ海において、他国との係争中の海洋および岩礁の上に建造物を作ったり、埋め立てによって拠点を構築したりと、軍事目的での利用を窺わせる活動を繰り返してきた。2013年、中国と領有権を争う国のうちの一つであるフィリピンが中国をハーグの国際仲裁裁判所に提訴し、16年にはフィリピンの主張がほぼ全面的に認められる判決が下ったが、中国は全面的にこれを無視し、海警局の艦船に加えて調査船、海軍艦艇などを駆使した活動を展開している。20年に入ってからも、各国が新型コロナウイルス感染症の拡大防止の措置を講じている最中に、中国は他国の排他的経済水域内での探索活動や埋め立てを継続した。

　20年以降の大きな特徴は、米国が一気にこの海域への軍事的関与を強め、南シナ海の海域で、米中の双方が、それぞれに大規模な軍事演習を、牽制しあうように実施していることである。

　米国は、南シナ海にミサイル駆逐艦などを航海させる「航行の自由」作戦を、15年に2回、16年に3回、17年に6回、18年に5回、19年に8回、20年に8回実施した。そしてこれ以外にも、南シナ海への空母派遣や偵察飛行といった軍事的行動を拡大した。

　20年4月、中国自然資源省の調査船「海洋地質8号」が、マレーシアの国営石油会社ペトロナスが開発する海域で探査活動を行ったことに対し、米軍は強襲揚陸艦など3隻、オーストラリアはフリゲート艦を、それぞれマレーシア沖に「共同演習」の目的で派遣した。米軍は翌月には沿岸域戦闘艦と補給艦を派遣し、マレーシアの掘削船の周辺を航行させた。

　さらに米軍は、空母ロナルド・レーガンや空母ニミッツを、7月、8月、10月の3回にわたって南シナ海に派遣した。7月にはB－1B「ランサー」戦略爆撃機任務部隊も参加し、飛行訓練や防空訓練などを実施した。

　中国は、北京のシンクタンクのデータを元に、南シナ海における米軍の偵察飛行回数が飛躍的に増大しているとして牽制している。20年5月に35回であった大

型偵察機による飛行は、7月には67回実施されたという。

　西欧諸国も軍事的関与の度合いを急速に強めている。フランスは21年2月、攻撃型原子力潜水艦エメロードと支援船セーヌを前年以来インド太平洋で活動させていること、同船舶は南シナ海も航行したことを発表した。同年5月には、英国が空母クイーン・エリザベス率いる大艦隊をインド太平洋地域に派遣し、米国の駆逐艦とオランダのフリゲート艦も同行する形で日本を含む友好国との演習を実施し、南シナ海の「航行の自由」への支持を表明する予定であると報じられている。さらに同年夏には、ドイツもフリゲート艦を南シナ海に派遣し、マラッカ海峡などを航行させることを計画している。

表：南シナ海における主な動き（2020年以降、「航行の自由」作戦を除く）

20年2月	●中国海軍艦艇が、南沙諸島コモードアー礁近くをパトロールしていたフィリピン海軍の艦船に火器管制レーダーを照射。
20年3月	●中国が南沙諸島で天然ガス関連調査活動を拡大。南沙諸島に「科学研究」施設を設置。 ●中国の空母遼寧が南シナ海を航行。
20年4月	●西沙諸島ウッディ島付近の海上で操業中の中国海警局の船舶がベトナム漁船と衝突し、ベトナム漁船が沈没。 ●中国政府が、海南省三沙市に新たな行政区（南沙諸島とその海域を管轄する「南沙区」、西沙諸島とその海域を管轄する「西沙区」）を設置することを発表。ベトナムとフィリピンの外務省が抗議。 ●中国自然資源省の調査船「海洋地質8号」が、マレーシアの国営石油会社ペトロナスが開発するマレーシアの排他的経済水域で探査活動。米国が強襲揚陸艦など3隻、オーストラリアがフリゲート艦を派遣。
20年6月	●西沙諸島付近で中国船がベトナム漁船に異常接近し、船の機材や漁獲物を奪う。 ●米国が空母ニミッツと空母セオドア・ルーズベルトを南シナ海に派遣。 ●空母ニミッツと空母ロナルド・レーガンが南シナ海で共同演習。
20年7月	●米国が空母ニミッツと空母ロナルド・レーガンを再度派遣して演習。戦術的防空演習、連続飛行訓練などが行われる。

	●日米豪3カ国が、西太平洋と南シナ海で共同訓練。海上自衛隊の護衛艦てるづき、豪の強襲揚陸艦キャンベラが、活動中の米空母ロナルド・レーガンに合流。 ●中国が西沙諸島付近で軍事演習。 ●ポンペオ国務長官が、南シナ海の海底資源をめぐる中国の権利主張は「完全に違法」であると述べ、同海域における中国の行動を批判。 ●中国が南シナ海で、火力を伴う爆撃機の訓練。 ●インドネシア海軍がナトゥナ諸島周辺を含む南シナ海の南の海域で、駆逐艦2隻やフリゲート艦4隻など24隻が参加する大規模な演習を実施。
20年8月	●マレーシアが、南シナ海でマレーシア沿岸警備隊の警備艇に衝突しようとしたベトナム漁船を銃撃、ベトナム人の漁師1人が死亡。 ●米国の空母ロナルド・レーガンが南シナ海で防空訓練。 ●香港を母港とする中国のコルベット艦恵州が南シナ海で実弾射撃演習。 ●ポンペオ国務長官が、中国による南シナ海の埋め立てや軍事拠点化などに関与した中国人に対してビザ制限を実施すると発表。
20年10月	●フィリピン政府が南シナ海での石油探査の再開を許可し、中国との共同開発の可能性に言及。 ●米国が南シナ海に空母ロナルド・レーガンを派遣。 ●南シナ海で日米豪共同訓練。日本の海上自衛隊護衛艦きりさめと米海軍駆逐艦ジョン・S・マケイン、オーストラリア海軍フリゲート艦アランタの3隻が参加。
20年12月	●ベトナム・ホーチミン市に寄港していたインド海軍の艦船がベトナム海軍とともに南シナ海を航行。 ●米空軍B-1B「ランサー」戦略爆撃機2機が南シナ海に緊急出動。
21年1月	●米国が空母セオドア・ルーズベルトを旗艦とする空母打撃群による哨戒任務を南シナ海で開始。
21年2月	●中国が海警法を施行。フィリピンとベトナムが外交ルートで抗議。 ●米国が南シナ海に空母ニミッツと空母ロナルド・レーガンを派遣して演習。 ●中国が南シナ海で10機以上の爆撃機による演習。 ●フランスが、攻撃型原潜エメロードと支援船セーヌを南シナ海に航行させていたと発表。

21年3月	●フィリピン国防相が、フィリピンが排他的経済水域と主張する南沙諸島の周辺海域に約220隻の中国船舶が集結しているとして、中国に撤退を要求。
21年5月	●中国の空母山東の部隊が南シナ海で訓練。 ●フィリピン外務省が、南シナ海を哨戒中のフィリピン沿岸警備隊の警備艇に対する中国海警局艦の威圧行為に強く抗議。

外交的な関与：2016年仲裁裁判所判決への域外諸国からの支持

　20年7月以降の新たな動きとして、ASEANの加盟国だけでなく、西欧の域外諸国が、改めて中国が16年の国際仲裁裁判所の判決を尊重すべきであるとの外交的な発言を始めたことが指摘できる。

　ポンペオ国務長官は20年7月13日、国際仲裁裁判所の判決から4年目を迎えるにあたり、南シナ海の海洋権益をめぐる中国の主張は「完全に違法」であると明言し、中国に領有権の主張を侵害されている世界中のすべての国を支援し、米国が合法的な主張を守るため必要な措置を講じると述べた。米国は従来、国際法を尊重した平和的な解決を促すと述べてきたが、今回はかなり踏み込んで、中国の主張を初めて全面否定し、フィリピンやベトナムなどの中国と海洋権益を争う国を支持する立場を表明した。ポンペオ国務長官は8月には、中国による南シナ海の埋め立てや軍事拠点化などに関与した中国人に対してビザ制限を実施すると発表した。米商務省も、米国企業からの製品輸出を禁じる海外企業リストに中国企業24社を加えると発表した。

　これに先立ち、20年3月にはマレーシアが国連の大陸棚限界委員会に対し、中国の行為を告発する口上書を提出しており、インドネシアも5月に口上書を提出している。

　ポンペオ国務長官の発言後、オーストラリアは単独で、英国、フランス、ドイツは共同で、中国の南シナ海領有権に関する主張と活動は国連海洋法条約違反であるとの立場を口上書で国連に伝達した。

　21年の4月には、EU報道官が声明で、中国が南シナ海の平和を脅かしていると批判し、南シナ海での領有権をめぐる中国の主張の大部分を否定した16年の国際仲裁裁判所の裁定に全当事者が従うべきであると発言した。

南シナ海における行動規範（COC）の策定見通し

　ASEANと中国との間では、南シナ海での紛争を防止するために当事国の行動を法的に規制する行動規範（COC）の策定交渉が、13年から続けられているが、調整は長期化している。協議内容は非公開であるが、19年7月の中・ASEAN外相会議では、各国の要望を整理する第一読会が完了したことが確認され、同年11月の中ASEAN首脳会議では第二読会の開始が伝えられた。中国の王毅外交部長、李克強首相はともに、「2021年までにCOC交渉を終結できることを期待する」と述べてきた。

　20年は、実務レベルでの調整はあまり進まなかったとみられる。11月のASEAN首脳会議声明には、「COCの早期締結に向けた実質的な交渉の進展に勇気づけられた」と明記されているが、具体的な進捗状況は判明していない。

　COCの策定が遅れつつある中、ASEAN各国からは、米国を含む域外国の関与を期待する声も聞かれ始めている。フィリピンのロクシン外相は20年11月、「COCでは域外国は排除しない」とソーシャルメディアに書き込み、COC策定過程にASEANと中国以外の域外国が関与する可能性を示唆した。これは、16年の就任以降一貫して、中国との二国間協議による解決を模索してきたドゥテルテ大統領が、20年9月の国連演説で、「欧米諸国がフィリピンの主張を支持することを歓迎する」と述べたこととも呼応する。

米フィリピン地位協定

　20年2月、フィリピンのドゥテルテ大統領はフィリピン外務省に対し、米・フィリピン間の訪問軍協定（VFA）の破棄を指示した。直接的な理由は、米国の上院が、ドゥテルテ政権の違法薬物取締政策に伴う超法規的殺人や人権侵害を批判する決議を採択し、それに伴って米国政府が、ドゥテルテ政権発足時に警察長官として薬物取締を指揮したデラ・ロサ上院議員の米国査証を取り消したことであった。大統領の米国に対する個人的な怨念に起因する仕返しのようにも見えるが、こうした反応主義的な外交は、16年のドゥテルテ政権発足以降続く米フィリピン同盟に対する軽視の延長線上にある。フィリピン国内世論は、昨今の中国の海上での威嚇行為に批判的だが、他方で、ドゥテルテ政権の強権的な違法薬

物取締政策に対する評価は高く、米国がフィリピンの国内政策に干渉することを毛嫌いする傾向は、有識者の間ですら、依然として強い。

　VFA破棄の意向は外交ルートで米国に通告され、通告から180日後（8月）に失効することとなっていたが、6月、フィリピン外務省は突然、米国側に対し、6カ月間は決定を保留することを伝達した。それ以降、外務省、国防省はそれぞれで実務者間の協議を続けている。

　VFAは1992年の米軍基地撤退後、98年に締結されたものであり、米フィリピン間の合同演習や14年に締結された防衛協力強化協定（EDCA）に基づく米軍のフィリピン国内における軍事基地の使用などを保証する基盤となってきた。フィリピン憲法は、条約や協定の締結には上院議員の3分の2以上の賛同が必要であると定めているが、破棄についての規定はなく、今回の件で、大統領の一存で破棄することが可能であることが明らかになった。

　もし協定が失効すれば、米・フィリピン間で従来実施されてきた「バリカタン」をはじめとした共同軍事演習の内容も見直されることになろう。ドゥテルテ大統領はテロ対策において米国やオーストラリアに依存し、また、災害多発国としても人道支援／災害救援分野での防衛交流が不可欠であるから、フィリピンを舞台とした軍事協力や演習が急速に縮小あるいは停止されることはないだろう。しかし、VFAによって米軍兵士の身柄が保証されないとなれば、中長期的には米軍は対テロを主眼としてフィリピン国内で実施する「バリカタン」や、人道支援・災害救援を目的に実施してきた多国間訓練「パシフィック・パートナーシップ」のフィリピン寄港などを見直す可能性がある。日本やオーストラリアはかねてより、VFAに準ずる地位協定なしに、フィリピン領土内で訓練やオペレーションを実施するのは困難であるとの指摘をしてきた。VFAやその他の外国軍地位協定が未整備であったり、その解釈を巡ってフィリピン側の見解があいまいであったりする場合、外国軍がフィリピンに対し、長期的コミットメントを続けることは難しい。地位協定の不確実さは、フィリピン国内で発生する大規模災害の救援活動に外国軍が参加する際の障害にもなりうる。なお、新型コロナウイルスの拡大により、20年5月に予定されていた「バリカタン」は中止されている。

ASEANを中心とした地域協力枠組み

米中対立の中でのASEANの基本的な立場

　08年に制定された「ASEAN憲章」は、加盟国の内政問題への不干渉や、法の支配、グッド・ガバナンス、民主主義の原則などをうたっている。内政不干渉と「ASEANの一体性」を前面に掲げ、域外大国からの干渉を拒むのは、ASEANの特徴の一つである。

　ASEANは12年以降、その首脳会議と外相会議において、南シナ海問題をはじめとする域内の安全保障問題について、一致した見解や方向性を表明することを避けてきた。米中、日本、ロシア、インドなどの域外国との「対話」関係を築きながらも、米中の板挟みになりたくないとの意向は強い。このことは、「自由で開かれたインド太平洋（FOIP）」に対するASEANの消極的な姿勢にも表れている。

　対中国という文脈では、中国は近年、大規模なインフラ整備プロジェクト構想として「一帯一路」構想を推進してきた。これは、中国から中央アジアを経て欧州に至る陸上交通路と、中国から東南アジアの海域、インド洋を経て地中海に繋がる海上交通路を整備し、ユーラシア一帯の発展を目指す広域経済圏構想である。地域機構としてのASEANは「一帯一路」構想について強い支持を表明しているわけではないが、地域の連結性を強化するインフラ開発については、すべての加盟国が賛同するところである。なお、中国が提案した、東南アジア、南アジアを中心にさまざまな融資を実施して港湾や鉄道の整備を支援するためのアジアインフラ開発銀行（AIIB）は、構想当初から、すべてのASEAN加盟国に支持されており、既存のアジア開発銀行（ADB）とAIIBは、その対象地域を重複させつつ併存する状況にある。

　他方、対米、対日という文脈では、日本政府は16年、FOIPを戦略として打ち出し、太平洋からインド洋にまたがる地域で、法の支配や市場経済といった価値を共有する国々が協力する枠組みを提案した。トランプ大統領も17年のアジア諸国への歴訪時に、「インド太平洋戦略」を同国の新たなアジア戦略と位置付けた。日米はのちに、FOIPを戦略ではなく構想であると言い換えたが、ASEAN

はFOIPを受け入れれば中国を刺激することになるとして、これを当初より警戒してきた。19年6月の首脳会議で採択された「インド太平洋に関するASEANアウトルック（AOIP）」という文書では、ASEANは利害が競合する環境の中で、中心的で戦略的な役割を担うことを表明した。

　日本も米国も、外交的には、同文書への歓迎を表明している。こうしたASEANの優柔不断な姿勢を批判する論調も見られるものの、この数年間にわたってASEANが繰り返してきた「（米か中かの）選択を迫らないでくれ」という主張は、国際社会の実務家、研究者の間でも広く知られ、一定の理解を得ているように見える。84年のASEANの発足当初、東南アジアは冷戦の主戦場の一つであった。第二次世界大戦前においてはこの地域は列強諸国によって分断され、日本と連合国との戦場にもされてきた。米中対立に巻き込まれたくない、再び分断されたくないとのASEAN諸国の意志は固い。

　他方、米中対立の激化はASEANを巻き込んでおり、20年のASEAN関連会合、東アジア首脳会議（EAS）においても、ASEANが米中、そしてロシアといった域外大国から選択を迫られる場面が多々見受けられた。

ASEAN外相・首脳会議

　新型コロナウイルス感染症の世界的な感染拡大を受け、20年のASEAN関連会議はイレギュラーな開催となった。中部ダナンで20年4月に予定されていた定例の首脳会議は延期されたが、同月、感染症に関するASEAN特別首脳会議がオンラインで開催され、保健衛生、軍事医学、人道支援／災害救援分野での地域協力について合意された。

　一方、定例の首脳会議は、6月26日にオンラインで実施され、新型コロナウイルスだけでなく、南シナ海問題についても議論された。議長声明では、南シナ海問題に関して、「信用および信頼を損ね、緊張を高め、平和・安全保障・安定を損なうような、地域における埋め立てや活動、深刻な事案についての懸念が示された」と表記された。前年11月のASEAN首脳会議での「埋め立てや活動に対するいくつかの懸念に留意する」との表現よりもトーンが上がった表現となっている。また、「海洋におけるすべての活動は、国連海洋法条約の枠組みの中で行われ

なければならない旨を再確認する」との表現も追加された。中国に強い姿勢をとる議長国ベトナムのリーダーシップが窺える。

9月には、ASEAN外相会議およびASEAN地域フォーラム（ARF）、東アジア首脳会議（EAS）外相会議がオンラインで開催された。ASEAN外相会議共同声明、ARF議長声明では、6月のASEAN首脳会議と同じ「深刻な事案についての懸念」との文言が盛り込まれた。

11月のASEAN首脳会議もオンラインで実施され、声明は同じ表現を踏襲した。また、「ASEAN感染症対策センター」の新設も発表された。

21年1月21日にはブルネイが新たな議長国となり、ASEAN外相会議がオンラインで開催された。議長声明には「米国との戦略的なパートナーシップをさらに強化するため、バイデン新政権と協働する」との表現が盛り込まれた。また、新型コロナウイルス感染症のワクチンがASEAN各国に平等に配分されるよう協力することでも一致した。

東アジア首脳会議（EAS）：米中対立の先鋭化

EASは地域および国際社会の重要な問題について首脳間で率直な対話を行うことを目的に05年に発足した会議体であり、ASEANの10カ国に加え、日本、米国、中国、韓国、オーストラリア、ニュージーランド、インド、ロシアが参加している。

EAS外相会議は20年9月9日にオンラインで開催され、米中の激しい応酬の場となった。ポンペオ国務長官は、中国の南シナ海における攻撃的な行動に懸念を表明し、「違法」であると非難した。中国の王毅外相は、米国が「2020年1月から6月の期間だけで3,000機の軍機を南シナ海に飛ばし、60隻あまりの軍艦を派遣した」ことを批判し、「米国は中国とASEANの話し合いによる解決の努力を邪魔し、南シナ海の平和を損なう最も危険な要因だ」と批判した。

その後に開催された米・ASEAN外相会議では、ポンペオ国務長官がASEANに対し、中国はASEAN各国の独立や主権、平等という民主主義的価値観を尊重していないと強調し、南シナ海の軍事拠点建設を支援する企業との関係を断つことも訴えた。

これに対し、議長国であるベトナムのミン副首相兼外相は「ASEANは大国間

の競争に巻き込まれたくない」と述べており、ASEAN側の困惑が見て取れる。

　EAS首脳会議は11月14日、オンラインで開催されたが、トランプ大統領は4年連続で欠席した。前年に引き続き代理出席したオブライエン大統領補佐官は、南シナ海での米国のASEANへの安全保障協力をアピールしたが、米国大統領が4年連続で欠席する事態は、ASEANの指導者らに、米国のアジア軽視を印象付けたといえよう。

　なお、米国は20年3月にラスベガスで米・ASEAN特別首脳会合を企画していた経緯があり、ASEAN加盟国からは少なくともベトナム、ラオス、シンガポール、カンボジア、タイの5カ国の首脳が出席を決めていた。しかし、新型コロナウイルスの感染拡大を受け、特別首脳会合そのものが延期された。

「インド太平洋に関するASEANアウトルック（AOIP）」と中露の干渉

　20年11月で採択されたEASの成果文書の一つである「会議15周年に関するハノイ宣言」をめぐっては、中国とロシアが事前の交渉段階でASEANに、「インド太平洋に関するASEANアウトルック（AOIP）」に関する文言を削除するよう求めた結果、ASEAN側がその要求を受け入れたと報じられている。中国は「インド太平洋構想は日米豪印による中国の封じ込め策であると主張し、ロシアは「インド太平洋」という語の使用自体を認めていないという。

　日米豪印は、中国への配慮から「自由で開かれたインド太平洋」構想を完全に受け入れることのできないASEANが19年に採択したAOIPを尊重し、成果文書で明言することを支持していた。中国も、中ASEAN首脳会議での議長声明にAOIPを含めることについては反対していないが、日米豪印などが加わるEASの多国間枠組みにおいては、AOIPは対中包囲網であるとの警戒を強め、文言を拒絶している。

ASEAN地域フォーラム（ARF）

　ASEAN地域フォーラム（ARF）は、1994年より開始されたアジア太平洋地域における政治・安全保障分野を対象とする全域的な対話のフォーラムであり、ASEANを中心に、北朝鮮を含む26カ国とEUが参加している。毎年1回の外相

会合をはじめ、外交当局と国防・軍事当局の双方の代表による対話と協力を通じ、地域の安全保障環境を向上させることが目的である。ARFは、北朝鮮が参加する数少ない多国間協議の枠組みであり、毎年、北朝鮮への各国の動向が注目されている。とはいえ、北朝鮮にはトランプ大統領と直接の対話を模索したい考えもあり、李善権外相は19年も20年もARF閣僚会議を欠席した。また、米国と中国の外相レベルも、公務の重複を理由に欠席した。

アジア太平洋経済協力会議（APEC）

　APECは、米国、中国、日本、ロシア、カナダ、オーストラリア、メキシコなどを含む21の国と地域で構成されていている。18年は米中の対立、19年は主催国チリの開催断念によって共同声明を出すことができなかった。

　20年のAPEC首脳会議はマレーシアの議長のもと、11月20日にオンラインで開催され、トランプ大統領、習近平国家主席も出席した。トランプ大統領は新型コロナウイルス感染症で悪化した米経済を立て直し、インド太平洋地域の平和と繁栄に貢献する方針を示した。参加国は、自由で公正な貿易の実現などを掲げた40年までの長期目標「プトラジャヤ・ビジョン2040」を採択し、貿易・投資のさらなる自由化、デジタル化による革新、持続的発展の三つを柱として、40年までに「開かれた、ダイナミックで、強靱かつ平和なアジア太平洋共同体を作る」との目標を掲げた。これは、APECが1994年に策定した「ボゴール宣言」に代わる新しい目標となる。

東アジア地域包括的経済連携（RCEP）

　20年11月15日、ASEAN10カ国を含む15カ国は、東アジア地域包括的経済連携（RCEP）のオンラインの署名式にて協定に合意した。RCEPは、15年に成立したASEAN域内の市場統合のための枠組みであるASEAN経済共同体と並行し、日中韓などの域外大国と自由貿易協定（FTA）を結んできたASEANの自由貿易構想の、ひとつの集大成といえよう。

　RCEPは関税削減や統一的ルールにより自由貿易を推進する枠組みであり、工業製品や農林水産品など、品目数ベースで91％の関税撤廃率を定めている。こ

れにより、国内総生産（GDP）の合計が世界の約3割を占める巨大経済圏が誕生する。日本にとっては、貿易額が最大の中国、3位の韓国が含まれる初の経済連携協定となる。また、日本とRCEP参加国との貿易額は、日本の貿易総額の半分を占める。

協定はASEAN10カ国と、他の5カ国のそれぞれ過半数が国内手続きを終えてから60日後に発効する。中国とシンガポールは国内手続きを完了しており、日本でも21年4月の参院本会議で承認された。

RCEP成立により、日中韓と東南アジアとが経済的な相互依存関係を深め、中国が東南アジアへの経済的影響力をより強めることは必然である。ASEANのうち、経済発展が遅れているラオス、ミャンマーの貿易額の対中比率は、19年には3割を超えた。中国によるエコノミック・ステイトクラフト（経済的な手段を用いた他国に対する影響力の行使や、それによる地政学的・戦略的目標の追求）に対し、日米がどのように対応するのか、経済と安全保障とのバランスをどのように維持していくのかが問われることになろう。

なお、署名に加わらなかったインドに対しては、早期復帰が可能となる特別措置が設けられている。

表：RCEP参加国

ASEAN	インドネシア、マレーシア、フィリピン、タイ、ベトナム、シンガポール、カンボジア、ラオス、ブルネイ、ミャンマー（10カ国）
非ASEAN	日本、中国、韓国、オーストラリア、ニュージーランド

日中韓ASEAN財務相・中央銀行総裁会議

21年5月、アジア開発銀行の年次総会にあわせて、日中韓とASEANとの間で財務相・中央銀行総裁会議がオンラインで開催された。参加国は、新型コロナウイルス感染症対策における域内協力の重要性を再確認し、感染拡大によって財政が悪化する国々への支援、地域金融協力の強化に合意した。また、13年に日中韓とASEAN5カ国が合意したチェンマイ・イニシアチブ（域内のある国が対外

支払いに支障をきたすような流動性の困難に直面した際に他国が通貨交換［スワップ］の形式によって外貨資金の短期的な融通を行う取極め）をさらに強化することも確認した。

ミャンマー問題とASEAN非公式会合

21年2月1日にミャンマー国軍が全権を掌握したことに対し、同年3月2日、ASEAN外相による非公式の特別会合がオンラインで開催された。内政不干渉を掲げるASEANの首脳が、加盟国の国内問題を論じるために会議を開催するのは異例のことである。ASEANは同年1月に開催したASEAN外相会談の声明でも、イスラム系少数民族ロヒンギャの問題については、「ミャンマー政府の継続的な努力を歓迎する」といった表現で、ミャンマーを批判することを避けてきた。

異例の特別会合の開催には、インドネシアが主導的な役割を果たしたと報じられている。域内最大のイスラム人口を抱え、ロヒンギャ問題の動向も注視するインドネシアのジョコ大統領は、ASEANの盟主として存在感を示したいとの思惑も抱いており、マレーシアのムヒディン首相に特別会合の開催を提案、さらに、インドネシアのルトノ外相がブルネイ、シンガポール、タイを訪問して各国に根回しを行い、タイの空港でワナマウンルウィン氏との会談を経て、開催にこぎつけた。

同会合には、ミャンマーから、軍政によって外相に任命されたワナマウンルウィンも出席した。各国は軍による市民への武力行使に自制を求め、アウンサンスーチーの即時解放や国連特使の受け入れを促す発言も相次いだ。議長国ブルネイは議長声明で、ミャンマー情勢に「懸念」を表明し、「平和的、建設的な方法で支援する用意がある」と述べた。

同年4月24日には、インドネシアのジャカルタで、ミャンマー問題に関するASEANの首脳らによる特別会合が開催された。ミャンマーからはクーデターの首謀者であるミンアウンフライン国軍総司令官が出席し、国軍の立場を説明した。ASEANは同会議の呼称を、首脳会議ではなく、指導者会合としており、ミンアウンフライン総司令官を正式に首脳とは認めない配慮が見受けられる。

同会合もインドネシアが提案したものであった。ジョコ大統領はブルネイのボルキア国王に働きかけを行い、マレーシアのムヒディン首相、シンガポールの

リー・シェンロン首相が相次いで開催を支持した。

　議長声明で加盟国はミャンマーに対し、国軍による抗議デモへの武力行使の即時中止、ASEAN特使の受け入れなどの5項目を要請し、ミンアウンフライン総司令官は「状況が安定した時に、慎重に考慮する」としながらも、基本的には合意した。ミャンマーの民主化勢力による「国民統一政府（NUG）」は当初、ASEANがミンアウンフライン総司令官を招待した一方でNUGの代表を受け入れなかったことを批判していたが、議長声明の内容については一定の評価をしている。なお、国連のブルゲナー事務総長特使（ミャンマー担当）は、同特別会合の折にジャカルタでミンアウンフライン国軍総司令官と面会し、国連特使のミャンマー訪問を受け入れるように申し入れたという。

　ASEANには合意事項の実現を担保する措置についての規定はなく、今後、ASEANとミャンマーがどのようにこれを履行していくのかが注目されている。ASEAN外相らは事態打開のため、米国、中国との早期の会談を模索しており、夏のARFを待たずして、米・ASEAN外相会議、中ASEAN外相会議が開催される予定である。

表：特別首脳会談における5項目の合意事項

1. ミャンマーにおける暴力の即時停止と、すべての関係者による最大限の自粛
2. すべての関係者による建設的な対話による、人々の利益となる平和的解決の模索
3. 議長国ブルネイが任命するASEAN特使とASEAN事務局長による仲介
4. ASEANによるAHAセンターを通じての人道支援の提供
5. 特使はミャンマーにおいて、あらゆる利害関係者と会談すること

日本の対東南アジア安全保障協力

ビエンチャン・ビジョン2.0

　日本は、16年にラオスのビエンチャンにて開催された第2回日・ASEAN防衛担当大臣会合において、ASEANに対する防衛協力の方針としての「ビエンチャン・ビジョン」を発表した。同ビジョンは、日本が、法の支配の定着や海洋・上空

の情報収集・警戒監視、捜索・救難といった分野でASEAN全体の能力向上に資する協力を推進するため、国際法の実施に向けた認識の共有をはじめとした能力構築支援、防衛装備品移転と技術協力、多国間共同訓練、オピニオンリーダーの招聘などを実施していくことを謳っている。18年に決定された新たな防衛力整備の指針「防衛計画の大綱」にも、ASEAN諸国との関係について「共同訓練・演習、防衛装備・技術協力、能力構築支援等の具体的な二国間・多国間協力を推進する」ことを明記している。「ビエンチャン・ビジョン」策定以降、日・ASEAN間では、海軍種間の「乗艦協力プログラム」、陸軍種を中心とした「人道支援・災害救援招聘プログラム」、空軍種間の「プロフェッショナル・エアマンシップ・プログラム」の3事業が実施されてきた。

19年、日本は「ビエンチャン・ビジョン」が二国間の能力構築支援事業や防衛装備品・技術協力、訓練・演習などの深化に寄与してきたことを評価した上で、そのアップデート版として、「ビエンチャン・ビジョン2.0」を発表した。そこでは、「心と心の協力」、「きめ細やかで息の長い協力」、「対等で開かれた協力」という3原則が新たに盛り込まれている。ただし、20年は新型コロナウイルス感染症の感染拡大を受け、人的交流の多くが中止・延期された。

ハイレベルの安全保障対話

20年度の日本と東南アジアとの間のハイレベル防衛対話は、右表のとおりである。国境を超える往来ができない中、二国間の防衛協力・交流はオンラインで進行してきた。日本はインドネシア、マレーシア、フィリピン、シンガポール、ベトナムといった、海上安全保障の要所となる国々と防衛相会談を実施し、新型コロナウイルス感染症の影響を踏まえ、災害派遣活動における感染予防策に関する知見や教訓の共有をはじめとする感染症対策分野においても防衛協力を推進していくことで一致してきた。

特にインドネシアとは、3回の防衛相テレビ会談を経て、21年3月には5年ぶりとなる第2回日・インドネシア外務・防衛閣僚会合（2プラス2）の開催が実現した。同会合で両国は、自由で開かれたインド太平洋構想の実現に向け、具体的な協力を推進することで一致し、「防衛装備品・技術移転協定」に署名した。日本は

500億円の防災分野における円借款の供与を決定し、スールー・セレベス海等周辺地域での協力や、海洋安全保障および海上法執行分野の協力を強化していく方針でも合意した。

　多国間の枠組みでは、20年12月、岸防衛相がオンライン形式で開催された拡大ASEAN国防相会議（ADMMプラス）に出席し、新型コロナウイルス感染症というグローバルな問題によって、国際協調、多国間主義の重要性がこれまでになく高まっていること、各国の国防当局が感染拡大初期段階から重要な役割を果たし、ASEANの枠組み内で感染症対策の協力体制の効果を高める努力が行われていることに言及し、日本も感染症対策分野の防衛協力を推進していく決意を表明した。なお、日本以外のADMMプラス参加国は、米国、中国、ロシア、インド、韓国、オーストラリア、ニュージーランドである。

表：日本と東南アジアとの間のハイレベル防衛対話（2020年以降）

年月日	
2020年5月12日	日・フィリピン防衛相電話会談
2020年5月19日	日・インドネシア防衛相テレビ会談
2020年5月19日	日・シンガポール防衛相電話会談
2020年7月20日	日・マレーシア防衛相電話会談
2020年8月12日	日・インドネシア防衛相テレビ会談
2020年10月23日	日・フィリピン防衛相テレビ会談
2020年11月2日	日・インドネシア防衛相テレビ会談
2020年11月16日	日・ベトナム防衛相テレビ会談
2020年12月7日	日・シンガポール防衛相テレビ会談
2020年12月10日	第7回拡大ASEAN国防相会議（ADMMプラス）、第6回日・ASEAN防衛担当相会合
2021年3月28日	日・インドネシア防衛相会談
2021年3月30日	第2回 日・インドネシア外務・防衛閣僚会合
2021年4月15日	日・マレーシア防衛相テレビ会談

　続いて開催された第6回日・ASEAN防衛担当相会合では、岸防衛相が、「ビエンチャン・ビジョン2.0」の理念を再度説明するとともに、新事業として「日・

ASEAN防衛当局サイバー・セキュリティ能力構築支援事業」を発表し、自由、公正かつ安全なサイバー空間は、人々の自由な社会的・経済的活動を支える基盤であると述べ、高まるサイバー・セキュリティの脅威に対して、日・ASEAN双方のインシデント対応能力を向上させていきたいと述べた。

日本から東南アジア諸国への装備品協力

14年に策定された「防衛装備移転三原則」では、日本が装備や技術を輸出できる条件が整理された。友好国の安全保障・防衛協力の強化に資するものであって、相手国の「監視」や「警戒」に係る能力の向上に寄与する装備については輸出が可能となった。16年、安倍首相とドゥテルテ大統領が、海上自衛隊練習機TC-90の貸与と、それに関係する技術情報などのフィリピンへの移転に合意したことは、日本の装備品協力の先行事例となった。その際、自衛隊によるフィリピン海軍のパイロットへの教育や整備要員に対する支援も開始された。

なお、従来は、装備品を含めた自国財産の他国への移転は売却か貸与に限定されていたが、17年の自衛隊法の規定改正により、不用装備品等の無償譲渡が可能となった。同法改正に伴う初めての防衛装備品移転の事例もまたフィリピンであった。両国は、すでに貸与中であった5機のTC-90を無償譲渡に変更することに合意し、同年中に2機、18年に残り3機がフィリピン海軍へ引き渡された。18年6月にはフィリピン国防省からの依頼を受けて、陸上自衛隊多用途ヘリコプターUH-1Hの不用となった部品などをフィリピン空軍へ無償譲渡することが防衛大臣間で確認され、11月に装備担当部局間で譲渡に係る取決めが署名された。これに従い、19年3月に引き渡しが行われた。また、フィリピン海軍のパイロットに対する操縦訓練を日本の海上自衛隊の基地で実施する、フィリピンに日本の整備企業の要員を派遣し維持整備を支援するといった事業も行われてきた。

20年8月には、フィリピン国防省と三菱電機との間で、同社製警戒管制レーダー4基を約1億ドルで納入する契約が成立した。当該レーダーは、三菱電機がフィリピン空軍の要求に基づき、自衛隊向けのレーダーを製造した経験を踏まえて、新たに開発・製造するもので、日本から海外への完成装備品の移転としては初の案件となった。

　21年4月現在において、無償譲渡が実施された事例、完成品の売却事例はともにフィリピンのみであるが、他国との「防衛装備品・技術移転協定」の締結も進んでいる。マレーシアとの間では18年に締結されており、21年にはインドネシアとの間で署名が行われた。ベトナムとの間では署名は行われていないが、20年10月の日・ベトナム首脳会談で、実質的に合意されている。

共同訓練、防衛交流、能力構築支援など

　新型コロナウイルス感染症の拡大により、陸上での共同訓練は、20年2月に開催された米軍とタイを中心とした多国間軍事演習「コブラ・ゴールド20」以降、ほとんどが延期・中止されている。ARF参加国の局長級を招いて防衛省が毎年3月に開催してきた「東京ディフェンス・フォーラム」も中断されている。

　米国主催の環太平洋合同演習「リムパック2020」は20年8月に、海上訓練のみに限定して開催された。

　インド太平洋方面派遣訓練は20年9月から10月にかけて実施され、護衛艦かが、いかづち、潜水艦しょうりゅうが補給のためにベトナムの要所であるカムラン国際港に寄港したほか、インドネシアと親善訓練も実施した。

　また、東南アジアの部隊は参加していないが、海上自衛隊は20年7月と10月に、南シナ海において日米豪共同訓練に参加している。

　防衛省・自衛隊が12年度から進めてきた能力構築支援の対象国は東南アジアを中心に15カ国に上る。21年3月にはパプアニューギニア国防軍工兵部隊に対し、施設（建設）機械整備の能力構築支援をオンラインで実施した。防衛省はこれまで、同国軍楽隊への育成支援を行ってきたが、工兵部隊に対する支援はこれが初めてとなる。

　近年、安全保障分野から再評価されている試みとしては、法務省を通じたベトナム、カンボジア、ラオスなどへの法整備支援がある。18年には法務省に国際課が新設され、ODAの一環として、日本の専門家が、経済関連法、民法などの分野での法案の起草を支援し、現地の法曹人材の育成にも貢献している。

　この取り組みが評価され、日本は20年、ASEAN加盟国の司法次官・局長級が出席する高級法務実務者会合（ASLOM）の協議に参加することが可能となっ

た。10月6-7日にオンラインで開催されたASLOMでは、法務省の辻事務次官がビデオメッセージを寄せ、早期の日・ASLOM協議の開催を望む旨を述べた。

コロナ渦における民主主義の後退

　米国の非営利組織フリーダムハウスによると、東南アジアにおいては「自由」が保障されている国は一つもない。自由で公正な選挙が実現しているインドネシアやフィリピン、マレーシアでさえ、政権による報道や言論の一部規制が続いている。20年以降は特に、新型コロナウイルス感染症の防疫措置に乗じて、政権が強権的な措置をとる傾向が目立っている。自由で民主的な選挙をいかに実現するか、そして、選挙によって成立した政権がいかに民主的なガバナンスを実現できるかが、引き続き注目される。

タイにおける若年層のデモ参加と王室改革要求の高まり

　タイでは、14年のクーデター以降、当時陸軍司令官であったプラユット暫定首相による軍政が敷かれ、議会は停止、政党活動も禁止されてきたが、19年3月にようやく総選挙が実施された。下院の得票数は、軍政に批判的なタクシン元首相派のタイ貢献党が1位、親軍政の「国民国家の力党」が2位、リベラル系である新党の「新未来党」が3位という結果になった。首相指名選挙には下院議員500名に加え、軍政が任命した上院（250名）が加わったため、プラユット氏が首相を続投することになった。

　19年7月に発足した第二次プラユット政権では、プラユット首相が国防相も兼務し、その他の主な閣僚も、軍政期からの事実上の続投となった。

　同政権は、反軍政を掲げて下院で80議席を獲得し第3党に躍進した新未来党と、若年層に人気のある同党のタナトーン党首への圧力を強めた。19年11月、憲法裁判所は、立候補時に報道機関の株を有していたとして、タナトーン党首の議員資格を剥奪した。さらに20年2月には、憲法裁判所が、タナトーン党首が結党時に政党に対する融資名目で規定額以上の個人献金を行っていたことを根拠に、党の解散とタナトーン党首ら党幹部16人への10年間の公民権停止を命じた。

　この決定を不当であるとする学生らを中心に、2月には各地で抗議デモが連日実施された。3月に入ると、新型コロナウイルス感染症の拡大を受け、デモはいったん下火となったが、軍や司法の露骨な政治関与や、野党に対する恣意的な解党命令が繰り返される現状に対する若年層の不満は収まらなかった。8月以降は再び、全国規模でデモが再燃し、大学生だけでなく中高生も参加する過去にない事態となった。デモには首謀者がいるわけではなく、集会は各地の大学などを拠点に自発的に実施され、参加者たちの主張はSNSで拡散されている。

　プラユット政権打倒を呼び掛けるデモは以前から行われてきたが、20年のデモの特徴は、参加者らの多くが、従来はタブーであった王室改革をも求めている点にある。16年に即位したワチラロンコン国王（ラマ10世王）がドイツで贅沢な生活を送ってきたこと、王室の権限と財政にほとんど制限がないこと、不敬罪によって国民の言論の自由が統制されていることなどに対する若年層の不満が噴出している。

マレーシアにおける権力闘争

　マレーシアでは18年5月の総選挙で、元首相のマハティール率いる野党連合が、政府系投資会社をめぐるナジブ前首相夫妻の汚職疑惑を追及して票を集め、57年の独立以来、初の政権交代を果たした。長年の与党であった統一マレー人国民組織（UMNO）による長期政権が終焉し、民主的な選挙によって政権交代が実現したことが、国際社会からも大きく注目された。

　20年2月、マハティールは突然に辞任を宣言した。マハティール政権下で副首相を務めたアンワルが後任かとみられたが、同政権下で内務大臣を務めたムヒディンが首相の座に就いた。ムヒディンはアズミン経済大臣とともに、首相であるマハティールに対し、下野したUMNOを巻き込んで連立政権を再編成することを提案した。一方、UMNOと距離を置くことで政権交代を果たしたマハティールはこの提案を拒否し、いったん首相を辞任したうえで、UMNOと連立を組むことなく新たな政権を立ち上げようと試みた。すると、ムヒディン、アズミンの両名は反旗を翻して多数派工作を行い、首相任命権を持つアブドラ国王に対し、UMNOを含む連立政権の樹立を訴えた。この結果、ムヒディンが首相、アズミンが貿易産

業大臣として記者会見に臨み、ムヒディン新政権が誕生した。

　しかし、ムヒディン政権は辛うじて国会の過半数を維持している状態で、与党連合を組む身内であるUMNOからも早期に解散・総選挙を実施するよう要求されていた。UMNOはすでに、次期総選挙ではムヒディン首相の政党とは共闘しない方針を明らかにしており、首相は苦境に立たされていた。

　そのような中、首相はアブドラ国王に対し、新型コロナウイルスの感染拡大を理由に非常事態宣言の発令を求め、国王は21年1月12日に、同年8月1日までの非常事態宣言を発令した。ムヒディン首相は王室の声明発表後、発令中は総選挙や地方選挙・補選を実施しないこと、議会を開会しないこと、国王が必要と判断する政策については勅令で対応可能であること、感染が収束すれば総選挙を実施することを述べた。これによって、当面は議会で首相不信任決議案が可決されるリスクがなくなり、解散総選挙も先送りされるため、結果的にはムヒディン政権の延命に資したともいえる。

　民主的な選挙を経て政権交代が実現した国において、一部の指導者層間での権力闘争によるリーダーシップの交代というどんでん返しが行われ、さらには新型コロナウイルス感染症を理由とした措置によって、議会が事実上の機能停止に陥ったことは、マレーシアの民主的ガバナンスに影を落としている。今後、総選挙が実施される場合は、ベテラン議員を擁する伝統的政党であるUMNOの動向が注目される。マレー・イスラム系の議員を多く抱えながら、長らく華人系やインド系の政党と連立を組み、中道路線を堅持してきたUMNOが、経験を生かして与党に復帰できるのか、国民の記憶に新しいナジブ政権時代の汚職イメージを払拭して、有権者の信頼を得ることができるのかが鍵となろう。

（公立小松大学准教授／平和・安全保障研究所研究委員　木場紗綾）

コラム
外交とユーモア

いまはむかし、貸座敷で隠し芸
～ARFの舞台裏で

2008年7月23日、東南アジア諸国連合（ASEAN）の議長国シンガポールのジョージ・ヨー外相は、翌日に控えたASEAN地域フォーラム（ARF）を前に、内外の記者らのぶら下がり取材に応じて宣言した。

「今年は取りやめ」　ARFそのものではない。フォーラム前夜の夕食会恒例の「隠し芸大会」の中止を知らせたのだ。

ARFはASEAN10カ国のほか日中韓米露印など26カ国・地域の外相らが安全保障について話し合う国際会議だ。1994年の開始以来、全体会議の合間にさまざまなバイやマルチの会談の機会を提供しASEANの存在感を高める「貸座敷外交」の舞台となってきた。前夜祭である夕食会では前年まで、各国代表団が趣向を凝らしたパフォーマンスを繰り広げてきた。07年は麻生太郎外相がちょんまげ姿で寸劇を、06年には米国のコントリーザ・ライス国務長官がプロ顔負けのピアノ演奏を披露した。

遡れば米国のコリン・パウエル国務長官がYMCAを踊り、マデレーン・オルブライト長官はアルゼンチンのペロン大統領夫人の生涯を描いたミュージカル「エビータ」の主題歌をもじって「ASEAN、私のために泣かないで」と歌った。ベトナムでは田中真紀子外相がアオザイ姿で登場した。

メディアのネタにもなった「隠し芸大会」を取りやめた理由について、当時のスリンASEAN事務総長は「日米などの域外国がまじめに考えすぎて負担になっていたようだ」と説明した。ASEANに関わった日本の外交官は「何か出しものを考えろ、と上から言われて大変だった」と振り返る一方で「南シナ海や北朝鮮の核問題が緊迫化し、ARFが年に一度集うセレモニーという以上の会議になりつつあった。忙しくなり芸を考える暇もなくなった」と背景を語った。

私は新聞社の特派員としてARFを何度か取材し、隠し芸大会にも立ち会ったが、ASEAN各国の代表団が適当に好きな歌を披露したり、簡単なダンスでお茶を逃がしたりしていたのに対して日米などはウケや評判を気にして出来栄えを真剣に競う感じがあった。ユーモアのセンスさえ競争してしまう域外国とあくまで自然体のASEAN。そもそもASEAN流のユーモアとホスピタリティが生んだ企画だったのだろうが、さっさとやめる融通無碍さも東南アジア風であった。

発足当初は親睦の場の観があったARFも他の国際会議同様、実務的な声明づくりの会議へと変質していったということだろうか。

この年を最後に「隠し芸大会」は復活していない。

柴田直治
近畿大学教授

オンラインで開催された日ASEAN（東南アジア諸国連合）に出席した菅首相（2020年11月12日、
首相官邸で）＝官邸HPから

第7章　南アジア

概　観

　中国や欧米諸国に比べて当初は限定的とみられていた新型コロナウイルスが南アジアにおいて猛威を振るっている。とりわけ2021年春ごろからインドで強力な変異株も発生して、周辺国でも爆発的に感染が拡大した。南アジア一帯は世界人口の4分の1が集中する地域であること、劣悪な衛生環境、ソーシャルディスタンスの慣行のない社会文化的背景などがその要因として指摘されている。各国ともワクチン接種が十分に進まないなか、感染者の急増に対応できず医療崩壊ともいうべき事態に陥っている。

　コロナ危機は経済面でも各国に大きな打撃を与えている。特に地域大国インドにおいては、20年の経済成長率が8％近いマイナスを記録し、21年に入ってからもより強力な「第2波」の到来により、回復への期待がしぼみつつある。今後インドの国力が低下するとすれば、地域の勢力バランスと連携の動きにも影響を及ぼす可能性があり、注視する必要がある。

　そうした兆候はすでにみられはじめている。20年に起きた印中の実効支配線付近での衝突と長期にわたる軍事対峙は、対米関係が悪化しているなかでもインドに攻勢を仕掛けることを躊躇しなくなった中国の新たな動きとも指摘される。コロナ禍に苦しむインドは、中国側と外交・軍当局者間の交渉を続け21年に入ってようやく一部での撤退合意が成立したものの、他の地点では対峙が続いた。そうしたなか、インドはもう一つの対立国パキスタンとの間での停戦遵守合意を発表した。中パ「二正面」での緊張を回避したいという思惑があったのではないかともみられている。国内の反中感情の高まりのなか、モディ政権は経済面では中国製品・投資のボイコットなどを掲げたものの、「第2波」への対処はその難しさを突き付けている。さらに国内のワクチン不足により、南アジアのワクチン市場も中国に奪われつつある。米バイデン政権がアフガニスタンからの撤退計画を進めるなか、同国で生じる「力の空白」をめぐってインドが役割を果たせる余力があるのかさえ怪しくなりつつある。

　「自由で開かれたインド太平洋」の鍵となるインドとの連携を強化してきた民主主義国にとっては、憂慮すべき展開であろう。日米豪印からなる「クアッド」は、コロナ禍で中国の攻勢が強まるなか、20年10月に東京で外相会談を開き、11月には「マラバール」海上演習を実施したほか、21年3月にはオンラインながら初めての首脳会談を開催した。ワクチンを含め、中国に依存しないサプライチェーンの構築など、経済安全保障分野での協力が実際に進むかどうかが注目される。

（防衛大学校教授／平和・安全保障研究所研究委員　伊藤融）

インド

新型コロナ、第2波の感染急拡大で医療崩壊の惨劇

図　新型コロナウイルス、1日当たり新規感染者数の推移（七日間移動平均）

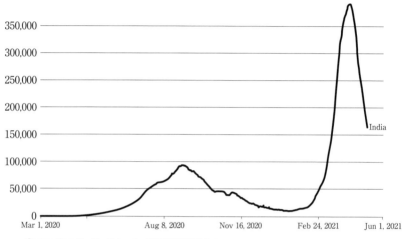

Source : Jhons Hopkins University CSSE COVID-19 Data

出所：Our World in Data にて作成、元データはジョンズホプキンス大学より
（https://github.com/CSSEGISandData/COVID-19）6月1日現在

　インドにおける新型コロナウイルスの感染拡大は、1日あたり感染者数が9万人超となった2020年9月から一旦は沈静化に向かい、21年2月には1日あたり感染者数が約1万人にまで減少していた。世界最大のワクチン製造能力を有するインドは、国内でのワクチン接種の推進だけでなく、近隣国に提供するワクチン外交も展開しはじめていた。

　しかし、21年3月から感染が急拡大し、5月1日には直近24時間の新規感染者数が40万人を超えたと発表された（国別の1日あたり感染者数としては世界最多）。感染状況の全貌は把握されておらず、実際の感染者数ははるかに多いとの見方もある。デリーなど各地で病床や医療用酸素の不足する医療崩壊が発生し、臨時の火葬場が各地に設けられるなど、破滅的な状況となった。この惨状を

受けて、世界各国からインドへの支援の申し出が相次ぎ、敵対的関係にある中国やパキスタンからも申し出があった。

　本稿執筆時点で進行中のこの破滅的なコロナ禍が、今後のインドにもたらす影響は計り知れない。社会や経済への甚大な影響は不可避であり、政治にも影響の及ぶ可能性がある。モディ政権は、第1波への対応においては世論の高評価を得ていたが（下表参照）、第2波に際しては政府対応を非難する声も挙がっている。

表：コロナ第1波へのモディ首相の対応についてインド世論の評価

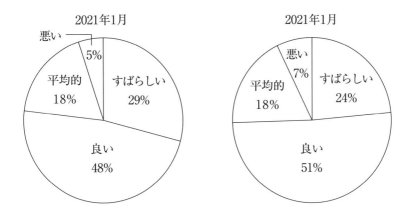

出所：India Today "Mood of the Nation," August 2020 & January 2021

ワクチン外交の展開と急停止

　インドは生産額で世界第3位の製薬大国であり特にワクチン製造能力では世界の約6割を占めてきた。そのため、新型コロナウイルスのワクチンをめぐる国際政治でもその動向が注目された。

　インドは、新型コロナウイルスのワクチン供給のための国際的な枠組み「COVAXファシリティ」に参加した。主に先進国が資金を拠出して各国にワクチン供給を行うCOVAXでは、世界最大のワクチン製造企業であるインドのセーラム・インスティテュート・オブ・インディア（SII）がワクチン製造能力の中心を担うことが期待され、11億回分のワクチン提供を行うことについて21年2月に

COVAXとSIIが合意していた。

　またインドは二国間でのワクチンの供与、いわゆるワクチン外交も展開した。20年1月から他国への供給を開始し、パキスタンを除く南アジアの隣国を中心に、アフリカ、中東などの各国に、SIIがライセンス生産した英アストラゼネカ社のワクチンを提供した。中国も活発に自国産のワクチン供与を進めており、ワクチン外交による影響力拡大をめぐってインドと中国が争っているとの見方もされてきた。

　しかし前述の第2波によって、インド国内への供給が優先され、インドがワクチンを提供するワクチン外交から一転してインドへの支援が行われる状況となり、予定されていた世界各国へのワクチン供給も滞ることとなった。

印中国境、ラダック・ガルワン渓谷の乱闘

　20年4月に国交樹立70周年を迎えたインドと中国であったが、同年6月、国境地域で両軍による衝突が発生し、印中境では1975年以来45年ぶりとなる死者が出る事態となった。

　インド側の行政区分で言うところのラダック連邦直轄地（19年にジャンムー・カシミール州から分割）の係争地域において、20年4月から両軍の小競り合いが発生し、5月には両軍に負傷者が出ていた。一旦は緊張緩和の合意がなされたが、6月15日、ガルワン渓谷でさらに大規模な両軍の衝突が発生した。過去の取り決めのために発砲は行われなかったものの、棒などを用いた激しい乱闘となり、また場所が高地の渓谷であったこともあり、インド側20人、中国側3人の死者が出た（双方の公式発表による。中国側の死者数については異論もある）。

　事件後、双方が軍の展開を強化するなどして緊張が高まったものの、外交当局、軍部、情報機関を通じた緊張緩和の試みが進められ、再度の衝突は起こらず、21年2月には一部の係争地域で両軍の引き離しが開始されたと双方から発表された。ただし両軍によるにらみ合いは続いていると見られている。

　事件の背景について、インド側では、コロナ禍で苦しむインドに対する中国側による一方的な奇襲という見方が主にされ、市民の間では反中感情が高まった（次項）。他方で、ジャンムー・カシミール州の自治権廃止や、20年4月に行われた中国からの直接投資への規制、国境付近での各種インフラ整備、クアッド連

携の強化など、インド側の動向に対する中国側の反撃としてこの事件を捉える見方もある。

反中国世論の沸騰、中国ボイコットも

前述の中国との衝突で多数のインド軍兵士が犠牲となったことにより、インド国内では中国に対する怒りの声が広まった。中国国旗や指導者の写真などを燃やす抗議デモや、中国製の電子機器などを破壊するパフォーマンスが見られ、中国製品をボイコットする動きも広がった。

20年7月に行われた世論調査によると、約9割の市民が中国製品のボイコットを支持している（下表）。以前から国際世論調査でインドは中国に対する世論が厳しい国のひとつであったが、ガルワンでの衝突によって決定的に悪化したと言えよう。なお、モディ政権の対応は国内世論の支持を得ているようである。

Q：最近の中国との小競り合いへのモディ政権の対応をどのように評価しますか
A：適切に対応した69％、うまく対応できなかった15％、政府は市民に情報を
　　隠している　9％、知らない／言わない7％

Q：中国に対してインドの軍事力をどのように評価しますか
A：中国に勝てる72％、勝てない9％、膠着に終わる10％、知らない／言わない9％

Q：インドは国境問題をめぐって中国と戦争をすべきですか
A：はい59％、いいえ34％、知らない／言わない7％

Q：インドにおける中国製品ボイコットに賛成しますか
A：はい90％、いいえ7％、知らない／言わない3％

Q：あなたは中国以外で作られた製品を買うために高い金額を払いますか
A：はい67％、いいえ30％、知らない／言わない4％

出所：India Today "Mood of the Nation," August 2020
注：小数点第一位で四捨五入。そのため合計が100％にならない項目がある。

ガルワンでの衝突後、インド政府は中国企業に対する様々な規制を行った。

20年6月と11月の2度にわたって、多数の中国関連のスマートフォン用アプリケーションを禁止した。インド政府が関係するインフラ案件への中国企業による投資を凍結する動きも見られた。中国企業・長城汽車によるマハラシュトラ州での自動車生産の合意も凍結されたが、これはのちに解除された。

　ただし中国との経済関係に対する規制強化は、国境での衝突以前から進められていた。19年11月にインドは「地域的な包括的経済連携（RCEP）」の交渉から離脱しており、これは中国からの貿易赤字のさらなる拡大を危惧したことが一因であった。また、国境での衝突の直前の20年4月には、国境を接する国からの外国直接投資（FDI）を認可制とする政策変更を行っており、これは実質的に中国からの投資を規制するものであった。

　しかしこれらの規制やボイコットにもかかわらず、中国への経済的依存からの脱却は実現していない。20年4-12月の中国からインドへの輸入は、確かに金額は前年度比で約13％減となっているが、輸入総額も減少し、中国からの輸入が占める割合はむしろ微増していた。一例として、インドの最大の輸入品目であるスマートフォンの20年10-12月期インド国内売り上げを見ると、依然として中国ブランドのシャオミがシェア1位を維持している（なお中国ブランドのスマートフォンの一部はインド国内や東南アジアで製造されている）。

新経済政策「自立したインド」は現代版「スワデーシー」？

　コロナ禍第1波の最中にあった20年5月、インド政府は「自立したインド」という新たなスローガンを冠した新経済政策を発表した。同年10月、11月の追加施策と合わせて総額約20兆円の大規模パッケージである。政府は経済政策以外の文脈でもこのフレーズを用い、モディ政権の新たな旗印となっている。独立運動のころにかつてガーンディーも用いた「スワデーシー（国産品愛用）」を想起させ、時期的に中国との国境紛争とも重なったため、市民にはとりわけ中国製品から国産品への転換を推奨するものとして受け止められている。

　モディ政権は14年の発足以来、「メイク・イン・インディア」を標榜して製造業の振興を目指してきたが、その成果は芳しくなく、課題となっていた。「自立したインド」には、生産連動型優遇策（RPI）の導入や輸入規制の強化などが盛り込

まれており、輸入代替の促進によって製造業の振興を図る狙いが表れている。RCEPの交渉から離脱したインドが、さらに保護貿易路線にシフトしたものと理解され、批判も向けられている。

クアッド連携の加速、オーストラリアとの関係強化

　日本、米国、オーストラリアとの4カ国の枠組み、いわゆるクアッドにおける連携が緊密化し、注目を集めた。外相会合が20年10月（第2回、東京）と21年2月（第3回、オンライン）に行われ、21年3月には初の首脳会合（オンライン）も実施された。20年11月に実施された定例の海軍共同訓練「マラバール2020」には、07年以来となるオーストラリア海軍の参加が実現し、初めてクアッド4カ国の枠組みで実施された。前述の首脳会合では、コロナ情勢や地球温暖化が主な議題となり、ASEAN諸国を主な対象としたワクチン提供の協力に合意したが、まもなく供給源となるはずであったインドでの感染再拡大によって実現は難しくなった。

　中国との対立が先鋭化するなかで、インドはクアッド連携への傾斜を強めた。特に、これまでのクアッド4カ国間の全6組の二国間関係の中で、最も信頼関係の不足していたインドとオーストラリアとの関係において、進展が見られた。20年6月、インドのモディ首相とオーストラリアのモリソン首相は「包括的戦略的パートナーシップ」への合意を発表し、インドの掲げる「開かれた非排他的なインド太平洋」に向けた協力などを盛り込んだ。インド外務省にオセアニア局が新設されるなど（20年10月）、組織面でもオーストラリア重視へのシフト（あるいは従来のオーストラリア軽視の見直し）が確認できる。

自衛隊との物品役務相互協定を締結

　インドとの関係強化に注力してきた安倍政権が20年9月に退陣したが、後任の菅首相は就任後まもなくモディ首相とのオンライン会談を実施し、継続して関係強化に努めることを確認した。コロナ禍の影響で首脳の相互訪問は行われなかったが、オンライン（電話）での実施を含めると、二国間ならびにクアッドでの首脳会談は活発に行われていた（次ページ表参照）。

　なお、安倍前首相には、21年1月、インド政府からパドマ・ヴィブーシャン勲章

の授与が発表された。これはインド政府が贈る民間人対象の勲章であり、4段階のうち2段階目にあたる。日印関係の発展への貢献や「自由で開かれたインド太平洋」の推進が理由とされた。

　日印関係での具体的な動きとしては、20年9月、自衛隊とインド軍の間での物品・役務を相互に提供する際の決済手続等の枠組みを定める物品役務相互提供協定（ACSA）が締結された。これにより、軍事・安全保障分野での協力のさらなる進展が期待されている。

　また、コロナ禍での協力として、まず20年8月、日本政府は500億円を上限とする緊急支援円借款の提供を行った。21年3月からの第2波に際しては、人工呼吸器と酸素濃縮器それぞれ300台の供与を決めた。ただし各国による支援の動きの中ではやや出遅れた印象を残した可能性がある。

表：日印外交関係の主な動向2020年4月−21年4月

2020年4月	日印首脳オンライン会談
5月	日印外相オンライン会談
9月	日印首脳オンライン会談（10日安倍首相、25日菅首相）
10月	クアッド外相会談、日印外相戦略対話、日印2プラス2（東京）
2021年2月	クアッド外相オンライン会談
3月	クアッド首脳オンライン会談（初）
4月	日印首脳オンライン会談

出所：報道に基づき著者作成

米国、コロナ第2波支援の初動遅れへの批判も

　21年1月に発足した米国のバイデン政権では、インド出身の母をもつインド系2世のカマラ・ハリスが副大統領に就任した。政権交代の影響もあり、前述のクアッド関連を除けば、印米関係での動きは乏しかった。

　コロナ禍の第2波に際しては、当初、米国が自国の感染対策に注力し、ワクチンやその原料の輸出を規制していたために、インドを見捨てているとして米国政府を非難する声がインド国内や在外インド人の間で挙がっていた。特に、経営者やITエンジニア、医師など高所得層が多いことで知られる米国のインド系コミュニティが、活発に米国政府への働きかけやインドへの支援に乗り出している。

その後、米国政府は一転して本格支援に乗り出し、ワクチンやワクチン製造用原料、医療用酸素などの提供を決めた。

ロシア軍事演習「カフカス2020」への参加中止

対中関係が決定的に悪化するなかでクアッドへの傾斜を強めるインドではあるが、軍事安全保障における伝統的なパートナーであるロシアとの関係は維持している。21年4月には外務・防衛閣僚会合「2プラス2」をインドとロシアの二国間でも実施することに合意した。兵器調達の分野では、20年7月に戦闘機33機の購入に合意したほか、米国が反対する地対空ミサイルS400の導入に向けた動きも引き続き進められている。感染症対策では、インドのコロナ第2波に際してロシア製ワクチン「スプートニクV」がインドに提供され、同ワクチンをインドで大量に生産する計画も進められている。

他方で、インドと中国の関係悪化に伴い、ロシアと中国の協力関係が、インドとロシアの関係への支障となりつつある。インドは、例年参加していたロシア軍の大規模軍事演習である「カフカス2020」（20年9月実施）への参加をキャンセルした。表向きの理由はコロナ禍の影響とされているが、中国やパキスタンが同演習に参加することなどが実際の理由であったと考えられている。

コロナ後初の首脳訪問、バングラデシュでは抗議の暴動で死者

近年のインド国際関係ではモディ首相による首脳外交が存在感を示してきたが、コロナ禍のため、19年11月のブラジル訪問を最後に対面での首脳外交は中断を余儀なくされていた。

21年に入り、感染の第1波がひとまず沈静化すると、インド政府は首脳外交の再開に動き出した。同年3月、1年半近くぶりに再開された首脳外交の第1段として、モディ首相が隣国バングラデシュを訪問した。バングラデシュ独立50周年記念の式典に賓客として招かれたものであった。しかし、東部を中心にバングラデシュ各地で、モディ首相の訪問に抗議するイスラム系団体によるデモが発生した。モディ政権による市民権法の改正（19年12月、本書前年度号参照）など、イスラム教徒に差別的と考えられる政策への抗議のためであった。列車やヒンドゥー寺院

への襲撃事件なども発生し、治安部隊との衝突などによって12人が死亡した。

（中京大学准教授　溜和敏）

軍事情勢

①全般軍事情勢

　20年6月にガルワン渓谷で起きた中国軍とインド軍の衝突はインドの国防意識に大きな影響を与えた。この衝突によって、インド側に20名の死者、76名の負傷者を出したことに加え、その後の中国軍の増強が著しかったためとみられる。中国軍は、各地から印中国境に、ステルス戦闘機や巡航ミサイル搭載爆撃機、日米のミサイル防衛システムで迎撃困難とされる新弾頭を装備したミサイルなどを展開、最新の武器を並べ立ててインドに圧力をかけた。インド側も、中国との経済関係をデカップリングする政策をとるとともに、軍事的な措置で対応し、次々ミサイル実験を行った。特に激しかったのは21年9月からで、45日間で12回という高頻度の実験となった。実験したミサイルには、中国の新弾頭に対抗し得る新しい弾頭を装備したミサイル、中国軍のレーダーを無力化するミサイル、長射程の巡航ミサイルなどが含まれていた。また、インドは現場の軍に、自由に行動できる権限を与えるとともに、臨時予算を計上して各国からの装備品購入を行った。特に米国は、標高が高く極寒の印中国境地域に対応するために戦闘用防寒服を大量に提供、標高の高い地域で運用できるヘリコプターなども納入を早めた。フランスも、急ぎ戦闘機を納入した。このような緊張は、21年2月に、中国軍がラダックのパンゴン・タソから撤退して、一旦、小康状態になってはいるものの、撤退時に起きた事件が、インド軍に気の抜けない雰囲気を生んだ。中国軍は、富士山の山頂よりも高い、道路も十分に整っていないパンゴン・タソに、重量のある主力戦車だけで200両を超える数を展開していたが、それをわずか2日間で素早く撤退してみせて、その展開能力の高さを誇示したからである。撤退の早さは、再び侵入する際も素早く動いてくる可能性を示すことから、インド軍では、中国軍への強い脅威感をもって、対策を急ぐ雰囲気が生まれたのである。

　現在、インド軍では、組織の大再編を進めている。軍事作戦を遂行する際は陸海空軍の垣根を越えて運用する必要があるため、統合された指揮系統を整え

ることにしたのである。計画では、対中国境、対パ国境を指揮する2-4の司令部の創設と、インド洋の作戦を指揮する海洋戦域コマンド、空中戦闘を統括する防空コマンドを22年までに運用できる体制に持っていく予定である。21年8月にもモディ首相が海洋戦域コマンドと防空コマンドの創設を発表すると報道されている。

② 総兵力

　インドは、145万人の正規軍、それとほぼ同規模の予備役や準軍隊を有する大規模な軍事力を有している。ただ、将校不足、艦艇増加に伴う乗員不足、多額の人件費や年金など、多くの問題を抱えてもいる。

③ 国防費

　21年初頭にインド政府から発表された21-22年度の国防費は478,196クロー（約496億米ドル、1クロー＝1,000万インドルピー）で、内、新装備購入に充てる予算が国防費全体の約28%を占め、残りが人件費や維持管理費である。前年に比べ、国防費全体では約1.4%しか伸びていないが、新装備購入費だけみると19%伸び、過去15年で最も高い伸び。これ以外に、中国軍侵入に対応する臨時予算によって20,776クローの新装備を購入した。配分は陸51%、海16%、空23%、研究開発6%、他4%であり、新装備購入費だけ見ると、陸海空配分が3:3:4程度である。例年に比べ新規装備品購入における空軍の割合が少し高め。莫大な額に上る退役軍人の年金は含まれていない。

④ 核戦力

　インドの核弾頭保有数は150とみられ、パキスタンより10少ない。インドからは700キロメートルでパキスタン全土、3,500キロメートルで北京、5,000キロメートルで中国全土が射程に収まる。現在インド軍は射程5,500キロメートルまでの弾道ミサイル、戦闘機、戦略ミサイル原潜を有する。指揮は戦略軍コマンドでとるが、指揮下にあるのは弾道ミサイルだけで、戦闘機は空軍、原潜は海軍の指揮下。ミサイル防衛としては国産のPAD、AADを配備している。

⑤ 宇宙

　インドは10年以降、通信衛星GSATを19基、ナビゲーション用衛星IRNSSを8基、地球科学衛星CartoSatを6基、レーダー衛星RISATを3基、偵察衛星

EMISATを1基、打ち上げに成功しており、年平均3-4基打ち上げている。20年5月-21年4月までに打ち上げに成功したのも6基（内、3基は学生が制作した超小型衛星）。19年にミサイルによる衛星迎撃実験にも成功した。

⑥通常軍備

陸軍：124万人。六つの陸軍管区司令部（北部、西部、南西部、中部、南部、東部）と訓練司令部を保有。印パ国境から印中国境へ再配置しつつある。

海軍：7万人。沿岸警備隊1万人。インド海軍は現在、空母1、大型水上戦闘艦27、潜水艦17を含む約140隻程度を有し、戦闘用の西部・東部方面艦隊と訓練・教育目的の南部方面艦隊の三つの艦隊に配置している。艦艇数は増加中で、27年に200隻を超える計画。対潜能力の向上を重点的に図っており、空母を3隻にする計画を延期し、潜水艦増強の方向性にある。20年にキロメートル級潜水艦1隻をミャンマーに供与。

空軍：14万人。空軍は数的に減少傾向。本来は戦闘機は42-45飛行隊が必要とされているが、33飛行隊まで減少しており、内3飛行隊は老朽化したミグ21戦闘機を運用している。地対空ミサイルの老朽化も深刻。一方で、新しく、フランス製ラファール、国産テジャズ、ロシア製スホーイ30などの戦闘機が配備されつつある。また、陸海空軍とも米国から無人攻撃機を購入する計画である。

（ハドソン研究所研究員　長尾賢）

パキスタン

新型コロナ対策に忙殺されたカーン政権

20年は世界中で新型コロナウイルスの感染が蔓延するなか、パキスタン政府も国内の対策に追われた。

感染拡大に対処すべく、カーン政権は「国家指揮運用センター」を設置したほか、4月1日から全国を対象とするロックダウンに踏み切った。このときのロックダウンは2回の延長を経て、5月9日まで続いた。これによる経済への打撃は深刻で、19/20年度（パキスタンの会計年度は7月始まり）のGDP成長率はマイナス

0.4％にまで落ち込んだ。マイナス成長は1947年の建国以来初のことだった。

　パキスタンでは20年6月中旬をピークとする第一波に見舞われたものの、その後は小康状態が続いた。同年11月頃の第二波到来に際しても、再度のロックダウンは実施されていない。感染者数を人口10万人当たりで見た場合でも、インドや日本を下回るレベルにある。ただし、21年3月以降、第3波と呼ぶべき新たな感染拡大が起きており、医療体制が必ずしも十分でないことを踏まえれば、予断を許さない状況にあることに変わりはない。

　新型コロナウイルスのワクチンについて、パキスタンは密接な関係にある中国から供与を受けた。中国政府は同国シノファーム社製のワクチン50万本を無償で提供する意向を示しており、21年2月1日には最初のセットがパキスタンに空輸された。なお、これとは別にパキスタンにはCOVAXファシリティを通じて21年6月までにアストラゼネカ製のワクチン1,500万本が送られる計画もある。

相次ぐ野党指導者の逮捕・有罪判決

　内政面では、政府による有力野党指導者の逮捕や有罪判決の言い渡しが相次いだ。

　20年9月、最大野党パキスタン・ムスリム連盟（ナワーズ派）（PML−N）のシャバーズ・シャリーフ総裁が、マネーロンダリングの容疑で国家説明責任（NAB）に逮捕された。NABは汚職摘発を任務とする政府の法執行機関だが、その時々の政権の意を呈して政敵追い落としの実行部隊としての役割を担っているという側面もある。PML−Nでは、実質的なオーナーであるナワーズ・シャリーフ前首相（17年にパナマ文書疑惑への関与で失職、翌18年には公職追放。19年から病気治療を理由にロンドンに滞在）、加えて娘のマリヤム・シャリーフが、不動産取引関連の不正問題でNABのもとに設置されている汚職事件裁判所で有罪判決を受けている。党は実弟のシャバーズが引き継いでいたが、そのシャバーズも逮捕となって指導態勢が大きく揺らぐこととなった。この他、10月には同党のシャーヒド・カーカン・アッバースィー元首相も、液化天然ガス（LNG）事業をめぐる別の汚職事件に関与したとして有罪判決を受けた。

　NABの捜査の手は第二野党のパキスタン人民党（PPP）にも及んだ。20年9月

末、同党のアースィフ・アリー・ザルダリ元大統領と実妹らが汚職事件裁判所で有罪判決を受けた。ザルダリ元大統領は故ベナジール・ブットー元首相の夫であり、息子のビラーワル・ブットー・ザルダリは現在PPP総裁を務めている。21年3月までにザルダリ元大統領に対する量刑の言い渡しは行われていないが、ビラーワルにとっては父を「人質」に取られた形になっていると言える。

なお、与党関係者では、ジャハンギール・タリーン・パキスタン正義運動（PTI）元幹事長が、所有する企業に関して砂糖や小麦の価格を釣り上げて不当な利益を得た疑惑で捜査当局の追及を受けた。タリーン氏は長年カーン首相を資金面で支えてきた人物だったが、こうした嫌疑をかけられたことは与党内の勢力関係に何らかの変化が生じていることを示すものだった。

ＰＤＭ結成―野党勢力の糾合

こうしたなか、20年9月20日には、野党勢力が結集して「パキスタン民主運動」（PDM）の立ち上げが行われた。PDMにはPML－NとPPPの二大野党を筆頭に大小11の政党が参加し、代表にはイスラム聖職者協会（ファズル派）のファズルル・ラヘマーン党首が就いた。18年の下院総選挙でPTIが大勝したのは票の操作があったからというのがPDMの主張で、「票を尊重せよ」というスローガンを掲げた。翌10月にはパンジャーブ州東部の都市グジュラーンワーラでPDMとして初の大規模集会が開催された。

ところが、ほどなくしてPDM内の足並みが揃っていないことが露呈する。ハイバル・パフトゥンハー州を中心に活動するアワーミー民族党（ANP）が離脱したほか、PPPも同様の意向を表明した。2年後の23年までに行われる次期総選挙を見据え、野党がPDMのもとに結束を維持できるのか、それとも瓦解してしまうのかが今後のパキスタン政治の焦点のひとつになる。

テロ・治安をめぐる状況

20年にパキスタンで起きたテロ関連事件は319件で、前年の284件から約1割増加した（South Asia Terrorism Portalまとめ）。ただ、ピークだった13年（3,923件）以降、全体としては減少傾向が続いている。

とはいえ、市民が犠牲になるテロ事件は依然として続いている。6月29日にはカラチの証券取引所が襲撃され、4人が死亡する事件が発生した（バローチスタン解放軍（BLA）が犯行声明を発表）。10月27日にはハイバル・パフトゥンハー州ペシャワールのマドラサ（神学校）で爆弾が爆発して学生を含む8人が死亡し、21年に入ってからも、1月29日に同州スワビ県でポリオの予防接種事業を行っていたスタッフ2人が何ものかに銃撃されて死亡する事件が起きた（いずれも犯行声明なし）。

中パ経済回廊の進展

いまやすっかりパキスタン外交の基軸となった感がある対中関係だが、コロナ禍の中でも両国の結びつきは一層強まった。

「中国・パキスタン経済回廊（CPEC）」のもと、中国によるインフラ整備支援がパキスタン国内の各地で展開されているが、20年10月25日には、ラホールでパキスタン初のメトロ（オレンジライン）が開業した。ただ、このメトロ建設計画は合意されたのが14年、つまりナワーズ・シャリーフ政権期で、場所もシャリーフ家の地盤であるラホールだったこともあってか、開業時の扱いは控えめだった。

20年7月には、アーザード・ジャンムー・カシミール（パキスタン側カシミール）を流れるジェーラム川での水力発電プロジェクトについて、中国からの投資15億ドルの受け入れに関する調印式が行われた。このときカーン首相は中国との協力案件について、シャリーフ政権期には費用の高いプロジェクトもあったとしながらも、「CPECはパキスタンの未来だ」と言い切った。

新型コロナウイルス対策関連では、中国が既述した自国製ワクチンの無償供与に加え、医療用品不足が深刻だった20年3月末にはマスク30万枚、検査キット1万2,000セット、防護服1万枚を提供したほか、病院向けに4万ドルを供与した。

主要国との関係

＜米国＞

中パ関係の緊密化に反比例するかのように、米パ関係の重要性は相対的に低下しつつある。21年1月に米国で新政権が発足して以降、バイデン大統領と各国

首脳の間で電話会談や直接会談が続々と行われていくなか、3月末の時点でカーン首相とは会談が実現しなかった。

1月末にはブリンケン国務長官とクレーシー外相の間で電話会談が行われたが、ここでも米パの温度差が浮き彫りになった。パキスタン側のプレスリリースでは、クレーシー外相が両国の包括的パートナーシップ構築に向けたコミットメントやアフガニスタン和平に向けた協力について述べたこと等を発表している。これに対し、米国務省のプレスリリースが真っ先に言及しているのは、アフマド・オマル・サイード・シェイクの扱いに関する問題だった。同人は02年に起きた『ウォール・ストリート・ジャーナル』紙の米国人記者ダニエル・パールを殺害したとしてパキスタンの裁判所で絞首刑の判決を受けた人物だった。ところが、20年4月に同国最高裁が死刑判決を撤回する決定を下したのに続き、翌21年1月にはシェイクらを釈放するよう命じたことから、ブリンケン長官は懸念を表明した（パキスタン側発表ではこの問題について最後の部分で触れられているのみ）。

＜インド＞

パキスタンとインドの関係は、19年2月にインド側カシミールのプルワマで治安部隊に対するテロ事件が発生し、パキスタンに拠点を置くイスラム過激派組織「ジャイシェ・ムハンマド」（JeM）の関与が強く疑われたことからモディ政権がパキスタンに報復攻撃を決行したとき以来、冷え切った状態が続いている。

両国は19年の時点で大使を召還していたが、20年6月にはインドがパキスタンに対しデリーに駐在する高等弁務官事務所（大使館に相当）の職員数を半減させるよう求め、イスラマバードのインド高等弁務官事務所についても同様の措置を講じるとした。

こうしたなか、20年11月にカシミールの管理ライン（LoC）付近で印パ両軍が衝突する事態が発生し、銃撃や砲撃による戦闘の結果、双方合わせて少なくとも22人が死亡した。その後、21年2月21日には両国陸軍の作戦部長間で協議が行われ、これまでの合意の厳守やLoCでの銃撃の停止が合意されたことで、事態のさらなるエスカレートはひとまず回避された。しかし、カシミール問題やテロ取り締まりをはじめとする課題は未解決のままであり、双方が歩み寄る様子も見られていない。

＜中東＞

　カーン首相は19年以来、深刻な対立が続くサウジアラビアとイランの仲介に乗り出す用意があるとし、同年10月には両国の首都を訪問した。カーン首相は、20年もこの取り組みは続いており、「ゆっくりとではあるが進展が見られる」と述べている。

（岐阜女子大学南アジア研究センター特別研究員　笠井亮平）

軍事情勢

①全般軍事情勢

　パキスタンにとって安全保障上最も懸念してきたのはインドの動きである。そしてインドに対応するために、背後のアフガニスタンに親パ政権を打ち立てることを追求してきた経緯がある。しかし、このような戦略は今、世界的な米中対立の余波を受けつつある。

　パキスタンにとって米中両国は最有力の支援国である。しかし、米中対立の中で、米国はインドに接近し、パキスタンへの軍事援助を減らすようになった。結果として、パキスタンは中国への依存を深めた。しかし、パキスタンの中国への経済・軍事両面にわたる極端な依存は、独立国としてのパキスタンの主権に関わるレベルになり始めている。

　また、米国がインド支持に傾くにつれて、インドは躊躇なくパキスタン国内のテロ支援キャンプを越境攻撃するようになり、パキスタンは不利な状況にある。

　さらに、米中対立がロシアとの関係にも影響を与えている。クリミア併合以来、米露関係も悪化し、中露が接近した。結果、パキスタンは、ロシア製の戦闘ヘリコプターや戦闘機のエンジンなど、ロシア製の武器を導入するようになった。ストックホルム国際平和研究所によれば、20年、パキスタンは、米国から購入する額の3倍以上の武器を、ロシアから購入している。しかし、インドに大量の武器を輸出するロシアは、パキスタンにとって信用できる武器供給国ではないため、不安を抱えた関係になっている。

　そのような中で、米国は、対中シフトの一環としてアフガニスタンから撤退する計画である。パキスタンは米国不在のアフガニスタンに、親パ政権を打ち立てる

必要性を感じ始めている。

　結果、パキスタンは、交渉を通じてインドとの緊張のレベルを一定程度に抑えるよう調整しながら、中露との協力を増やし、米国とも交渉しながら、アフガニスタンに親パ政権を打ち立てることに、力を注ぎこむ政策を追求しているものとみられる。

②総兵力

　総兵力は65万人、準軍隊28万人。

③国防費

　20年6月公表（7月施行）の国防費は12.89億パキスタンルピー（約78億米ドル）で、前年より11.9％の伸び。陸軍が国防費全体の48％、海軍が11％、空軍が21％を占め、残りは装備品の生産部門などである。

④核戦力

　インドを10上回る160の核弾頭を保有。弾道ミサイル（射程100－2,000キロメートルのハトフ1－6）、巡航ミサイル（射程60－750キロメートルのハトフ7－9）、戦闘機には核兵器運搬能力がある。射程60-70キロメートルとみられるハトフ9は、インドの限定的な攻撃に対し限定核戦争で対抗するための戦術核。指揮は国家戦略総司令部で行う。保有する中国製のLY－80地対空ミサイルには、弾道ミサイル防衛能力がある。

⑤通常軍備

　陸軍：56万人。九つの軍団、一つの地域コマンド、二つの特殊作戦群など。ロシア製Mi－35攻撃ヘリが配備されつつある。

　海軍：23,800人（海兵隊3,200人、沿岸警備隊2,000人を含む）。潜水艦9隻（4隻は小型）、大型水上艦7隻を含む海軍を保有。内、フリゲート艦4隻は中国製。さらに、中国から江凱級フリゲート艦4隻、元級潜水艦8隻を購入、建造中。

　空軍：7万人。戦闘機は16飛行隊。中パ共同開発のJF－17戦闘機の数が増加中。JF－17のエンジンはロシア製。

（ハドソン研究所研究員　長尾賢）

アフガニスタン

進展しないアフガン和平交渉

　アフガニスタン政府とタリバンの和平交渉が20年9月にカタールで始まった。タリバンの主要な目標は外国勢力を国内から排除し、イスラム統治を復活させることだが、アフガニスタン政府は外国軍の撤退によってタリバンが軍事力で支配権力を奪取しようとすることを恐れている。アフガニスタン政府の優先課題とすれば、タリバンと休戦協定を結び、加えてカタールでの和平交渉の政府代表団に女性4人が入ったように、女性の権利、選挙、基本的人権、表現の自由などタリバン政権が崩壊してから育ててきた民主的価値を守り、継続させることだ。タリバンが政治参加することによって、女子教育が禁止されたり、女性の社会的役割や権利が大きく制限されたりすることは、米国などアフガン政府を支持してきた諸国も容認することはできない。

　また米国はアフガニスタンが再び「テロリスト」の拠点にならないことをタリバン側に求めている。「テロリスト」の活動拠点となれば、20年間にわたるアフガニスタンでの対テロ戦争の意義そのものが問われることになる。しかし、「イスラム国 (IS)」は、タリバンとの連携はほとんどなく、タリバンが影響力を行使してISをアフガニスタンから排除できるとは考えにくい。

　アフガニスタン政府とタリバンの和平交渉は始まったものの、相互の信頼感の欠如などで進展はなかった。米国は明確な全面撤退の意思を示さなかったし、タリバンが単独支配を狙っているという疑念がアフガン政府や米国にはあり続けている。

　21年2月23日に国連アフガニスタン支援ミッション（UNAMA）は、交渉が始まった20年9月以降、民間人の死者が増えたという報告書を発表した。報告書によれば、20年10月から12月の間に民間人891人が死亡、1,901人が負傷した。死傷者数は19年の同時期に比べると45％増えたが、タリバンは政府側に圧力をかけるために攻勢を強めるようになった。

　21年3月18日、交渉の進展を促すためにモスクワ会合が開かれ、ロシア、米国、

中国、パキスタンが参加し、タリバンが軍事力で権力を奪取し、「イスラム首長国」を復活させることを認めない立場を明らかにした。チェチェンなどカフカス地方にイスラム武装勢力を抱えるロシアや、またイスラム系民族であるウイグルの分離運動が根強くある中国も米国と同じ立場をとらざるを得ない。

相次ぐ女性ジャーナリストへのテロ

　ジャーナリスト、政府当局者、活動家たちが狙われて殺害される事件が相次ぐようになり、特に女性ジャーナリストたちの犠牲が目立つようになった。

　20年12月10日、アフガニスタン東部のナンガルハル州の州都ジャララバードにある「エニカスTV・ラジオ」で働く女性ジャーナリストで、活動家のマララ・マイワンドが車で移動中に銃撃され、運転手とともに殺害された。NATOとEUがアフガニスタンでのジャーナリスト殺害を非難した直後に事件は発生した。マイワンドは公民権運動の活動家でもあり、女性がジャーナリストとしてアフガニスタンで働くことの難しさを嘆いていた。やはり公民権活動家だったマイワンドの母親も5年前に殺害されている。

　ジャララバードでは21年3月2日にも、「エニカスTＶ」に属す女性ジャーナリスト3人が銃撃されて死亡した。警察はタリバンと関連のある人物を主犯格として逮捕したが、タリバンは関与を否定した。

　タリバン政権時代には、女性の社会的役割が極端に限定され、女子教育ですらも禁じられていた。タリバンの女性に関する解釈は、イスラムに固有なものではなく、タリバンの出身民族であるパシュトゥーン人社会の伝統的慣習・因襲によるものといえる。イスラムでは女性の保護が聖典『クルアーン』などでは求められており、イスラムで厳格に禁じている殺人とともに、女性ジャーナリストたちの殺害は宗教的な正当性をまったく得られない。米軍が撤退すれば、タリバンが何らかの形で政権に参加する可能性もあり、一連の事件は女性たちの将来の地位に暗い影を投げかけている。

連合軍・過激派―攻撃の応酬

　米国ブラウン大学の「戦争の代償」プロジェクトの一環として20年12月7日に

発表されたボストン大学ネタ・クロフォード教授の報告書『アフガニスタンの空爆による民間人の犠牲の増加：2017-2020年』によれば、19年だけで米軍をはじめとする連合軍の空爆によって546人の民間人の死者が出た。民間人の犠牲者は、16年から19年の間に330％増加したことも明らかにされた。またアフガニスタン空軍の空爆によっても、18年だけで3,800人の民間人の死者が出た。連合軍やアフガニスタン政府軍の空爆が増えたのはタリバンに圧力をかけ、タリバンとの交渉を有利に進める目的があったからだと見られている。

　連合軍やアフガン政府軍の空爆は、ISやタリバンなど反政府勢力の暴力をエスカレートさせ、20年11月2日、カブール大学で武装集団が銃撃や自爆テロで学生たちなどを襲い、22人を死亡させた。犠牲者の大半は学生だったが、この事件についてはISが犯行声明を出した。また12月18日、東部ガズニ州でコーランを学習するために子供たちが集まっていた住宅付近で爆発物搭載のオートバイが爆発し、少なくとも15人が死亡した。地元警察はタリバンのテロ攻撃だったと主張している。

　20年11月に明らかにされた国連の統計によると、アフガニスタンでは05年から19年の間に26,025人の子供たちが死傷した。アフガン政府とタリバンの交渉に進展がない中で暴力がエスカートするようになっている。19年は子供への暴力が最悪の年で、874人の子供が殺害され、2,275人が負傷したことが国連の報告で明らかになった。

アフガニスタンをめぐる中国とオーストラリアの対立

　20年11月30日、中国外交部の趙立堅報道官がアフガニスタンでのオーストラリア軍の兵士による市民虐殺に関連して、オーストラリア兵がアフガニスタンの子どもにナイフを突きつけている、自らがねつ造した画像をツイッターに投稿した。このことをきっかけにオーストラリアと中国との外交問題に発展した。

　この頃、アフガニスタンでは、オーストラリア軍兵士により殺害されたタリバン兵士の義足で、オーストラリア兵士がビールを飲んでいる様子を撮った画像が流出し問題になっていた。義足でビールを飲む写真はアフガニスタンのウルズガーン州のタリーン・コウトの町のオーストラリア軍基地のバーで撮られたものだ。ア

フガニスタンの「独立人権委員会」のスポークスマンであるザビウッラー・ファルハング氏は、この画像はオーストラリア軍兵士たちがアフガニスタンの人々の生命にいかに敬意がないかを表すものだと批判した。オーストラリア軍は、01年からアフガニスタンに展開して、40人余りが戦死、300人近くが負傷している。

中国の報道官によるねつ造画像投稿の直前にあたる20年11月19日、オーストラリア国防軍は、特殊部隊の一部がアフガニスタンの市民や捕虜39人を不当に殺害したことを示す信頼できる証拠があるという報告書を発表している。

オーストラリア在住のアフガン人の人種・ジェンダーの研究者であるサハル・グムホル氏は、アンガス・キャンベル・オーストラリア国防軍司令官が市民や捕虜39人の殺害に関して「戦闘のさなかに起きたと言えるものはない」と記者団に説明したことに対して、それはあたかも戦闘での市民・捕虜の殺害が正当なものであるかと言っているようなものだとアルジャジーラの記事の中で述べた。

キャンベル司令官は、「戦士文化」の「恥ずべき過去」が明らかになったと述べたものの、オーストラリア軍が民間人や捕虜を不当に殺害したという事実はアフガン人の間にある排外感情を増幅させることになったことは明らかで、諸外国の支援を受けるアフガニスタン政府への不満や不信ともなったことは否定できない。

中村哲医師を追悼するアフガニスタンの人びと

20年12月4日の金曜日はアフガニスタンで中村哲医師が凶弾に倒れてから1年に当たる日で、アフガニスタン各地の集団礼拝では中村医師への追悼が行われた。

アフガニスタンのガニ大統領は、金曜日のビデオ・メッセージで「アフガニスタンの繁栄を望まない敵がテロという野蛮な罪を犯し、人道、思いやりのシンボルで、またアフガニスタンの真の友人である中村哲医師をアフガニスタンから奪った」と述べた。12月4日付の「TOLO News」のザフラー・ラヒーミー記者による「アフガン人たちは一周忌に中村哲を思い出す」という記事の中では現地の人々の中村医師の記憶が語られている。その中には中村医師がナンガハル州の繁栄をもたらしたというものや、現地の人々に混ざって砂を運ぶ中村医師の姿を思い出すなどというものがあった。

21年2月に中村医師を殺害したのは「パキスタン・タリバン運動 (TTP) 」の地方幹

部で、誘拐するつもりが共犯の男が誤って殺害してしまったという報道があった。

バイデン大統領、アフガニスタンからの全面撤退を発表

　米国のバイデン大統領は、21年4月13日、9.11の同時多発テロが発生してから20年にあたる9月までに米軍をアフガニスタンから全面撤退させる意向であることを明らかにした。これは米国史上最長で、年間1,000億ドルもの経費を要する戦争を終結させることを意味する（BBC、2020年2月28日）。米国はアフガニスタン政府の腐敗で、数十億ドルを浪費したと見られている（The Hill、2021年3月1日）。

　米軍の支援がなければ、アフガニスタン政府軍はタリバンの攻勢にあっという間に飲み込まれてしまうという危惧がある。米軍の20年間の戦争をもってしても制圧できなかったタリバンの戦闘能力は政府軍を上回る。そのうえ、米国がつくった政府は腐敗で国民の支持を得ているとは到底言い難い状態にあり、かつてのベトナム戦争の際のサイゴン政権のように、容易に崩壊してしまうのではないかという懸念が米国政府やアフガン政府の間でも広く共有されている。

　元々米国がアフガニスタンに軍事介入した理由は、9.11のようなテロを防ぎ、米国の安全を高めるというものだった。米国は9.11のテロを起こしたと見られた過激派組織アルカイダの活動を根絶する目的でその拠点であったアフガニスタンに軍事介入し、アルカイダを匿っていると考えたタリバン政権を打倒した。米国はウサマ・ビンラディンを11年5月にパキスタンで殺害し、アフガニスタンやパキスタンでのアルカイダの脅威は除くことができた。

　米軍がこれ以上駐留しても、タリバン勢力を制圧する見込みが希薄だから撤退すべきだという声もあった。バイデン政権は米国に対するテロの脅威はアフガニスタンよりも他のアフリカや中東地域で強く感ぜられると主張している。ソマリアにはアルカイダを支持するアルシャバーブが、イエメンでは15年1月にフランス・パリのシャルリーエブド社を襲撃して、12人を殺害した「アラビア半島のアルカイダ（AQAP）」が活動している。

　米軍がアフガニスタンから撤退すれば、国際社会のアフガニスタンへの関心が引き、世界各地の過激派や武装集団にとって磁石のような役割をアフガニスタンが担ってしまうことも否定できない。

アフガニスタンでは、誰がタリバンか、政府軍かも区別ができないほど、人々は横断的にこれらの組織に出たり入ったりしているが、重要なことは、アフガニスタンで人が軍事で生計を立てるような社会でないようにすることだ。米国は、ソ連軍が進駐していた1980年代からアフガニスタンに軍事的にかかわってきたが、アフガニスタンを経済的に豊かにすることには成功しなかった。

（現代イスラム研究センター理事長／平和・安全保障研究所研究委員　宮田律）

コロナ禍の南アジア各国と印中の支援合戦

　その他の南アジア諸国における新型コロナ感染者・死者数の増減グラフは、各国とも国境を接する大国インドのそれとほぼ相似形をなしている。しかし長期化するコロナ禍の打撃は、医療・経済体制の脆弱な小国ほど深刻なものにならざるをえない。そうしたなかでインドと中国が地域覇権をめぐり、支援を通じた影響力拡大を競っている。

　先んじたのは中国である。中国は20年春からいわゆる「マスク外交」を世界で展開し、南アジア各国に対しても医療・財政支援を積極的に行った。ネパールでは共産党政権内で対立が激化し、同年末にはオリ首相が下院解散を大統領に要請したものの、21年2月には最高裁が無効との判断を下すなど混迷が深まった。そうしたなか、中国は「親中」体制維持のために、対立するオリ首相と旧マオイスト派のダハル元首相との仲裁に躍起となった。

　インドが巻き返しの切り札としたのは「ワクチン外交」であった。インドで接種が開始されるのとほぼ同時の21年1月中旬以降、インドはまず南アジア諸国から無償・有償で大量のワクチンを供与しはじめた。政治危機のなかにあるネパールには、中国よりも早くワクチンを届けた。また中国が優先供与することになっていたバングラデシュでは、供与の条件であった国内での治験実施の費用負担をめぐって対立が生じた間隙を突くかのように、インドが独占的に供給することになった。人口50万人のモルディブには、いち早く20万回分を届けて「囲い込み」を図った。供与を受けた各国首脳は相次いで「ワクチンによる友好」を掲げるインド・モディ政権への感謝を表明した。

　しかし21年春にインドを襲った「第2波」により、各国へのワクチン供給は突如停止された。これを受けて、南アジア諸国は中国産ワクチンでの契約に転換した。中国は契約したワクチンをただちに届けただけでなく、インドが態度を決めていない債務返済猶予の要請や追加融資にも応じた。外貨準備高が特に危機的な状況に陥ったスリランカに対し、中国は20年から21年4月までに15億ドルを融資した。同国のラージャパクサ政権は21年2月、コロンボ港・東ターミナルの日印開発協力計画について、国内の反対運動を理由に中止を表明したが、こうしたことについても中国依存の高まりが背景にあるとみる向きもある。

（伊藤融）

コラム 外交とユーモア　インド人のユーモア

　5月1日、インド政府は新型コロナウイルスの1日当たりの新規感染者が40万人を超えたと発表した。これは1月8日の米国の記録を抜き、世界最多となった。ヒンドゥー教徒の行事や巡礼に充分な規制をしなかったことや変異型ウイルスの増大が原因とされている。インドの友人からは「ホラー映画が眼前で展開している」との連絡があった。「死の津波」と表現している友人も居る。

　インドに勤務したのは、もう20年以上も前だが、インドではあらゆる事象が極端な形をとって出現する。それらは、本当なのか冗談なのかまったく区別が付かないほどだ。2002年には隣国パキスタンとの関係が悪化し、あわや全面戦争かという状況になった。核兵器保有国の両国で全面戦争となれば、通常兵器で劣勢にあるパキスタンは核兵器を使用することになるから、ニュー・デリーの状況は極端に緊張した。1962年のキューバ危機以来、最大の危機と言われていた。当時、ジョージ・フェルナンデス国防相の執務室を訪れたことがあるが、状況はきわめて緊張していた。「もともと兄弟であるパキスタン当局が兄弟に対して核兵器を使用することはあり得ないはずだが、…」としつつ、執務室にはレクイエムが聞こえ、室内の壁には広島の原爆ドームの絵が掲げられていた。インド軍の司令官は「広島だって、長崎だって、50年経てば復活したではないか」と言っていた。あの当時のことが、本気なのか冗談なのかは誰にも決して分からないであろう。

　インドは実に広大である。発展段階も多種多様であり、バンガロール（カルナータカ州）には米国風のIT産業センターもあれば、アルナチャール・プラデシュ州（バングラデシュの東側）などでは、いまだに電気も来ていない洞窟生活をしている人々も居る。ITセンターにしても発電所までが敷地内にある自給自足生活であり、敷地を一歩外に出れば、道を歩く牛やリキショーに遭遇したものだ。この様子を現わして、「インドではあらゆる時代が共存している」と表現した州政府首相も居た。融通無碍でどこまで本気なのか、冗談と本気の境界線が明白でなくなってしまう。

　皆さんが国際社会で遭遇するインド人は自信に溢れ、時として強引だが、あれは国際機関に勤めてインド人の特徴であって、インド人が誰でも強引とは限らない。ナレンドラ・モディ首相がまだ州首相を勤めていた頃、グジャラート州に訪ねたことがあったが、空港には『自信をもって主張する法』などという本が並んでおり、インド人であっても自己主張できない人々が多いことも知った。それ程までに、インドという国は多様性に満ちている。これは、欧州を構成する各国が多様性に満ちているのと同じなのであろう。

西ヶ廣渉
元在インド日本大使館公使

第8章　中央アジア

概　観

　2021年4月14日、米国バイデン政権がアフガニスタンからの完全撤退を表明すると、タリバンやイスラム国（IS）などアフガニスタンでの武装イスラム勢力の台頭に伴い、中央アジア諸国でもイスラムに訴える過激派の活動がいっそう活発になることが予想されるようになった。中央アジア諸国にとって、特に懸念されるのは、近年勢力を伸長させている「ISホラサーン州（ISKP）」の存在や活動だ。「ホラサーン州」とはイラン北東部を中心とする地域だが、このIS支部は中央アジア、アフガニスタン、パキスタン、インド出身者などから構成されている。中央アジアでは、ウズベキスタン、タジキスタン、キルギスに広がり、特に経済的に貧しいフェルガナ盆地を中心にイスラム復興の現象が顕著で、この地域からシリアやイラクのISへ人員を供給し、ヨーロッパや米国でも中央アジア出身者によるテロが発生してきた。

　中央アジア諸国はこうした脅威に対応せざるを得なくなっているが、特に欧米でのテロ容疑者の多くを輩出する国として過激派の脅威を深刻に受け止めるウズベキスタンは、カシミールのイスラム教徒の分離運動を抱えるインドと共同軍事演習を実施するなど安全保障協力を進めるようになった。

　中央アジア諸国の中でも最も民主化が進展せず「中央アジアの北朝鮮」とも形容され、独裁国家とされるトルクメニスタンでは、21年2月にベルドイムハメドフ大統領の長男セルダルが重要ポストである副首相に就任するなど、国家元首の世襲化への動きが始まったと考えられるようになった。ベルドイムハメドフ大統領は、新型コロナウイルスへの注意を国民に促し、一部都市でロックダウンを実施し、またロシアからワクチンの供給を受けるものの、一貫して国内での感染者、死者ともにゼロと報告している。

　トルクメニスタンとは逆に民主化が進展しているとされるキルギスでは、20年10月に行われた議会選挙で不正があったことが問題視され、ジェエンベコフ大統領が辞任し、21年1月に前首相であったサディル・ジャパロフが新大統領となった。ジェエンベコフを含めればキルギスでは3人の大統領が政変で追放されたことになるが、腐敗や貧困などの問題が改善されなければ同様な事態が繰り返し発生する可能性がある。

　バイデン米政権は、タジキスタン、アフガニスタンとの3カ国協議を開始したが、米軍撤退後にアフガン問題への中央アジア諸国の協力や関与が必要と考え、対中央アジア外交を重視するようになった。

中央アジアで増殖する「ISホラサーン州」

　2020年4月15日、ドイツ警察は駐独米軍を攻撃する計画をもっていたとして、5人のタジク人を逮捕した。過激派の「イスラム国（IS）」は、欧米での極右のイスラム排斥の主張に刺激され、その地域的ネットワークや脅威を広げるようになった。中央アジアからアフガニスタン、パキスタン、インド、スリランカで活動する「ISホラサーン州（ISKP）」の兵士の多くはウズベク人とタジク人と見られ、中央アジア諸国にとって重大な脅威と見られている。

　ISの活動家やメンバーは、米軍などのIS掃討作戦によりシリアやイラクなどの国々で活動しにくくなると、政治的安定に乏しく、戦闘やテロが継続するアフガニスタンにその活動の重心を置くようになった。

　20年8月2日、アフガニスタン東部ナンガハール州ジャララバードの刑務所が「ISホラサーン州（ISKP）」に襲撃され、29人が死亡し、囚人1,000人以上が脱走を図った。ISKPは、米国と交渉するタリバンを、米国に屈服していると考えるようになった。ISKPは、ウズベク人やタジク人の他に、アフガニスタン人、さらにインド人、パキスタン人、スリランカ人など南アジア出身者たちからも構成され、19年4月のスリランカ連続爆破テロ事件で国際的注目を浴びた。

　中央アジアでは1990年代のタジキスタン内戦時代からイスラムに訴える武装集団の活動があり、ウズベキスタン、タジキスタン、キルギスにまたがるフェルガナ盆地は過激派の活動舞台であり続けている。インドではカシミールで政府に反発するムスリムの武装集団が活動を続けてきたが、カシミールの運動も国際的性格をもつようになり、中央アジアなどの武装集団と連携を図るようになった。

　シリア内戦はISが国際的ネットワークを築く絶好の機会となった。例えば、タジキスタンの警察特殊部隊司令官であったグルムロド・ハリモフはISの戦争相に上りつめた。また、中央アジア出身者たちは、16年6月にイスタンブールのアタチュルク国際空港を襲撃した。17年元旦にはイスタンブールのナイトクラブ「レイナ」を襲撃し、39人が犠牲になった。17年4月3日にロシア・サンクトペテルブルクの地下鉄で自爆テロを起こしたのもキルギス出身者だった。同月7日にはスウェーデン・ストックホルムでウズベキスタン人がトラックで歩行者たちに突入し、4人が死亡した。

　中央アジアと南アジアのイスラム過激派には、出稼ぎ労働で海外に出かけ、送金で家族を支えていた者が多い。新型コロナウイルスの感染拡大は、これらの出稼ぎ労働を鈍らせ、多くの失業者たちを生むことになり、失業者たちもまたISの運動に吸収されている。

　21年2月8日、ケネス・マッケンジー米中央軍司令官は、ISKPが20年後半、各地でローンウルフ型のテロ攻撃を行う能力を高めたと述べたが、こうした発言とともに中央アジア政府はより深刻にその脅威を受け止めている。

ウズベキスタンとインドの軍事訓練

　ISKPの脅威が中央アジアから、アフガニスタン、パキスタン、インドにまで感ぜられる中で、21年3月中旬、ウズベキスタンとインドがインド北部のウッタラーカンド州チョウバティアで対テロ・ISの合同軍事演習を行った。

　アフガニスタンでISKPの活動に参加しているウズベキスタン出身の者も少なからずいることから、ウズベキスタン政府は、米軍のアフガニスタン撤退がISKPの活動を活発にするものと見て、その動静を特に警戒するようになった。他方、インドには、過激派を警戒するとともに、中国が関与を深める中央アジア諸国と関係強化を図り、この地域で中国に対抗する意図がある。演習は、ヘリボーン作戦、ジャングルでの戦闘、市街戦などを想定して行われた。実際のインドの対テロ作戦は、主にジャンム・カシミール州の分離運動に対して行われてきた。

　ウズベキスタン政府にとって最大の安全保障上の脅威は過激派の活動である。1999年2月に首都タシケントでカリーモフ大統領の暗殺未遂事件が発生し、その際は過激派の「ウズベキスタン・イスラム運動（IMU）」の関与が疑われた。ウズベキスタンの人口3,300万人のうち64％が35歳以下の若年層で、経済的な不満をもつ若年層がISのような過激派の活動に吸収されることが警戒されている。

　20年12月にウズベキスタンは、25人の女性と73人の子供たちをシリアから帰還させた。これらの女性や子供たちは、他のISの家族たちと生活をともにしていた。19年にもウズベキスタン政府は、ISと関連をもった220人の女性と子供たちをシリアから帰還させている。

　旧ソ連のムスリムが多数派の国の中では、ウズベキスタンが最もイスラムの

宗教活動を厳しく管理・統制している。19年には国連も、極端な監視システムで自由な宗教活動を許容していないという報告を行ったほどだが、イスラムの宗教活動への抑圧的な措置が過激な活動を招いているという見方もある。

　中央アジア諸国との関係を強化し、なおかつムスリムの過激派の活動を封じたいインドは、21年にはカザフスタン、キルギスとも合同軍事演習を行う予定だ。インドとウズベキスタンとの関係強化は、インドのモディ首相が15年7月、16年6月にタシケントを訪れ、他方ウズベキスタンのミルジヨーエフ大統領が18年10月、19年1月にインドを訪問したことにも見られた。

　中国はウズベキスタンの天然ガスの主要な輸入国で、19年には500以上の中国企業がウズベキスタンでの活動登録を行った。ウズベキスタンの企業は、ウズベキスタン国立外国経済銀行の元建てローンサービスを通じて固定金利での融資を利用することができる。こうした措置によりウズベキスタンと中国の経済関係は一層進展すると見られているが、インドはこうした中国の動静も念頭にウズベキスタンへの関与を強めている。

進む世襲制？－トルクメニスタン

　独裁的な政治体制を貫くトルクメニスタンでは、21年2月、ベルドイムハメドフ大統領の長男セルダルが重要ポストである副首相に就任した。セルダルは産業・建設生産相だったが、副首相就任とともに、国家安全保障会議のメンバーと財政支出を監視する機関の議長も兼任することになった。これには、国家元首の「世襲制」への布石という見方も出てきている。1991年に旧ソ連からトルクメニスタンが独立してから、大統領に就任したのは2006年に亡くなったニヤゾフ大統領とベルドイムハメドフ大統領の二人しかいない。セルダルの副首相就任でトルクメニスタンが北朝鮮のような世襲制を敷くのではないかという見方が強い。

　トルクメニスタンは世界の天然ガス生産の10％近くを占め、推定埋蔵量では世界第4位の豊穣なガス資源を抱えている。その最大の輸出先は中国で、2位にロシアが続く。天然ガスをアフガニスタン、パキスタン、インドに輸出するTAPIパイプラインについても21年2月にアフガニスタンの反政府組織タリバンから安全操業についての保障を得るなど万全のエネルギー政策を追求している。

キルギス・ジェエンベコフ大統領の辞任と権威主義体制の定着

　20年10月15日、キルギスではジェエンベコフ大統領が辞任を表明した。任期は23年まであったが、任期途中での辞任だった。10月4日に行われた議会選挙で不正が指摘され、その後の混乱を収拾できなかった。21年1月10日に後任の大統領選挙の投開票が行われ、ジャパロフ前首相が得票率79％で勝利し、新大統領に就任した。キルギスではその後4月11日に大統領権限を強化する国民投票が行われ、約79％が賛成し、改憲案が承認されることになった。

　1995年以来、フリーダム・ハウスは中央アジア諸国の民主化度も調査してきた。その調査の基準は国や地方の民主主義的ガバナンス、選挙プロセスの公明性、市民社会の成熟度、メディアや司法制度の独立性などで測られ、民主化の度合いは、最低が0、最高が100の尺度で表される。21年の報告書では、キルギスは14ポイントを記録し、20年の16ポイントから2ポイント下がった。カザフスタンは5ポイント、ウズベキスタンは4ポイント、タジキスタンは2ポイント、トルクメニスタンは0ポイントだった。

　このように、中央アジア諸国の民主化のレベルは低いが、キルギスは中央アジアでは最も高く評価されてきた。しかし、17年にはキルギスも初めて権威主義的国家の範疇に入れられた。フリーダム・ハウスの報告書は、17年の新憲法は人気や正当性がほとんどない寡頭的支配階級の地位や権力を強化するのに役立つものだと警告した。

　キルギスでは、05年と10年に国民の広範な運動で、2人の大統領を解任し、政治変動後は新しい指導者から民主化の実現と経済発展を約束されたものの、実現にはほど遠かった。キルギスではジェエンベコフ大統領を含めると、旧ソ連から独立後に3人の大統領たちが「追放」されたことになる。現在のジャパロフ大統領は、汚職のない開かれた政府づくりを約束したが、公明正大な選挙制度、独立したメディアや司法制度、腐敗の改善などに前進がなければキルギスの民主化の進展は難しく、フリーダム・ハウスなどから厳しい評価が与えられるだろう。

始まったバイデン政権の中央アジア政策

　21年3月17日、米国、タジキスタン、アフガニスタンの3カ国の外務大臣級のオンライン会談が開かれた。会談は、アフガニスタンのアトマール外相、タジキスタンのムヒッディン外相、また米国からはヘイル国務次官（政治担当）が出席し、安全保障、政治、エネルギー、経済分野での協議が行われた。また、この会談では、アフガニスタンとタジキスタンの緊密な協力も議題となった。

　同様な3カ国会談は20年5月にやはりオンラインで米国、ウズベキスタン、アフガニスタンの間で開かれた。中央アジア5カ国プラス米国の対話はオバマ政権時代に始まり、トランプ政権でもその方針は維持され、バイデン政権も継承していく様子だ。

　バイデン政権が中央アジア諸国との関係を重視するのは、米軍のアフガニスタン撤退の方針とも関連するもので、米軍のアフガニスタンからの完全撤退後、この地域の安全保障については中央アジア諸国の役割が重要となると考えている。タリバンは21年5月までのアフガニスタンからの外国軍の撤退を和平交渉の中で求めた。この期限は実現できないにしても、米軍の撤退を視野に入れるバイデン政権とすれば、この地域の安全保障は中央アジア諸国との協力、特にアフガニスタンと接するタジキスタンとウズベキスタンや、キルギスとの協力によって確実にしていかなければならない。

　アフガニスタンで政府とタリバンの協議が行われていても、アフガニスタンで暴力が止むことはない。またアフガニスタンからの米軍の撤退を求める米国内の世論の動静を考えると、バイデン政権が中央アジア諸国との協力によって、アフガニスタンからのテロの拡散を防ぐことは「対テロ戦争」の主旨を維持する上でも必要なことだ。また、バイデン政権は、米国が「対テロ戦争」でつくったアフガニスタンの体制を中央アジア諸国が支援することを願っている。アフガニスタンを交えた3カ国対話がタジキスタン、ウズベキスタンとの間で成功すれば、これをトルクメニスタンなどアフガニスタンに接する国々やキルギスとの間でも行っていく可能性が高い。

　中央アジア諸国の中でも、特にウズベキスタンは、アフガニスタン政府とタリバンとの和平交渉の進展を望んできた。アフガニスタンの各勢力は仲介者としての

ウズベキスタンの役割に信頼を置いているように見え、他方内陸国のウズベキスタンにとってもアフガニスタンの平和や安定は、パキスタンやインドなど海洋に面した国々へのアクセスを確実にすることになる。また、アフガニスタンの近隣諸国がアフガニスタンのインフラ整備、職の創出、貧困対策など民生の安定にも協力できる分野があるかを米国としても探りたい。

　さらに米国にはこの地域で中国やロシアに対抗するという戦略的目標がある。3カ国対話などを通じて、中央アジア地域における中国やロシアの影響力を少しずつでも切り崩し、ロシア主導のユーラシア経済連合（EAEU）や中国の「一帯一路」構想と競合する意向も米国にはあるだろう。3カ国対話は中国やロシアに対して米国が中央アジア地域に対する関心を決して放棄するものではないことを示すものだ。

タジキスタン・キルギスー給水施設の管理をめぐる軍事衝突

　21年4月28日、キルギスとタジキスタンの国境地帯で配水網の管理をめぐって両国の軍隊の間で軍事衝突が発生した。双方ともこの給水施設が自国の側にあると主張し、暴力的衝突となった。キルギスでは、2万7,000人以上が避難し、またタジキスタンに報復するために、武器を要求する住民の動きもあったが、5月1日に両国の間で停戦と兵士の宿営への撤退で合意したことを受け、キルギスのジャパロフ大統領は、全家庭に自宅に戻るように呼びかけ、破損した家屋については政府が修復することを約束し、国民に冷静になることを呼びかけた。

　5月3日、タジキスタンの検察当局はタジク側では数人が殺害され、数十人が負傷したことを確認した。この声明では、キルギスの軍人や民間人約200人が投石を開始したことで、銃撃戦に発展したと主張されている。またタジキスタンでは多数の家屋とインフラが破壊されたと述べられた。同じ日、キルギス政府もキルギス側の犠牲者が36人になったと発表した。

（宮田律）

「Very Nice!」
栄光ナル国家カザフスタンの包容力

　アメリカ映画『ボラット 栄光ナル国家カザフスタンのための米国文化学習』
（2006年）は、カザフスタンのジャーナリストのボラットがタイトルの通りカザフ
情報省の命令によって米国の文化や社会をレポートするというものだった。カザフ
スタンが男尊女卑の国であると紹介され、主人公のボラットも米国のフェミニスト
団体を訪れ、「女性は脳が小さいので教育は無駄」などと言って女性たちを怒らせ
る。また、カザフスタンでは毎年「ユダヤ人追い祭り」が開かれるなど、カザフスタン
は反ユダヤ主義が根強く定着しているようにも描かれ、カザフスタンを茶化す内
容が笑いをとっていた。

　昨年10月に続編である『続・ボラット 栄光ナル国家だったカザフスタンのため
の米国貢ぎ物計画』がアマゾン・プライムから公開された。ストーリーは、トランプ
大統領、ロシアのプーチン大統領、北朝鮮の金正恩委員長、ブラジルのボルソナロ
大統領など強権的な指導者たちの仲間入りをしたいカザフスタンのヌルスルタン・
ナザルバエフ大統領（1991年から2019年まで実際に大統領であった）はトランプ
大統領の歓心を買うために、ボラットにトランプ政権の要人への貢ぎ物を託すが、
その貢ぎ物はボラットの娘トゥーターになる。

　ペンス副大統領が「保守政治活動協議会（CPAC）」に出席している機会に接触
を試みるが失敗し、トランプ大統領の法律顧問ルディ・ジュリアーニに貢ぐ相手が
変更される。実はボラットはナザルバエフ大統領によって、世界中に新型コロナウ
イルスを拡散するためにウイルスを体に注入されており、米国への船旅で立ち寄っ
た国々や米国では新型コロナウイルスの感染が深刻になっていった。

　このカザフスタンをコケにするような映画、米国とカザフスタンの外交問題に
発展する危惧もあり、実際にカザフ国内には反発する動きもあったが、現在はカザ
フスタンの認知度を高めたとカザフ観光庁などから絶賛され、映画の中でボラット
が米国社会を見て頻繁に発する「Very Nice!」というフレーズがカザフ観光のス
ローガンになった。

　カザフスタンの自然、食事、人々は「Very Nice!」だと語る観光庁関係者も現れ
た。権威主義体制のカザフスタンでは観光庁の方針にも大統領など政府首脳の意
向が反映されているに違いなく、自国へのブラックユーモアも外交のプラス材料と
して強調、利用されるようになった。

宮田律

第9章　南西太平洋

概　観

　豪中関係が悪化の一途をたどっている。直接的な契機となったのが、2020年4月のモリソン豪首相による新型コロナウイルス発生源に関する独立調査の提案である。中国はこれ以降、オーストラリアにとって最大の貿易相手国という立場を利用して、貿易制限・規制を通じて圧力を加える「経済的強制措置」を講じてきた。対象品目は、牛肉、大麦、石炭、ロブスター、ワイン、木材など多岐にわたり、また規制の理由も様々である。

　モリソン政権は中国の圧力に屈しない姿勢をとっている。大麦の貿易規制に対しては、世界貿易機構（WTO）への提訴に踏み切っている。国内世論の対中感情は悪化しており、安易な融和姿勢への転換は国民からの反発を買う。しかも中国による経済的強制措置にもかかわらず、オーストラリアの対中輸出は高水準を維持している。

　モリソン政権は、インド太平洋地域における不安定な戦略環境に鑑みて、軍事力の強化とともに同盟国、友好国との関係強化を図っている。日米豪印の戦略的枠組みである「クアッド」への積極的な関与はその一例である。同盟国との関係を重視するバイデン米政権の登場により、豪米安全保障関係の強化への期待も高まるが、それが対中関係の悪化に繋がるというリスクも抱えている。日本との関係も重視しており、20年11月には訪日し、菅首相との首脳会談をいち早く実現させた。防衛面での協力関係が強化されている。

　ニュージーランドでは20年10月、総選挙が行われ、アーダーン首相率いる労働党が単独過半数議席を獲得し、政権維持に成功した。アーダーン政権が労働党色の強い外交を展開し、米国やオーストラリアとの間で対中アプローチにずれが生じることへの懸念がある。21年1月には中国との自由貿易協定（FTA）改定協定を締結しており、コロナ後の経済再建を進めるためにも、中国との安定的な関係はきわめて重要である。

　南太平洋の中心的な地域機構である太平洋諸島フォーラム（PIF）では、次期事務局長の選出をめぐり、加盟国の間で亀裂が生じている。結果に不満を持つ加盟国がPIFからの脱退の意思を表明しており、南太平洋諸国の結束にひびが入る危険性が高まっている。域内諸国の分断は中国が影響力をさらに拡大させるきっかけを与えると危惧する声もあがっている。

オーストラリア

オーストラリアの兵力、オペレーション、主な多国間合同訓練・演習

　オーストラリアの兵役は志願制となっており、現役総兵力は『国防年次報告2019−20』によれば59,095名で、うち陸軍29,627名、海軍15,027名、空軍14,441名である（2020年6月30日現在）。オーストラリア軍は現在、国の内外で20のオペレーションを展開しており、約1,300人のオーストラリア兵が参加している。

　オーストラリア軍は例年、他国との軍事演習・訓練を積極的に行っている。しかしながら20年から21年にかけて、新型コロナウイルス感染症拡大の影響により、予定されていた演習・訓練の中止や、規模の縮小が余儀なくされた。例えばオーストラリアで2年ごとに開催される大規模な多国間航空訓練「ピッチブラック」は20年7-8月に予定されていたが、中止となった。この訓練には日本の航空自衛隊の参加が予定されていた。

　米海軍主催の多国間海上訓練「環太平洋合同演習（リムパック）」は当初、開催が危ぶまれていたが、規模や内容を縮小して20年8月中旬にハワイ周辺海域で行われた。前回のリムパック2018には、計25カ国、約25,000人が参加したが、今回は日本、オーストラリア、ニュージーランド、フランスなど10カ国からの参加に留まり、参加人員数は約5,300人であった。オーストラリア海軍からは駆逐艦「ホバート」やフリゲート艦「スチュアート」など4隻の艦船と700名以上の人員が参加した。

　ベンガル湾で20年11月に実施された日米印共同訓練「マラバール」には、13年ぶりにオーストラリア軍が参加した。南シナ海などで軍事プレゼンスを拡大している中国を念頭に、日米豪印4カ国が安全保障分野での協力を深めることをアピールした。ベンガル湾とアラビア海で行われた訓練には、豪海軍からフリゲート艦「バララット」が参加した。レイノルズ豪国防相（当時）は声明で、マラバールは「インド太平洋の主要民主主義国家4カ国の深い信頼と安全保障上の共通利益のために取り組む意思の共有」を示すものだとコメントしている。

　その他、日米豪共同訓練「コープ・ノース21」が21年1月-2月末にかけて、グアム

島アンダーセン米空軍基地を中心に実施された。3カ国から2,000名の人員、約95機の航空機が参加した。オーストラリアからは、約170名、E−7A早期警戒管制機、KC−30A空中給油機などが参加した。同時期に人道支援・災害救援訓練も行われ、これにはフランス軍も参加している。

政府、軍事力増強計画を発表

　オーストラリア政府は20年7月、「2020国防戦略アップデート（2020DSU）」を発表した。インド太平洋地域の安全保障環境の急激な変化を受けて、今後10年間に2,700億豪ドル（約20兆円）の予算を投じて、軍事力強化を目指す。

　オーストラリア政府の軍備増強計画、もしくは路線は、2016国防白書でも明確に示されていた。今後20年間の戦略環境を念頭に、兵力増員や高性能な装備品（新型潜水艦、イージス艦、フリゲート艦、F−35統合攻撃戦闘機など）を導入する方針を維持していく考えを示していた。また国防予算についても、今後10年間にわたり増額していくこと、具体的な数値目標として20年度までに対国内総生産（GDP）比2％まで増加させることを明言していた。

　今回の2020DSUは、2016国防白書が前提としていた戦略認識を見直し、防衛力強化のための支出を40％近く増額する方針だ。2020DSUの背景にある安全保障認識は次のようなものである。中国は現在、権威主義的、覇権主義的行動を強め、同国の軍備増強はアジアにおける軍拡を一層加速化させ、国家間の緊張を高めている。領土・領海をめぐる紛争は後を絶たない。さらにトランプ米政権（当時）の米国は単独主義に走り、同盟国としての責任を果たす政治的意思を失いつつあり、米国に依存しない独自の軍事力を増強する必要性が高まっている。また新たに出現する脅威に対処するための時間的猶予は無くなってきており、これまで20年間のスパンで考えていた軍備強化計画は、10年間へ短縮する必要も生まれているというものだ。

　2020DSUが提示した2,700億豪ドルは、新型兵器の導入、従来装備の改修・性能向上、基地・軍事施設の再整備・拡大、兵器開発費などに投入される。その中でもオーストラリア独自の抑止力の強化、特に長距離攻撃能力の強化の重要性が謳われており、豪空軍F/A−18Fに装備する長距離対艦ミサイル「AGM−

158C」200基(射程370キロメートル)を8億豪ドルで米海軍から調達する計画である。さらに高速ならびに極超高速ミサイルの開発も計画している。海軍ではBAEシステムズ社製ハンター級フリゲート艦9隻の調達のために450億豪ドル、アタック級潜水艦のために900億豪ドルを計上している。

2020DSUに対しては、オーストラリアを取り巻く戦略環境の整備を軍事的手段に頼り過ぎているのではないかとの批判もある。軍事力増強は、オーストラリアのハードパワーの信頼性を高め、インド太平洋地域におけるオーストラリアの戦略目標を支えるものであることは間違いない。しかし近隣諸国との摩擦を少なくし、各国との戦略的利益の共有を実現するためには、軍事力に加え、不断の外交努力と政治的説得が不可欠であると主張する。特に長距離対艦ミサイルの導入に関しては、中国からの反発を呼び、さらには地域大国インドネシアとの関係を不安定化させることを懸念する声が上がっている。

ダットン国防相就任、対中姿勢はより強硬に

モリソン首相は21年3月末に内閣改造を行い、2月下旬から事実上の空席となっていた国防相にダットン内相を充てた。事実上の更迭となったレイノルズ国防相は、議事堂内の議員事務所の元女性スタッフが受けた性的暴行について、報告を受けながら適切な処置を行わなかったことで内外の批判を受け、2月下旬から病気を理由に休職していた。

ダットンの国防相就任によって、国防省が対中強硬姿勢を強めていく可能性がある。ダットンは現在、自由党の強硬右派・保守派グループの筆頭とされ、特に外交・安全保障問題について保守的な姿勢をとる人物である。またダットンのもとで国防政務次官を務めるのが、オーストラリア連邦議会安全保障・インテリジェンス合同委員会元議長のヘイスティ議員である。ダットンと同様、自由党の強硬右派・保守派グループに属する。またヘイスティは超党派の対中強硬派グループ「ウルヴァリン」にも属しており、その発言はしばしば中国政府の反発を呼び起こした。ヘイスティが19年12月、オーストラリア主要紙へのオピニオン欄で中国の台頭をナチスドイツになぞらえた際、多くの同僚議員が彼の発言を批判したが、それを擁護したのがダットンであった。

　ダットン国防相は4月25日、ABC放送のインタビュー番組で、台湾をめぐる武力衝突の可能性を低く見るべきではないと発言し、台湾をめぐって緊張が高まっているとの認識を示した。現職の国防相による発言だけに、メディアの注目を浴びた。同相によれば、「アジア地域全体で軍事化が進んでおり、軍事活動が明らかに活発化している。我々はこうした現実を受け止めなければならない。中国が台湾統一に明確な意思を持っていることは明らかであり、中国の長年の目標である」と述べた。ただし、誰も軍事衝突を望んでおらず、この地域の平和と安全の維持のために、オーストラリアは同盟国やパートナー国と協力する必要があると訴えた。

　そのようななかでオーストラリア北部ダーウィン港湾施設の中国企業への長期リース契約について、ダットン国防相の判断に注目が集まっている。現地報道によれば、モリソン政権は重要インフラ保安法（18年）や外国関係法（20年）などを根拠に、国防省や情報機関の助言に基づき、国益ならびに安全保障上の観点から同契約の見直しを検討しているとされている。先述の通り、ダットン国防相は中国に対して強い警戒感を抱いており、モリソン首相に契約の破棄や利用制限を助言する可能性が高いとされている。

ダーウィン軍事訓練施設を増強、豪米防衛協力の一層の強化を狙う

　モリソン首相は21年4月28日、訪問先の北部準州の州都ダーウィンで、同地域にある軍事施設4カ所の増強を発表した。米軍との軍事演習を拡大・強化することが最大の狙いである。政府は今後5年間、約7億豪ドル（約630億円）をかけてこれら軍事訓練施設の改修を行う。ダーウィンには12年4月以降、米海兵隊がローテーションで駐留をしており、初期は200人規模であったが、19年には当初の目標であった2,500人に到達していた（21年現在は2,200人）。

　モリソン首相は記者会見で「訓練施設の増強は、中国に対して我々が戦争に備えているというメッセージなのか」との記者からの質問に対して、「すべての目的は平和の追求だ。（中略）ただし不確実性のある地域では、オーストラリアの国益を守るために防衛能力を確実に持ち、適正な勢力均衡を維持する必要がある」と答え、オーストラリア北部における軍事関連施設増強の必要性を強調した。

悪化する中国との関係

　モリソン首相による新型コロナウイルスの感染源調査についての提案を契機として、豪中関係は史上最悪と言われるほど悪化している。もちろんそれよりも以前から、中国によるオーストラリア国内政治への干渉疑惑が契機となり、豪中関係は国交正常化以来最悪になったと言われていた。しかし中国の「経済的強制措置」による対豪圧力行使は、両国関係の安定化をもはや実現困難にするほど悪化させてしまったと言えよう。中国の行動は、オーストラリア側のさらなる反発を呼び起こし、オーストラリアを対中包囲網の重要な一翼を担う存在にしてしまったのである。

　中国による「経済的強制措置」は、中国を最大の貿易相手国とするオーストラリアに対してきわめて大きな政治的武器になると考えられた。中国は20年5月の豪産食肉の一部停止に始まり、大麦、ワイン、石炭、綿花、木材、ロブスター、銅、砂糖へと、様々な理由をつけて次々と貿易規制をかけていった（次ページ表を参照）。しかし、中国の貿易規制のターゲットになった業界や企業は大きく動揺したものの、モリソン政権は「国益に関わる問題」であるとして譲らず、対中関係の悪化に対して無策であった。中国による内政干渉疑惑、貿易規制の連発により、オーストラリア国内世論の対中感情は悪化しており、対中融和姿勢への転換は政権にとってむしろマイナスとなりえた。しかも豪産鉄鉱石の対中輸出は引き続き堅調で、オーストラリアの対中輸出総額は高水準を維持したままである。

　こうしたモリソン政権の対応に業を煮やしてか、駐豪中国大使館は20年11月下旬、中国政府のオーストラリアに対する苦情をまとめたリストである「14項目の不満」を公表した。そこには、中国系企業の投資計画の妨害、中国系通信機器企業のオーストラリア国内5G事業からの排除、中国を標的にした外国干渉法や外国関係法の制定などへの不満のほか、オーストラリアが何の根拠もなく新疆ウイグル自治区や香港における中国の人権問題を批判していることや、豪メディアや豪研究機関が反中国的な言説を流布しているといった批判も含まれていた。これに対し、モリソン首相は「我々の民主主義的制度と国家主権を貿易のために譲歩することはしない」と反発し、「これ（リスト）が関係悪化の理由であるならば、オーストラリアがオーストラリアらしくあることが原因のようである」と述

べ、関係改善への意欲を放棄したともとれる発言を行っている。

　モリソン政権側に対中政策で問題があったとすれば、それは中国が示した個別具体的な不満を、オーストラリアの国益や基本的価値観に関わる問題として一括りにしてしまったことである。それによって、譲歩できたはずの個別ケースについても、政府として譲歩することを政治的に困難にしてしまった。オーストラリア政府は中国との対話の扉は常に開かれていると述べるが、オーストラリアが先に譲歩してまで対話を求めるつもりはない。中国側もオーストラリアに対して「行動を通じて過ちを正す」よう求めており、豪中関係が短期間で好転する可能性はきわめて低いといえるだろう。

2020年4月〜21年4月までの豪中関係の主な動き

2020年4月	モリソン豪首相、新型コロナウイルスに関する独立調査を提唱 駐豪中国大使、豪メディアのインタビューで貿易規制を課す可能性を示唆（27日）
5月	中国、検疫上違法な状況があったとして豪産食肉の一部輸入停止（12日） 中国、18カ月に及ぶ調査の結果、豪産大麦に80％超の追加関税賦課決定（19日）
6月	豪、安全保障の観点に基づく外資審査を導入する方針を発表（5日） （12月に法改正）
7月	豪、香港との犯罪人引渡条約を停止。在豪香港市民の永住権申請を可能にする措置を決定（9日） 豪、南シナ海の領有権に関する中国の主張を「法的根拠はない」とする文書を国連に提出（23日） 米豪外務・防衛担当閣僚協議（AUSMIN）、ワシントンで開催（28日） 豪、安全保障の観点から外資を審査するための外資買収法改正法案を公表（31日）
8月	ファイブアイズ5カ国外相、香港情勢に重大な懸念を表明（9日） キリンホールディングス、豪乳飲料会社ライオンの中国蒙牛乳業への売却断念（25日）

9月	中国、検疫有害動植物の混入で豪産大麦の輸入一部一時停止（1日）、その後、豪産小麦への輸入検疫強化 中国駐在オーストラリア人記者2人が当局の聴取を受けた後、即時帰国（8日） 豪研究所、新疆ウイグル自治区の収容所に関する報告書を発表（24日）
10月	第2回日米豪印外相会合、日豪2プラス2、東京で開催（6日） 中国、豪産石炭の通関に遅延現象が報告されるように求める（13日報道） 中国、国内紡績工場に豪産綿花の使用中止を求める（16日報道）
11月	中国、豪産ロブスターの通関に遅延発生（上旬）。 日豪首脳会談、東京で開催、円滑化協定締結に大枠合意（17日） 駐豪中国大使館、豪メディアに両国の関係悪化の背後にある「14項目の不満」のリストを公表（17日） ファイブ・アイズ5カ国外相、香港の民主派議員に対する中国の措置に懸念を表明（18日） 中国、豪産ワインに反ダンピング対抗措置として最大200％超の追加課税賦課を仮決定（27日） 中国外務省報道官、ツイッターに豪軍兵士が子供の喉にナイフを突きつけたとする画像を投稿（30日）
12月	豪、連邦議会が外国関係法案を可決（8日） 豪、連邦議会が外資買収法改正案を可決（9日） 豪、政府が中国国有ゼネコンによる豪建設企業プロビルド買収提案を認めず（下旬）
2021年2月	第3回日米豪印外相会合、オンラインで開催（18日）
3月	日米豪印首脳会合オンラインで開催（12日） 豪、ニュージーランドとともに、中国の新疆ウイグル自治区での人権侵害について共同声明を発表（22日） 中国、豪産ワインに追加課税賦課を正式決定（26日）
4月	豪、外国関係法に基づきビクトリア州政府と中国が締結した2件の契約撤回を発表（21日） 豪、ダットン国防相、台湾をめぐる武力衝突の可能性を低く見るべきではないと発言（25日）

豪米外務・防衛担当閣僚協議（AUSMIN）の開催

　オーストラリアと米国は20年7月末、ワシントンで外務・防衛担当閣僚協議（AUSMIN）を開催した。昨年開催されたAUSMINの共同声明では、「中国」は一度も言及されていなかったが、今回の共同声明では中国を名指しし、その行動を批判する姿勢が貫かれていた。

　共同声明は、香港における民主化運動の抑圧、新疆ウイグル自治区での少数民族に対する人権侵害に触れ、中国の行為に対して「深い憂慮」を表明した。台湾については「台湾はインド太平洋地域において重要な役割を果たす」とし、国際機関への加盟やオブザーバーとしての参加を支持していく姿勢を示した。

　さらに共同声明は南シナ海問題に関して、中国による領有権主張は「国際法に照らし無効」と非難し、中国の行動は「威圧的で、域内情勢を不安定にする」もので、「深刻な懸念」を表明している。ポンペオ米国務長官はその後の共同記者会見で、南シナ海情勢に関し「オーストラリアと連携して南シナ海での法の支配を繰り返し主張し続ける」と述べている。報道によれば、米国はオーストラリアに対して「航行の自由」作戦への参加を強く求めたとされるが、オーストラリアは参加しない姿勢を堅持している。「航行の自由」作戦とは、中国が南シナ海で領海と主張している12海里内を米海軍艦船が航行し、航行の自由ならびに海洋使用の自由をアピールする作戦である。

　ペイン豪外相はAUSMIN後の共同記者会見で、豪米両国は共通の価値観で結ばれているものの、すべての問題について自動的に意見が一致しているわけではないことを強調した。中国共産党を強く非難するポンペオ長官の発言を受けて、「（ポンペオ）長官の発言は長官自身のものであり、オーストラリアにはオーストラリアの立場というものがある」と述べ、対中姿勢や政策で両国の間には違いがあることを示唆した。「最も重要なことは、オーストラリアの国益のために、オーストラリアの安全保障、繁栄、価値観を守るために、私たち自身が決断し、判断することである。」と語り、オーストラリアの対中政策は、中国政府が批判するような米国追従ではなく、オーストラリアの国益という観点から形成されたものであることを訴えたのである。

モリソン首相が来日、コロナ禍での首脳会談

　モリソン首相が20年11月、日本を訪問し、菅首相との首脳会談を行った。モリソン首相は菅首相が就任して以来、日本で接遇する初の外国要人となった。モリソン首相へは、新型コロナウイルス対策により、オーストラリアへ帰国後14日間の自主隔離が求められた。豪中関係が冷え込み、米国では政権交代が起ころうとしていたなかで、モリソン政権は「特別な戦略的パートナー」である日本との関係を重視していることを示したといえよう。コロナ禍でオンラインでの政府要人会談も増えている中で、両首脳が直接会ったことの政治的意味は大きい。

　日豪両首脳は共同声明で、東シナ海や南シナ海における中国の海洋進出を念頭に「現状変更を追求し緊張を高める威圧的で一方的な行動に強く反対する」とした。また香港の民主化問題にも触れ、「重大な懸念」を表明、「香港の民主的なプロセスおよび制度ならびに香港基本法および英中共同声明に定める高度な自治」を遵守するよう求めた。また両国は外務・防衛担当閣僚協議（2プラス2）を21年の早い時期に開くことでも一致した。

　首脳会談の主要な成果は、日豪防衛協力の強化であったといえよう。両首脳は共同声明で、日豪円滑化（訪問部隊）協定を締結することで大枠合意に至ったことを発表した。同協定は自衛隊とオーストラリア軍の相互訪問時の法的地位を定めるもので、携行品の関税や入国審査を免除し、武器を持ち込む際の手続きも簡素化するなどして、共同訓練や災害救援を実施しやすくするものである。両国は約6年間を費やして交渉してきた。訪問部隊の法的地位について日本が協定を結んでいるのは、これまでは同盟国米国だけであった。常時駐留しない部隊に適用される協定は今回が初のケースとなる。モリソン首相はメディア向けの声明で、同協定の大枠合意を「高いレベルの日豪防衛協力に、新たな章を切り開くもの」と高く評価し、「インド太平洋地域における共通の安全保障上の目的に向けた協働や、部隊の相互運用性を高める」ことに強い期待感を寄せた。

　また両首脳は、自衛隊法第95条の2に基づく、自衛官によるオーストラリア軍の武器等の警護任務（「武器等防護」）の実施について、両国で必要な調整を行っていくことで合意した。自衛隊による「武器等防護」は、人もしくは武器等を防護するために必要であると認められた場合に、自衛官が武器を使用すること

ができるようにしたもので、15年の安保法制により可能になった。ただし、これまでは米国軍のみに適用され、海上自衛隊の護衛艦「いずも」が17年5月、日本近海で米補給艦に「武器等防護」を実施したのが初のケースとなった。報道によれば20年には25件実施している。岸防衛相は、「武器等防護」の対象にオーストラリア軍も加える意義について、「オーストラリアは特別な戦略的パートナーであり相互運用性の向上が不可欠だ」とし、「武器等防護」は「日豪連携の基礎」となるとの認識を示した。東シナ海や南シナ海への海洋進出を強める中国に対し日豪両国で協力して対処する態勢を整えたい考えである。

「クアッド」の枠組み強化

　新型コロナウイルスの世界的蔓延とそれによる経済的苦境、さらには中国の海洋進出に見られる覇権的行動は、日米豪印4カ国の連携、対話の枠組み「クアッド」の強化を促していった。当初は局長クラスの会合であったものが、19年の9月には外相レベルでの会合へと格上げされ、その後、以下に述べる2度の外相会合を経て、21年3月には首脳会合へと繋がっていった。

　オーストラリアにとってクアッドは、ファイブ・アイズと並んで主要国による協議の舞台に出席する絶好の機会を与えるものであり、今やオーストラリアの国際的なアジェンダの重要な柱になっている。さらに中国による経済的強制措置に苦しむオーストラリアにとっては、クアッドの団結を通じて中国を牽制することで、豪中対立の潮目を変えるチャンスと見ていると言えよう。

　第2回日米豪印外相会合は20年10月、東京で開催された。茂木外相、ポンペオ米国務長官、ペイン豪外相、シャイシャンカル印外相が出席した。この会議がコロナ禍の中で初めて日本国内で開催された閣僚レベルの会合となったということからも、4カ国がこの枠組みを重視していることが窺える。

　4カ国は新型コロナウイルス感染症の世界的蔓延によって生じた諸問題に対して、特に保健・衛生分野やデジタル経済等の分野で今後も連携していくことを確認した。日本が提唱する「自由で開かれたインド太平洋」については、同構想のビジョンを他国にも広げていくなかでASEAN（東南アジア諸国連合）の存在が重要であることを確認している。

ペイン豪外相は会合冒頭、「クアッドはポジティブなアジェンダを持っている。これは、民主主義国として、共通の利益を守るために他国との連携を支援する外交ネットワークである。」と発言し、クアッドの国際公共財的な存在意義を強調した。しかし他方で同外相は「我々は、（インド太平洋地域を）力（パワー）ではなくルールによって支配される地域であると確信している。我々は個人の権利が基本的に重要であり、国際法に基づいて紛争が解決されることを信じている」と、名指しこそ避けたが、中国を牽制する発言を行っていた。

　第3回日米豪印外相会合は21年2月、オンライン形式で開催された。バイデン政権が同年1月に誕生して初めてとなる4カ国会合となり、「自由で開かれたインド太平洋」や中国の海洋進出などへのバイデン政権のスタンスを見極める重要な機会となった。

　この会合がバイデン政権の呼びかけで、しかも早期に実現したことは、同盟国を安堵させた。会合では、中国を念頭に、リベラルな国際秩序に対する挑戦が続いているとし、日米豪印4カ国の連携・協力の重要性を確認した。対中関係が悪化の一途をたどっているオーストラリアでは、会合の早期実現は「中国との関係が悪化する中で、バイデン政権が同盟国との関係を重視するというポジティブなサイン」であるとする論調が目立った。

　バイデン米大統領の呼びかけにより、初の日米豪印4カ国首脳会合が21年3月、オンライン形式で開催された。菅首相、モリソン豪首相、モディ印首相、バイデン米大統領が出席した。4カ国は会合後、「日米豪印の精神」と題された共同声明を発表し、4カ国が「自由で開かれたインド太平洋のための共通のビジョンのもとで結束し」、新型コロナウイルス感染症や気候変動など、「時代を特徴付ける課題についての協力を強化すること」を誓った。そして最も喫緊の課題として新型コロナウイルス感染症を挙げ、「経済回復を加速化させ地球規模の健康に役立たせるために、安全かつ手頃な価格で有効なワクチンの生産と公平なアクセス」のために連携、協力することを確認した。4カ国は、まずは東南アジア諸国を中心に、米国が開発したワクチンを、インドの製薬会社が製造し、オーストラリアの物流技術によって100万回分を供給する。日米両国が供給に必要な資金を出すことになった。なおオーストラリアはこれとは別に、東南アジア諸国に対し

てワクチン接種のために1億豪ドルを供与することを発表している。

　モリソン豪首相は会合冒頭の発言で、首脳会談が実現したことについて「インド太平洋地域における新たな夜明け」であると表現した。自由主義的民主主義を代表する4カ国の連携を通じて、「我々の価値観を守り、国際法を遵守することにより、国家の主権、独立、安全保障を尊重し、それを守り、新型コロナウイルスから気候変動まで、我々が直面する多くの課題に対処するために、我々の地域の多くの国々と包括的な協力を目指していこう」と締めくくった。

ニュージーランド

総選挙実施、労働党が単独過半数

　アーダーン首相率いる与党・労働党は20年10月17日に行われた総選挙で、過半数（61議席）を超える65議席を獲得し、圧倒的勝利を収めた。労働党勝利の背景には、新型コロナウイルス感染症対策への国民の高い評価がある。一つの政党がニュージーランド（NZ）議会で単独過半数を獲得するのは、1996年に現在の選挙制度が導入されて以来、初めてとなる。労働党と連立を組んでいたNZファースト党は、改選前の議席9議席すべてを失った。

　アーダーン政権は新型コロナウイルスによって大きな打撃を受けた経済の回復に全力を挙げるが、景気の先行きは不透明である。21年3月中旬以降、ニュージーランド全土が（4段階のうち最も低い）警戒レベル「1」となっているが、国内最大都市オークランドでは2月、二度にわたってロックダウン措置が課されている。市中感染の再発による厳しい行動制限は、経済再建の大きな足かせとなる。国境閉鎖は続いており、国内総生産（GDP）に占める割合が大きい観光業や留学生を受け入れる教育産業への影響が懸念されている。21年第1四半期（1－3月）の経済成長率は低迷するとの見方も出ている。

　労働党が単独過半数を獲得したことで、外交・安全保障政策で労働党色が強まる可能性が取り沙汰されている。新たに外相に就任したマフタ氏は21年2月の外交演説で、ニュージーランド外交の基盤として「パートナーシップと相互尊敬」を掲げ、米国を「不可欠な防衛、安全保障のパートナー」、中国を「最大の貿易

パートナーで、重要な関係にある」と表現した。対中政策については、「相互に現実的な期待を持てるような成熟した関係をめざし、可能な限り協力できる機会を模索していく」としている。

対中アプローチで米豪とずれ

　マフタ外相は21年4月、就任後初となる対中外交に関する演説を行った。香港の民主化問題、新疆ウイグル自治区の少数民族の扱いなど、中国とのあいだで意見の相違があることを認め、政府として様々なルートや機会を通じて対話をしていく姿勢を示した。その一方で、中国はニュージーランドにとって最も重要な国の一つであり、中国とは「敬意を払い、予測可能で、首尾一貫した」関係の構築を目指していくと述べ、二国間関係の発展に意欲を示した。

　メディアの関心を集めたのは、マフタ外相が演説後、報道機関からの質問に答えた際の発言である。NZ外務省に記者とのやりとりの記録は残されていないが、現地メディアによれば同外相はファイブ・アイズの役割拡大に「不快感」を示したという。同外相はその後、ニュース番組のインタビューで発言の意図を問われ、ファイブ・アイズはそもそも安全保障・インテリジェンスに関する協力の枠組みであり、民主化や人権問題についてこの枠組みを使うべきではないとの考えを述べたものだと語った。なおファイブ・アイズからの脱退の可能性については、同外相は明確に否定している。

　マフタ外相発言は、米国中心の対中包囲網に関わり、中国を刺激したくないというニュージーランド政府の態度の表れと捉えるべきである。ファイブ・アイズ5カ国の外相が20年8月と11月に、香港問題に関する共同声明を発表し、それに中国政府が激しく反発していたことが伏線にある。英米豪加4カ国の外相が21年1月、香港で政治家や民主活動家ら多数が逮捕されたことを受けて再び共同声明を発表しようとした際には、ニュージーランド政府の姿はなかった。その代わりマフタ外相はSNSを通じて単独で声明を発表し、対中包囲には加担しないが、人権や民主化については譲ることはできないという姿勢を示した。さらにWHOによる新型コロナウイルスの調査報告書に対しても、「独立した調査や分析を行うために時間が必要」として、日米英豪加など14カ国は懸念を表明したが、政府

が独自に報告書を精査する必要があるとして、ニュージーランドは共同声明には
加わっていない。

　マフタ外相の発言により、ファイブ・アイズの役割や対中政策に関して、ニュー
ジーランドがオーストラリアや米国とのあいだで見解の相違があることが鮮明に
なった。オーストラリアはファイブ・アイズを主要先進国が囲むメーンテーブルに
自らの座席を確保するための機会と捉えており、役割の拡大にはきわめて積極
的である。ペイン豪外相は20年6月初旬に開催されたファイブ・アイズ5カ国外相
会議を受けて、新型コロナウイルス対策、香港自治、サプライチェーンなど、オー
ストラリアにとってグローバルな問題を協議する「不可欠な場」としてファイブア
イズの存在を高く評価していたのである。

　またニュージーランド政府の閣僚が、オーストラリアの対中姿勢に苦言を呈
する場面もあった。オーストラリア側が反発したのは想像に難くない。オコー
ナーNZ通商相が21年1月、ニュージーランドと中国の拡大する貿易関係に触れ、
「オーストラリアがニュージーランドのように中国を尊重し、外交的努力を傾け
て、表現に気を付ければ、同様の結果がもたらされるだろう」と語ったのであ
る。21年4月22日にはマフタ外相とペイン豪外相の会談がウェリントンで開催さ
れ、対中政策やファイブアイズが議論された。

　ニュージーランドの姿勢はファイブ・アイズ5カ国の足並みを乱すことに繋がる
として、懸念する声が内外で挙がっている。米国の対中包囲網崩しを狙う中国の
術中にニュージーランドが陥ったとする見方もあがっている。しかしニュージー
ランドにとって最大の貿易相手国である中国との経済関係は、新型コロナウイル
ス感染症拡大で打撃を受けた国内経済の再建にとってはきわめて重要である。
ニュージーランドは21年1月、中国とのFTA改定協定に署名しており、両国の貿
易額はさらに増える見込みである。しかも隣国のオーストラリアは昨年来、中国
からの経済的強制措置に苦しんでおり、対中関係悪化の代償は大きい。

南太平洋

オーストラリアによるワクチン外交

　モリソン豪首相は20年8月、国内で製造した新型コロナウイルスのワクチンを太平洋諸国に提供すると発表した。オーストラリア政府は英製薬大手アストラゼネカとオックスフォード大学が進めているワクチンの生産をメルボルンの製薬会社CSLが生産できるように交渉を行っており、国内調達で十分な量が確保できればワクチンを支援プログラムの一環として太平洋諸国に提供するとしている。

　またモリソン首相は3月中旬、パプアニューギニア（PNG）の感染状況の急激な悪化を受け、まずは同国における現場の医療関係者のために8,000万回分のアストラゼネカ製ワクチンの提供を行うことを発表した。国内生産が軌道に乗れば、さらに多くのワクチンを供給する予定である。首相はまた、アストラゼネカ社と欧州連合（EU）に対して契約済みの100万回分のワクチンを「オーストラリアのためではなく、PNGのために」直ちに出荷するように求めていることを明らかにしているが、不透明感が残る。オーストラリアはPNGでの感染拡大を食い止めるために、ワクチンだけではなく、医療チームや機材提供などできうる限りのサポートをする考えだ。

　モリソン首相は、PNGでの感染状況はオーストラリアにとっても深刻なリスクであることを強調している。クイーンズランド州ではホテル隔離対象となっている大部分の陽性者が、PNGからの帰国者であったと伝えられている。PNGの状況は「対岸の火事」ではなく、これ以上の感染拡大防止にできる限りの支援をするのは、オーストラリアの国益に繋がる。またそうしたオーストラリアの支援の積極的姿勢こそが、太平洋諸国との関係強化（パシフィック・ステップ・アップ）に繋がると言えよう。

太平洋諸島フォーラム事務局長選出をめぐって加盟国が脱退表明

　太平洋諸島フォーラム（PIF）の次期事務局長をめぐって加盟国間に亀裂が生じ、ミクロネシア地域5カ国（パラオ、ナウル、キリバス、マーシャル諸島、ミクロネ

シア連邦）が同フォーラムからの脱退を表明する事態にまで発展している。脱退が実現すればPIFの弱体化は避けられないばかりか、脱退の意向を示している5カ国には台湾と外交関係を持つ3カ国が含まれており、中国の影響力拡大に繋がることを懸念する声が上がっている。

　事務局長の任期は3年で、2期まで務めることができる。現事務局長のテイラー（パプアニューギニア出身）は20年12月に2期目の任期満了を迎えるため、当初は同年9月頃に開催予定のPIF総会にて次期事務局長を選出することになっていた。しかしながらPIF総会がコロナの影響により来年まで延期することになったため、現事務局長の任期延長の可能性を含めて加盟国間で調整を図ることになった。

　こうしたなか、パラオのレメンゲサウ大統領は6月、次期事務局長はミクロネシアから選出されるべきだとの考えを表明した。太平洋島嶼地域はミクロネシア、ポリネシア、メラネシアの3地域に分けられる。現事務局長がメラネシア、前事務局長がポリネシア出身であったため、次の事務局長は当然、ミクロネシア地域から選出されるべきという考えだ。ミクロネシアの5カ国は、ザキオスマーシャル諸島共和国駐米大使を推薦する態度を固めていた。

　ミクロネシア諸国の意向に反して、メラネシア、ポリネシア地域諸国が独自の候補を立てたことで、次期事務局長選がにわかに政治問題化し、混迷の度合いを強めていった。その背景には、太平洋における南北対立があると言われている。南太平洋を構成するメラネシア、ポリネシアと、北太平洋を構成するミクロネシア地域の分断である。PIFは伝統的に英国の旧植民地（現コモンウェルス諸国）、すなわち南太平洋諸国の発言力が大きく、それに比べて米国の影響が残るミクロネシア地域諸国の存在感は小さい。ミクロネシア地域諸国が米国と関係の深いマーシャル諸島の駐米大使を候補としたことで、南太平洋諸国が独自候補擁立に動き出したというのである。さらにマーシャル諸島共和国が台湾と外交関係を持っていることも影響したと言われている。

　PIFは21年2月、オンライン形式で会議を行い、次期事務局長選挙を実施した。その結果、ポリネシア、メラネシア諸国が推すクック諸島のプナ前首相が、ミクロネシア地域諸国が推すザキオスを僅差で破り、次期事務局長に選出された。この

結果を不満としたミクロネシア地域諸国は次々と脱退の意向を表明した。

　PIFは太平洋地域の政治や安全保障について話し合う場であると同時に、小さな国々が団結して世界に向けて自分たちの存在感をアピールする役割をはたしてきた。ミクロネシア地域諸国の脱退はフォーラムの団結と信頼に深刻な打撃を与えることが懸念される。

（獨協大学教授/平和・安全保障研究所研究委員　竹田いさみ）

（獨協大学教授/平和・安全保障研究所研究委員　永野隆行）

コラム　外交とユーモア

「軽口」が招いた太平洋諸島外交の失策？：太平洋諸島が抱くオーストラリアの気候変動対策への不信のきっかけ

　オセアニアの国々でも、選挙や重要な会議でユーモアを交えたスピーチができる能力が、良いリーダーの指標となる。2011年9月にニュージーランド（NZ）で開催された太平洋諸島フォーラム（PIF）主催のシンポジウムで、基調講演を行ったクック諸島のヘンリー・プナ首相は、「こうした大きな会議で真珠業者のおやじが挨拶をすることの緊張と言ったら、我々の祖先が何百年も前にカヌーでここに降り立った時と同じだ」と語り、会場から笑いと称賛の拍手が鳴り響いた。同シンポジウム開催に力を入れてきたNZに敬意を示しつつ、「NZマオリも我々クック・マオリがルーツだからホームと変わらない」ということを伝えているところに政治的ユーモアのセンスが垣間見られた。

　一方、外交の場では軽いジョークのつもりがマイナスに作用することもある。近年のオーストラリアが太平洋の島国から気候変動問題で非難されるきっかけとなったのも、トニー・アボット元首相たちの軽口であった。2015年のPIF年次会合で、オーストラリアは島嶼国から気候変動対策に後ろ向きであると非難され、長く激しい議論となった。同首相は帰国後、気が緩んだのかピーター・ダットン移民大臣との会話で、「（島国の）玄関まで海水が押し寄せている状況では時間をかけても意味ない」という言葉に、笑いながら同意した。その会話は録音されており、国内外で何度も繰り返し報道された。島国側の反発は大きく、その後の首脳会談では各国首脳は皮肉を交え厳しい批判を突き付けた。COP23のホストを務めたフィジーのフランク・バイニマラマ首相も2019年の首脳会談で「ここフィジーでは気候変動は笑い事ではない」とたしなめた。

　中国の海洋進出への懸念もあり、オーストラリアは近年太平洋諸島への経済支援の拡大を進め、地域への関与を強めている。一方で、その外交政策は十分に成功を見せているとは言えない。2021年2月に行われたPIFの事務局長選挙では、地域の経済統合を促進するため、NZと水面下で協力して支援した候補が当選したが、そのことはミクロネシア諸国の反発を生み、5カ国がPIF離脱を宣言するに繋がった。9月に開催予定の年次会合でも、その混乱の収拾が中心議題となるのは間違いない。カギを握るのは、今回当選したプナ新事務局長である。上述のようなセンスを発揮しPIFの団結へと導くのか、あるいは分裂を加速させるのか、彼にかかる期待と責任はきわめて大きい。

黒崎岳大
東海大学講師

略語表
年　表
（2020年4月～2021年3月）

AAD	Advanced Air Defense	先進型防空
ACSA	Acquisition and Cross-Servicing Agreement	物品役務相互提供協定
ADB	Asian Development Bank	アジア開発銀行
ADMM	ASEAN Defence Ministers' Meeting	ASEAN 国防相会議
AI	Artificial Intelligence	人工知能
AIIB	Asian Infrastructure Investment Bank	アジアインフラ投資銀行
ANP	Awami National Party	アワーミー国民党
AOIP	ASEAN Outlook on the Indo-Pacific	インド太平洋に関する ASEAN アウトルック
APEC	Asia-Pacific Economic Cooperation	アジア太平洋経済協力
AQAP	Al-Qaeda in the Arabian Peninsula	アラビア半島のアルカイダ
AR	Augmented Reality	拡張現実
ARF	ASEAN Regional Forum	ASEAN 地域フォーラム
ASEAN	Association of Southeast Asian Nations	東南アジア諸国連合
ASLOM	ASEAN Senior Law Officials Meeting	ASEAN 高級法務実務者会合
AUSMIN	Australia-United States Ministerial Consultations	米豪外務・防衛担当閣僚協議
BLA	Baloch Liberation Army	バローチスタン解放軍
BLM	Black Lives Matter	ブラック・ライブズ・マター
BRICS	Brazil, Russia, India, China, South Africa	新興 5 カ国
CDM	Civic Disobedience Movement	市民的不服従運動
CEC	Cooperative Engagement Capability	共同交戦能力
CIA	Central Intelligence Agency	中央情報局
CIS	Commonwealth of Independent States	独立国家共同体
COC	Code of Conduct	南シナ海における関係国の行動規範
COVAX	COVID-19 Vaccines Global Access	コバックス
COVID-19	Coronavirus Disease 2019	新型コロナウイルス感染症
CPEC	China-Pakistan Economic Corridor	中国・パキスタン経済回廊
CPTPP	Comprehensive and Progressive Agreement for Trans-Pacific Partnership	環太平洋パートナーシップに関する包括的及び先進的な協定
CRID	Conditional, Reciprocal, Incremental Denuclearization	条件付きの相互主義に基づく漸進的な非核化
CRPH	Committee Representing Pyidaungsu Hluttaw	連邦議会代表委員会
CTBT	Comprehensive Nuclear Test Ban Treaty	包括的核実験禁止条約
CVID	Complete, Verifiable and Irreversible Dismantlement	完全な、検証可能な、かつ不可逆的な非核化

DR	Disaster Relief	災害救援
DSU	Defence Strategic Update	国防戦略アップデート
EAEU	Eurasian Economic Union	ユーラシア経済連合
EAS	East Asia Summit	東アジア首脳会議
ECAFE	Economic Commission for Asia and the Far East	国際連合アジア極東経済委員会
ECRA	Export Control Reform Act	輸出管理改革法
EDCA	Enhanced Defense Cooperation Agreement	防衛協力強化協定
EEZ	Exclusive Economic Zone	排他的経済水域
EU	European Union	ヨーロッパ連合
FBI	Federal Bureau of Investigation	連邦捜査局
FCLP	Field Carrier Landing Practice	離着陸訓練
FDI	Foreign Direct Investment	海外直接投資
FFVD	Final, Fully Verified Denuclearization	最終的で完全に検証された非核化
FMC	Full Mission Capability	完全任務遂行能力
FOC	Full Operational Capability	完全運用能力
FOIP	Free and Open Indo-Pacific	自由で開かれたインド太平洋
FSB	Federal Security Service of the Russian Federation	ロシア連邦保安庁
FTA	Free Trade Agreement	自由貿易協定
GDP	Gross Domestic Product	国内総生産
GIUK	Greenland, Iceland, United Kingdom	英国の間の海域(GIUKギャップ)
GOZ	State Defense Order	国家国防発注
GPR	Global Posture Review	世界規模での米軍の態勢見直し
GPV	State Program of Armaments	国家兵器プログラム
GSOMIA	General Security of Military Information Agreement	軍事情報包括保護協定
HA	Humanitarian Assistance	人道支援活動
IAEA	International Atomic Energy Agency	国際原子力機関
ICBM	Inter-Continental Ballistic Missile	大陸間弾道ミサイル
IIFFM	Independent International Fact-finding Mission	独立国際事実解明ミッション
IMU	Islamic Movement of Uzbekistan	ウズベキスタン・イスラム運動
INF	Intermediate-range Nuclear Forces	中距離核戦力
IOC	Initial Operational Capability	初期運用能力
IRBM	Intermediate-range Ballistic Missile	中距離弾道ミサイル
IRNSS	Indian Regional Navigation Satellite System	インド地域航法衛星システム

IS	Islamic State	イスラム国
ISA	International Seabed Authority	国際海底機構
ISKP	Islamic State of Iraq and the Levant	イスラム国ホラサーン州
ISR	Intelligence, Surveillance and Reconnaissance	情報・監視・偵察
IT	Information Technology	情報技術
JeM	Jaish-e-Muhammad	ジャイシェ・ムハンマド
JOGMEC	Japan Oil, Gas and Metals National Corporation	独立行政法人石油天然ガス・金属鉱物資源機構
KTSSM	Korea Tactical Surface To Surface Missile	韓国型戦術地対地ミサイル
LM	Leader's Meeting	指導者会合
LNG	Liquefied Natural Gas	液化天然ガス
LoC	Line of Control	カシミールの管理ライン
MRBM	Medium-range Ballistic Missile	準中距離弾道ミサイル
NAB	National Accountability Bureau	国家説明責任局
NATO	North Atlantic Treaty Organization	北大西洋条約機構
NDS	National Defense Strategy	国家防衛戦略
NEWS	Network Electronic Warfare System	ネットワーク電子戦システム
NGO	Non-governmental Organizations	非政府組織
NLD	National League for Democracy	国民民主連盟
NPR	Nuclear Posture Review	核体制見直し
NPT	Treaty on the Non-Proliferation of Nuclear Weapons	核不拡散条約
NSC	National Security Council	国家安全保障会議
NSS	National Security Strategy	国家安全保障戦略
NUG	National Unity Government	国民統一政府
NZ	New Zealand	ニュージーランド
ODA	Official Development Assistance	政府開発援助
OECD	Organisation for Economic Co-operation and Development	経済協力開発機構
OPEC	Organization of the Petroleum Exporting Countries	石油輸出国機構
OSK	Operational Strategic Commands	統合戦略コマンド
PAD	Prithvi Air Defense	プリトビ防空
PDM	Pakistan Democratic Movement	パキスタン民主運動
PIF	Pacific Islands Forum	太平洋諸島フォーラム
PKO	United Nations Peacekeeping Operations	国連平和維持活動

PML-N	Pakistan Muslim League (Nawaz)	パキスタン・ムスリム連盟 （ナワーズ・シャリーフ派）
PNG	Papua New Guinea	パプアニューギニア
PPP	Pakistan Peoples Party	パキスタン人民党
PTI	Pakistan Tehreek-e-Insaf	パキスタン正義運動
QUAD	Quadrilateral Security Dialogue	日米豪印4カ国協力枠組み （クアッド）
RCEP	Regional Comprehensive Economic Partnership	地域的な包括的経済連携
RISAT	Radar Imaging Satellite	全天候型レーダー地球観測衛星
RUSI	Royal United Services Institute	英国王立防衛安全保障研究所
SCM	Security Consultative Meeting	米韓安全保障協議会議
SII	Serum Institute of India	セーラム・インスティテュート・ オブ・インディア
SLBM	Submarine-Launched Ballistic Missile	潜水艦発射型弾道ミサイル
SNS	Social Networking Service	ソーシャル・ネットワーキング・ サービス
TPP	Trans-Pacific Partnership	環太平洋パートナーシップ協定
TTP	Tehrik-e Taliban Pakistan	パキスタン・タリバン運動
UAE	United Arab Emirates	アラブ首長国連邦
UMNO	United Malays National Organization	統一マレー人民組織
UNAMA	United Nations Assistance Mission in Afghanistan	国連アフガニスタン支援ミッション
UNDP	United Nations Development Programme	国連開発計画
UNSC	United Nations Security Council	国際連合安全保障理事会
USAID	United States Agency for International Development	米国国際開発庁
VFA	Visiting Forces Agreement	訪問部隊地位協定
VNG	National Guard Forces Command	国家親衛軍
VR	Virtual Reality	仮想現実
WHO	World Health Organization	世界保健機関
WTO	World Trade Organization	世界貿易機構
START	Strategic Arms Reduction Treaty	戦略兵器削減条約

年表（2020 年 4 月〜 2021 年 3 月）

日本	各国・国際情勢
2020年4月	**2020年4月**
1日　内閣官房・国家安全保障局に「経済班」が発足。	1日　パキスタン、新型コロナウイルス感染拡大を受け、ロックダウン（5月9日まで）。
14日　ASEAN プラス 3 首脳会議、オンラインで開催。	14日　新型コロナウイルス感染症の世界的感染拡大を受け、ASEAN 特別首脳会議、オンラインで開催。
16日　G7 首脳会談、オンラインで開催。	28日　キルギスとタジキスタンの国境地帯で軍事衝突。5 月 1 日に両国の間で停戦。
5月	**5月**
4日　日・ベトナム首脳会談をオンラインで開催。	20日　台湾蔡英文総統、2 期目をスタート。
8日　中国船が尖閣諸島周辺の領海に侵入。	25日　「ジョージ・フロイド事件」をきっかけに、人種差別に対する一連の抗議運動（BLM）の拡大。
19日　外交青書、閣議で報告。	27日　米国、ウズベキスタン、アフガニスタン、オンラインで 3 カ国会談開催。
6月	**6月**
15日　地上配備型迎撃ミサイルシステム「イージス・アショア」の配備計画の停止を発表。	2日　ロシア、「核抑止政策の分野におけるロシア連邦国家政策の基礎」を公表。
	4日　豪印首脳会談、「包括的戦略的パートナーシップ」に合意。
	10日　米国、グリーンランド自治政府の首都ヌークに米総領事館新設を発表。
	15日　印中、ガルワン渓谷で大規模な衝突。
	16日　北朝鮮、南北共同連絡事務所爆破。
	26日　ASEAN 首脳会議、オンラインで開催。
	30日　中国、「香港国家安全維持法（国安法）」を制定（7 月 1 日施行）。
7月	**7月**
17日　政府、「統合イノベーション戦略2020」を閣議決定。	1日　ロシア、憲法改正。外国への領土割譲禁止の条項を含む。
19日　海上自衛隊、日米豪共同訓練に参加（〜 23 日）。	2日　インド、ロシアと戦闘機 33 機の購入に合意。

日本	各国・国際情勢
	3日　香港、国安法を運用する「国家安全維持委員会」発足。
	16日　「中国＋中央アジア5カ国」外相会議、オンラインで開催。
	24日　米国、ヒューストンの中国総領事館閉鎖。中国、成都の米国領事館閉鎖で報復（27日）
	28日　米豪、ワシントンで外務・防衛担当閣僚協議（AUSMIN）開催。
8月	**8月**
7日　防衛省、馬毛島（鹿児島県西之表市）における自衛隊の基地計画を発表。	9日　ベラルーシ、大統領選でルカシェンコ当選、続投。全国規模の反政府デモ・集会発生。
15日　自衛隊と米軍、東シナ海などで防空戦闘訓練や洋上補給訓練などの共同訓練を実施（～18日）。	9日　ファイブアイズ5カ国の外相が香港問題に関する共同声明を発表（11月18日にも）。
22日　河野防衛相、シュナイダー在日米軍司令官およびエスパー米国防長官と協議、「イージス・アショア」に変わる新たなミサイル防衛について日米間で連携していくことを確認。	11日　ロシア、世界に先駆けて新型コロナウイルスの国産ワクチン開発に成功したと発表。
25日　日韓、軍事情報包括保護協定（GSOMIA）延長決定。	17日　米国主催の環太平洋合同演習「リムパック2020」、海上訓練のみに限定して開催（～31日）
25日　三菱電機、フィリピン政府との間で防空レーダーの輸出について契約が成立。	19日　モリソン豪首相、国内で製造した新型コロナウイルスワクチンを太平洋諸国に提供すると発表。
29日　河野防衛大臣、エスパー米国防長官による日米防衛相会談実施。	20日　ロシア旅客機内でナワリヌイ毒殺未遂事件発生。
31日　政府、インドへ500億円を上限とする緊急支援円借款の提供。	28日　中国、第7回チベット工作座談会を開催、少数民族に対する統制を強化（～29日）。
9月	**9月**
7日　インド太平洋方面派遣訓練実施（～10月17日）。	1日　ドイツ、外交戦略「インド太平洋地域に関する政策指針」を閣議決定。
9日　日印、物品役務相互提供協定（ACSA）締結。	9日　ASEAN関連外相会合、オンラインで開催（～12日）。

日本	各国・国際情勢
16日　安倍首相、退陣。	12日　アフガニスタン政府とタリバンの和平交渉、カタールで開始。
16日　菅政権、発足。	18日　クラック米国務次官補訪台中、過去最多（18日18機、19日19機）の中国軍機が台湾の領空に接近。
29日　菅首相、プーチンとの初の電話会談。日ソ共同宣言にもとづき、平和条約交渉を継続することで合意。	21日　ロシア、中国、イラン、パキスタン、ミャンマー、アルメニア、アゼルバイジャン、ベラルーシの部隊が参加する軍事訓練「カフカス2020」実施。インドはキャンセル（〜26日）
	25日　中国、第3回新疆工作座談会開催、少数民族への統制強化（〜26日）
	27日　ナゴルノカラバフで武力紛争発生。アゼルバイジャンが勝利。
10月	**10月**
6日　ASEAN加盟国の司法次官・局長級が出席する高級法務実務者会合（ASLOM）への参加が可能となり、オンラインで開催されたALSOMへビデオメッセージを寄せる（〜10月7日）。	15日　中央アジア5カ国外相の「中央アジア+ロシア」の声明を初めて発表。
6日　第二回クアッド外相会合、東京で開催。	17日　中国、「輸出管理法」制定（12月1日施行）。
18日　菅首相、初の外遊先としてベトナムとインドネシアを訪問（〜21日）。	17日　ニュージーランド総選挙、アーダーン首相率いる与党・労働党が圧倒的勝利。
19日　海上自衛隊、南シナ海における日米豪共同訓練に参加（〜20日）。	21日　米国、新たな台湾向け兵器売却の決定（21日に総額18億ドル、26日に総額23億7000万ドル）。
19日　日・ベトナム首脳会談開催、「防衛装備品・技術移転協定」実質的合意。	25日　「中国・パキスタン経済回廊（CPEC）」のもと、ラホールでパキスタン初のメトロ（オレンジライン）が開業。
11月	**11月**
3日　海軍共同訓練マラバール2020、初めてクアッド4カ国の枠組みで実施（〜6日、17〜20日）。	3日　米国、大統領選挙。
12日　バイデン氏、菅首相と電話会談、対中政策における日米同盟重視の姿勢見せる。	9日　世界保健機関（WHO）総会、台湾のオブザーバー参加は、中国の反対により認められず。

日本

12日	日・ASEAN首脳会議、オンラインで開催。
17日	日豪首脳会談　東京で開催。
21日	菅首相、オンラインで開催されたG20リヤド・サミットに出席（〜22日）。

12月

10日	岸防衛相、オンラインで開催された拡大ASEAN国防相会議（ADMMプラス）に出席。
11日	政府、中東海域における自衛隊の活動期限の一年間延長を決定。
15日	日米両政府、人工衛星相互利用の「ホステッド・ペイロード協力」に合意。
18日	「イージス・アショア」の代替案として「イージス・システム搭載艦」を2隻建造することを閣議決定。
18日	政府、長射程巡航ミサイル「スタンド・オフ・ミサイル」国産開発を閣議決定。

2021年1月

| 8日 | ソウル中央地方裁判所、元慰安婦側の訴えを認め日本政府に賠償を命じる判決。 |

各国・国際情勢

10日	米大統領選での勝利を確実にしたバイデン氏、カナダ、英、仏、独、アイルランドの一連の首脳と電話会談。
13日	ASEAN関連首脳会議、オンラインで開催（〜15日）。
13日	カシミールの管理ライン（LoC）付近で印パ両軍が衝突する事態が発生。
15日	モルドバ大統領選。親露派の現役ドドンが破れ親欧州派の女性マイア・サンドゥが勝利。
15日	ASEAN10カ国を含む15カ国、東アジア地域包括的経済連携（RCEP）協定に合意。
17日	BRICS首脳会議、オンラインで開催。
20日	APEC首脳会議、マレーシアの議長のもと、オンラインで開催。

12月

1日	ロシア、クリール諸島（北方領土と千島列島）に、地対空ミサイルシステム「S300V4」を実戦配備。
22日	中露、爆撃機による合同空中哨戒実施、日本海と東シナ海上空で共同巡回飛行。
26日	中国、改正国防法を可決（1月1日施行）。
27日	米国、2020年台湾保証法を成立。

2021年1月

5日	朝鮮労働党、平壌で第8回党大会を開催（〜12日）。
6日	米連邦議会襲撃事件発生。
10日	キルギス大統領選挙、ジャパロフ前首相が新大統領に就任。

日本	各国・国際情勢
18日 日本最東端の南鳥島周辺の海底に埋蔵されているコバルトなどのレアメタル（希少金属）について、採掘の商業化を進める方針を決定。	12日 マレーシア、新型コロナウイルス感染拡大で非常事態宣言発令。
18日 日米豪共同訓練「コープ・ノース21」、グアム島アンダーセン米空軍基地を中心に実施（～2月28日）。	17日 中国、全国対台湾工作会議開催（～18日）。
25日 EU外務理事会（テレビ会議形式）、茂木外相が歴代外相として初参加。	20日 バイデン米大統領の就任、パリ協定復帰を国連に通知。
25日 インド、安倍前首相にパドマ・ヴィブーシャン勲章を授与。	21日 ASEAN外相会議、議長国ブルネイ、オンラインで開催。
28日 バイデン新政権誕生後、日米首脳電話会談開催。	23日 ロシアで2度にわたる大規模反政府デモ（23、31日）。
	26日 ニュージーランド、中国とのFTA改定協定に署名。
2月	**2月**
1日 中国から延べ14隻の海警船が尖閣周辺の領海に侵入、日本漁船へ接近（～28日）。	1日 中国、海警法施行。
3日 日英2プラス2、オンラインで開催。	1日 ミャンマーで軍事クーデターが発生。
17日 日米、在日米軍駐留経費についての特別協定を1年間延長で合意。	1日 英国、環太平洋経済連携協定（TPP）への参加を申請。
18日 クアッド外相会合、オンラインで開催。	2日 スリランカ、コロンボ港・東ターミナルの日印開発協力計画中止を表明。
19日 G7首脳会談、オンラインで開催。	3日 新START、米露両政府間で延長手続きを完了。
21日 海上保安庁、米沿岸警備隊の巡視船と外国漁船の取締りを想定した共同訓練を実施。	3日 PIF、オンライン会議で次期事務局長選挙を実施、クック諸島のプナ前首相が選出。結果を不満としたミクロネシア地域諸国は次々と脱退の意向を表明（2月8日）。
25日 政府、海警船などが上陸目的で尖閣諸島に接近した場合、自衛隊員や海上保安官が「危害射撃」できる見解示す。	11日 バイデン大統領、習近平国家主席と電話会談。
	19日 米国、パリ協定に正式復帰。
	22日 ミャンマー、軍による新政権樹立に対し、市民的不服従運動（CDM）拡大（犠牲者は3月末で500名超）。

日本	各国・国際情勢
3月	**3月**
3日　海上保安庁の巡視船と海上自衛隊の護衛艦などが九州沖で不審船の停泊や追跡を想定した訓練を実施。	2日　ミャンマーの軍事クーデターをうけ、ASEAN外相による異例の非公式特別会合がオンライン開催。
8日　日米間のサイバー・セキュリティ演習に、初めてEUが参加（〜12日）。	3日　バイデン米政権、「国家安全保障戦略の暫定的指針」を発表。
11日　東日本大震災から十年。	9日　ロシア国営宇宙開発企業「ロスコスモス」、中国の宇宙開発当局と月面での基地建設に向けた合意に署名。
12日　クアッド首脳会談、バイデン米政権主導によりオンラインで開催。	16日　英国、「統合レビュー」で、「インド太平洋への傾斜」を正式に打ち出し。
15日　自衛隊、東シナ海で米軍と防衛戦闘訓練を実施。	17日　米国、タジキスタン、アフガニスタン、3カ国の外務大臣級オンライン会談開催。
16日　日米安全保障協議委員会（日米2プラス2）、東京で開催。	18日　米中外相会談、アラスカで開催。
17日　海上自衛隊、仏・ベルギーとの3カ国間共同演習や米仏ベルギーとの4カ国間共同訓練を実施（〜20日）。	18日　アフガニスタン政府とタリバンの和平交渉を促すためにモスクワ会合開催、ロシア、米国、中国、パキスタンが参加。
22日　日独情報保護協定を締結。	22日　王毅外相、中国の広西クワン族自治区桂林市でパブロフ外相と会談、中露連帯を確認し米国を牽制。
22日　防衛省・自衛隊、パプアニューギニア国防軍工兵部隊に対し初となる、施設（建設）機械整備の能力構築支援をオンラインで実施（〜26日）。	25日　韓露外相会談、8年ぶりに開催。
30日　日・インドネシア2プラス2を開催。	26日　米台、「沿岸警備ワーキンググループの設置に関する覚書」を締結、前年9月以来最多となる20機の中国軍機、台湾南西の防空識別圏に侵入。
	27日　ミャンマー、軍記念日の祝日に全国的な弾圧。

【執筆者一覧】

第1部　展望と焦点

展望

　西原正（平和・安全保障研究所副会長）

焦点1

　神谷万丈（防衛大学校教授／日本国際フォーラム副理事長／平和・安全保障研究所研究委員）

焦点2

　髙井晉（日本安全保障戦略研究所理事長）

焦点3

　中西嘉宏（京都大学准教授）

焦点4

　一政祐行（防衛研究所主任研究官）

第2部　アジアの安全保障環境

第1章　日本

　佐藤秀太郎（日本大学国際関係学部教授／平和・安全保障研究所研究委員）、［コラム］西原正

第2章　米国

　村野将（ハドソン研究所研究員）、［コラム］佐々江賢一郎（日本国際問題研究所理事長）

第3章　中国

　浅野亮（同志社大学教授／平和・安全保障研究所研究委員）、佐々木智弘（防衛大学校教授）、土屋貴裕（京都先端科学大学准教授）、小原凡司（笹川平和財団上席研究員）、三船恵美（駒澤大学教授／平和・安全保障研究所研究委員）、福田円（法政大学教授／平和・安全保障研究所研究委員）、［コラム］渡辺紫乃（上智大学教授／平和・安全保障研究所研究委員）

第4章　ロシア

袴田茂樹（青山学院大学名誉教授／新潟県立大学名誉教授／平和・安全保障研究所研究委員）、名越健郎（拓殖大学海外事情研究所教授）、河東哲夫（Japan-World Trends 代表）、常盤伸（東京新聞外報部次長）、小泉悠（東京大学先端科学技術研究センター特任助教／平和・安全保障研究所研究委員）、［コラム］河東哲夫

第5章　朝鮮半島

伊豆見元（東京国際大学特命教授／平和・安全保障研究所研究委員）、平田悟（防衛省）、瀬下政行（公安調査庁）、［コラム］磐村和哉（共同通信社編集委員）

第6章　東南アジア

木場紗綾（公立小松大学准教授／平和・安全保障研究所研究委員）、［コラム］柴田直治（近畿大学教授）

第7章　南アジア

伊藤融（防衛大学校教授／平和・安全保障研究所研究委員）、溜和敏（中京大学准教授）、笠井亮平（岐阜女子大学南アジア研究センター特別研究員）、長尾賢（ハドソン研究所研究員）、宮田律（現代イスラム研究センター理事長／平和・安全保障研究所研究委員）、［コラム］西ヶ廣渉（元在インド日本大使館公使）

第8章　中央アジア

宮田律、［コラム］宮田律

第9章　南西太平洋

竹田いさみ（獨協大学教授／平和・安全保障研究所研究委員）、永野隆行（獨協大学教授／平和・安全保障研究所研究委員）、［コラム］黒崎岳大（東海大学講師）

（掲載順、敬称略）

編集後記

　この43号は、アジア地域の安全保障環境に関して、2020年4月から2021年3月までの1年間の動向の分析を中心としており、あわせて各章で扱えないけれども重要なテーマを＜焦点＞として扱ったものです。27人の執筆者にとくにお礼を申し上げます。

　各章の＜コラム＞の今号のテーマは＜外交とユーモア＞で、各国（あるいは地域）が外交を効果的に展開するにあたって、ユーモアが果たした役割についてのエッセイです。ここでも限られたスペースの中で表された8人の執筆者の豊かな知識と経験に敬意を表します。

　また最後になりますが、この度2006年より務めました研究所理事長を退任したことにより、年報の監修および「展望」の執筆は後任の徳地理事長に託します。引き続いてのご協力、ご愛読をいただければ幸甚です。

一般財団法人　平和・安全保障研究所副会長　西原正

新理事長挨拶

　6月に西原正・前理事長の後任として平和・安全保障研究所の理事長に着任した徳地です。西原・新副会長の監修によるこの年報を読者の皆様方にお届けすることができ、私としても大変喜ばしく思っております。

　打倒コロナの兆しが見えつつあるものの未だ予断を許さない困難な状況の中で、ますます不透明になりつつある国際情勢の動向を緻密に分析して下さった各執筆者の皆様に御礼を申し上げるとともに、本書が多くの読者の皆様のお役に立てることを切に願っております。

　また、引き続き当研究所の事業全般について皆様のご支援をよろしくお願いいたします。

一般財団法人　平和・安全保障研究所理事長　徳地秀士

西原正監修

先鋭化する米中対立
進む西側の結束

年報［アジアの安全保障 2021-2022］

発　行　令和3年8月10日

編　集　一般財団法人　平和・安全保障研究所

　　　　〒107-0052 東京都港区赤坂1-1-12
　　　　明産溜池ビルディング8階
　　　　TEL 03-3560-3288（代表）
　　　　http://www.rips.or.jp/

担　当　秋元　悠

装　丁　キタスタジオ

発行所　朝雲新聞社

　　　　〒160-0002 東京都新宿区四谷坂町12-20
　　　　KKビル3F
　　　　TEL 03-3225-3841　FAX 03-3225-3831
　　　　振替 00190-4-17600
　　　　http://www.asagumo-news.com

印　刷　シナノ